【学者文库】

以“一带一路” 华人社群为纽带的社会主义核心价值观对外传播研究

邓国峰◎著

人民日报出版社
北京

图书在版编目（CIP）数据

以“一带一路”华人社群为纽带的社会主义核心价值观对外传播研究 / 邓国峰著．—北京：人民日报出版社，2023.2

ISBN 978-7-5115-7658-3

Ⅰ.①以… Ⅱ.①邓… Ⅲ.①华人—社会主义核心价值观—文化传播 Ⅳ.①D616

中国国家版本馆 CIP 数据核字（2023）第 001504 号

书　　名：以“一带一路”华人社群为纽带的社会主义核心价值观对外传播研究
YI “YIDAIYILU” HUAREN SHEQUN WEI NIUDAI DE SHEHUI ZHUYI HEXIN JIAZHIGUAN DUIWAI CHUANBO YANJIU
作　　者：邓国峰

出 版 人：刘华新
责任编辑：周海燕　刘君羽

出版发行：人民日报出版社
社　　址：北京金台西路 2 号
邮政编码：100733
发行热线：（010）65369509　65369527　65369846　65369512
邮购热线：（010）65369530　65363527
编辑热线：（010）65369518
网　　址：www.peopledailypress.com
经　　销：新华书店
印　　刷：三河市华东印刷有限公司
法律顾问：北京科宇律师事务所　010-83622312

开　　本：710mm×1000mm　1/16
字　　数：260 千字
印　　张：16.75
版次印次：2023 年 7 月第 1 版　　2023 年 7 月第 1 次印刷

书　　号：ISBN 978-7-5115-7658-3
定　　价：95.00 元

国家社科基金项目结题成果

项目批准号：17XKS013
项目类别：西部项目
项目名称：以“一带一路”华人社群为纽带的社会主义核心价值观对外传播研究
最终成果名称：以“一带一路”华人社群为纽带的社会主义核心价值观对外传播研究
学科分类：马列·社科
成果形式：专著

目　录
CONTENTS

一、“一带一路”背景下社会主义核心价值观海外传播的意义

（一）深层次推进“一带一路”建设的基本保障

1. 是消除“一带一路”建设不同国家隔阂的润滑剂

“一带一路”是世界上跨度最长的经济大走廊，在中国的积极主导和推动之下，“一带一路”沿线国家形成了一个数量众多、特点各异的特殊文明圈。依托“一带一路”平台而进行的经贸往来和文化交往，在具有不同的文化背景和价值观念的国家和民族之间发生深度交融和激烈碰撞，由于沿线国家复杂的政治经济和文化环境，各个国家的价值观呈现多元化差异。沿线许多国家有被殖民的经历，受西方价值观影响较深，而出于意识形态以及其他方面因素影响，中国的传统价值观曾被他们有意排斥在框架之外，中国形象被有意无意扭曲和歪解。要想打破沿线国家对社会主义核心价值观和“一带一路”建设的偏见和质疑，必须以正确的态度看待在推进“一带一路”建设中的实际问题和困难，努力改变国际社会尤其是“一带一路”沿线国家对我国价值观既有僵化认知。社会主义核心价值观，既汲取中华民族优秀传统文化的精神内核，又是对多年改革开放实践探索的总结，是中国取得成功并继续取得更大辉煌的精神力量。社会主义核心价值观的海外传播有利于提升我国国家话语权，树立良好国际形象。更为重要的是，作为一种秉承开放、合作、包容、友好理念的价值观，它具有很强的吸纳性和接受度，在中国与其他不同文化背景的国家交流过程中，能起到消除国家之间隔阂的润滑剂作用，增强互相交流的空间和弹性，增进沿线各国间的相互理解。不同国家和民族的不

同价值观应该得到彼此尊重，“民心相通”的人文格局是“一带一路”顺利推进的基石，只有不断加强社会主义核心价值观的对外传播，秉持合作共赢发展理念，充分发挥社会主义核心价值观的巨大精神文化能量，才能真正推动“一带一路”建设成果惠及世界。

2. 是推进“一带一路”建设深入持久发展的内驱力

“一带一路”建设推进面临多元文化的交流碰撞，需要基于社会主义核心价值观的深厚底蕴内涵，发挥社会主义核心价值观对外传播的内驱动力。一是可以为“一带一路”建设提供源源不断的文化价值支撑。社会主义核心价值观包括国家、社会和个人三个层面的内容，内涵十分丰富，是社会主义核心价值体系的高度凝练和集中表达。社会主义核心价值观既继承了中华民族5000多年的优秀历史传统，同时也是中国现代精神价值的凝练，是符合世界潮流和发展需求的正能量价值观。“一带一路”是基于丝路精神而延伸出的国家倡议，蕴含开放包容、互利共赢的合作精神。古代丝绸之路及其历史文化积淀凝结成的丝路精神，既是中国文化宝库中的璀璨一页，也是世界各国之间交流的历史典范，为国际文化交流注入了长盛不衰的新鲜活力。当前背景下，通过社会主义核心价值观传播在“一带一路”独特文明圈中更广阔、更深入地参与各国价值观的交融，可以不断丰富“一带一路”价值体系的架构内涵，在理解沟通中有效减少国家之间的矛盾和摩擦。二是深化“一带一路”平台的世界窗口和连接纽带作用。“一带一路”的提出具有世界性意义，为沟通世界各国提供了优质的联动平台。通过该平台，中国进一步加强同世界各国的联系，世界各国也在经济贸易、文化交流的同时，更加深入了解真实立体全面的中国。社会主义核心价值观作为具有高度共识的科学价值观，其海外传播有助于丰富对象国的价值观体系，形成价值观的多元文化共存，有利于促进人类文明多元化发展。社会主义核心价值观的传播既是“一带一路”建设的重要任务，也是推动“一带一路”不断推进的深层驱动力。

3. 是充当“一带一路”建设中国叙事的精神内核

基于多种主客观原因，国外对于中国的认知并不客观全面。这些肤浅甚至带有偏见的认知，使他们形成了和真实中国形象差距较大的固化印象和符号，拼凑出具有较大偏差的所谓“中国图景”。如果没有一种高度凝练且科学有效的价值观体系，中国文化和价值观的海外传播会显得力量孱弱，而且容易陷入自说自话的尴尬境地。社会主义核心价值观是具有高度社会共识的价值观，也是继承中华优秀传统文化基础上的与时俱进的价值观，不仅展现了我国对于自身发展的价值共识，也体现了人类追求发展的价值共识。推进“一带一路”建设，就是要讲好中国故事，让更为真实立体全面的中国形象被国际社会所认可。好的中国故事必然离不开社会主义核心价值观的指导，必然蕴含社会主义核心价值观的深刻内涵，这一内涵能够让我国与其他国家在价值观的碰撞过程中找到诸多共鸣。“一带一路”建设的中国故事叙事在社会主义核心价值观的助力推动之下，是具有明确思想内涵的，这是社会主义核心价值观的深层次赋能，也使得中国故事的表达有底蕴、显底气。“一带一路”的推进不仅仅是一种经贸往来的“大合唱”，也是一个全球共同体建设的理念更新，小处而言，“一带一路”故事的价值理念主要是丝路精神，更进一步，其深层价值理念是中国深厚的文化底蕴和社会主义核心价值观。因此，社会主义核心价值观对于在“一带一路”建设中讲好中国故事意义非凡，而且社会主义核心价值观的开放性和包容性使其善于在与其他价值观的交流过程中汲取养分，为讲好中国故事增添新的生机和活力。

（二）多维度展示生动立体中国形象的核心要素

1. 为展示真实中国形象消除误解质疑

多年来，基于意识形态差异，西方国家屡屡有意无意妖魔化和诋毁中国，制造许多莫须有罪名丑化中国在国际上的形象，还炮制“中国威胁论”来增加国际社会对于中国不断发展的担忧。从“中国威胁论”到“中国崩溃论”再到“中国责任论”，实际上都是对中国的误解和偏见。因此，消除偏见和误解，让国际社会认识一个真实立体全面的中国十分必要。2014 年习近平主席在中法建交 50 周年纪念大会上的讲话中指出：“拿破仑说过，中国是一头沉睡的狮子，当这头睡狮醒来时，世界都会为之发抖。中国这头狮子已经醒了，但这是一头和平的、可亲的、文明的狮子。”① 这个“和平的、可亲的、文明

① 《在中法建交 50 周年纪念大会上的讲话》，《人民日报》2014 年 3 月 29 日第 2 版。

的狮子”就是对中国形象的生动诠释。今天的中国已经成为世界第二大经济体，一举一动都会引起世界范围的关注并产生深刻影响。当下，传播好我国社会主义核心价值观，是消解外界误读、打造良好国家形象的不错契机。社会主义核心价值观集中表达了新时代中国的精神面貌，同全球所倡导的持久和平繁荣、开放包容美丽等价值观是相融相通的。社会主义核心价值观蕴含和彰显自信、开放、包容的中国形象及其内在的精神气质，其国际传播有助于营造和平发展的外部环境，塑造良好国家形象。一个国家在国际社会中形象的塑造和形成的关键因素之一，就是该国的价值理念，这是国际社会认知该国的重要窗口所在。社会主义核心价值观作为社会主义核心价值体系的高度凝练与集中表达，是对大国形象的有力证明，有利于从正面回应国外对我国国家形象的误解和质疑。

2. 为构建立体中国形象指明前路方向

社会主义核心价值观是我国立国价值之根本，是国家形象展示的重要内容之一，同时又能够为中国国家形象的树立指明方向。一是社会主义核心价值观为国家形象建构提供新模式。国家形象包括自形象和他形象。“自形象是一个国家自身物质力量、精神要素、制度要素等构成的形象，它是一种客观性形象。他形象是指一个国家自形象所构成的要素在他国国民心中的投射，由认知主体的主观认知、价值取向、友好程度等因素所决定。”① 当下，我国各方面发展取得了巨大成就，经济总量跃居世界第二位，尽管国际话语权有了不小提升，国家形象也进一步改善，但由于国际社会复杂性，我国在世界的文化软实力和国际影响力仍然有很大提升空间。社会主义核心价值观以一种新模式和新角度，为中国形象构建提供思路并指明方向，从价值观层面扭转此前文化传播中的劣势局面，具有强大的内在爆发力和感染力，有利于从更深层次改变中国国际形象。二是社会主义核心价值观为提升中国国家形象提供理论支撑。国家形象的建构与提升越来越受到各个国家高度重视，其所产生的巨大效益正成为一种国际共识，社会主义核心价值观作为一种具有相当认可度的价值观，为提升国家形象提供了重要的理论支撑。社会主义核心

① 胡键：《加强文化塑造提升国家品格》，《解放日报》2014 年 5 月 21 日。

价值观以马克思主义理论的先进的、以人为本的价值观为基础。社会主义核心价值观从国家、社会和个人三个层面进行凝练，具有丰富的立体层次感，也为人们从推进国家、社会、公民正常运行发展提供方向和凝聚力量。社会主义核心价值观“三位一体”的科学内涵向世界展示了中华文化的兼容并蓄与博大精深，“三个倡导”给世人展现了一个立体的中国形象。

3. 为提升生动中国形象注入新鲜活力

社会主义核心价值观是一种制度精神，是我国不可缺少的重要部分，是国家得以立足、借以发展、得以持续的灵魂所在，属于国家意识形态，也是中国国家软实力的重要组成部分和内核。国家形象是国家软实力的重要标志。社会主义核心价值观在中国具有高度的社会认同基础，在全社会形成巨大的思想共识，也为社会主义核心价值观的对外传播提供了有力的国内共识和自信支撑。习近平总书记指出：“实现中国梦必须弘扬中国精神。这就是以爱国主义为核心的民族精神，以改革创新为核心的时代精神。这种精神是凝心聚力的兴国之魂、强国之魂。爱国主义始终是把中华民族坚强团结在一起的精神力量，改革创新始终是鞭策我们在改革开放中与时俱进的精神力量。全国各族人民一定要弘扬伟大的民族精神和时代精神，不断增强团结一心的精神纽带、自强不息的精神动力，永远朝气蓬勃迈向未来。”① 社会主义核心价值观与西方价值观有着明显区别，它体现了历史文化背景和意蕴丰厚的中国精神，有着十分广泛的群众基础。在百年未有之大变局下，在中华民族迈向伟大复兴的新征程中，社会主义核心价值观为提升中国国家形象注入新的活力。社会主义核心价值观蕴含丰富内容，具有现代化活力基因，借助“一带一路”平台进行对外传播，有助于向世界全方位展现可信可爱可敬的中国形象，从不同侧面展现中国作为负责任大国的魅力友好、自信自强、生动活泼、开放包容的立体形象。

① 《在第十二届全国人民代表大会第一次会议上的讲话》，《人民日报》2013 年 3 月 18 日第 1 版。

（三）全方位构建人类命运共同体的重要切入点

1. 为人类命运共同体贡献中国智慧力量

人类命运共同体的提出具有伟大的世界性意义，这是中国从人类视角出发，期望最大程度打破国与国之间的隔阂，树立全球人类共同体意识的举措，是一种体现大国意识和责任担当的新理念和新方略。中国既是其中的倡议者和参与者，又是推动者和引领者，为世界共同发展贡献中国智慧和力量。当下百年未有之大变局交织疫情，多项全球性挑战层出不穷，社会秩序弊端日益凸显，中国结合自身成果的实践经验，基于共商共建共享原则提出的新治理理念，顺应了时代发展潮流和历史大势，向世界呈现独具中国智慧的解决方案。“一带一路”建设作为体现人类命运共同体理念的重大实践举措，进一步彰显了中国的历史底蕴和现代智慧。中国自古以来就是世界大国，但是从历史可以看出，中国的发展不是以侵犯别国为手段，依托“一带一路”，中国倡导“和而不同”“合作共赢”，追求共享发展成果。中国将自身看作大世界中的一员，将中国“小我”置身世界“大我”，在“大我”的世界中，尽己所能承担责任、发挥作用，以“小我”推动“大我”，将中国的发展机遇变成世界共同的发展机遇，推动“一带一路”沿线国家形成互利共赢的利益共同体和命运共同体。在人类命运共同体的构建过程中，社会主义核心价值观作为植根凝练于中国深厚历史文化的价值观，同时也与全球发展所需的价值观共通，随着社会主义核心价值观的持续对外传播，其为人类命运共同体贡献的中国智慧和力量将会愈发显现。新冠疫情发生后，在社会主义核心价值观的引领之下，中国在应对疫情的过程中向世界展示了中国担当、中国智慧和中国方案，很好诠释了对人类命运共同体的生动实践。

2. 与人类一切合理美好价值理念同向同行

人类命运共同体是中国提出的价值理念，是中国对美好价值的原创贡献，也是可供世界范围内通用的价值观念。作为由国家价值观凝练的社会主义核心价值观，它凝结着全体中国人共同的价值追求，也展现着当今中国人对世界的总体态度。在全球文化多元化的时代，社会主义核心价值观的海外传播有助于进一步丰富世界文化价值体系，推动世界文明更加多元化。社会主义核心价值观同人类一切合理、美好、共同的价值理念同向同行，同世界走向相互尊重、公平正义、合作共赢的新型国际关系同向同行。"社会主义核心价值观把全人类的'共同价值'作为重要来源和有益补充，既反对西方价值观念作为'普世价值'，也反对不注重属于人类社会共同追求的精神价值。社会主义核心价值观广泛借鉴吸收了和平、发展、公平、正义、民主、自由、平等、法治、人权、科学、效率、全球治理等人类共同的文明成果，提出并积极倡导建设'和谐世界'，积极构建人类命运共同体，凸显了国际视野、全球共识和世界潮流，既积极融入世界文明共同发展的历史进程，又为推进世界文明共同发展提供中国智慧和中国方案。"① 全球化背景下，国与国之间的相互依赖越来越紧密，全球成为一个不可分割的整体，因而尊重和维护世界文明多样性，是被世界大多数国家认可的主流价值观。社会主义核心价值观的国际传播，让世界多国人民了解中国价值追求，理解当代中国政策主张，有利于进一步增进国际互动互信和价值共识，守护好共有的精神家园，有效推动人类命运共同体的构建。"一带一路"作为一项推动共同发展的全球公共产品，能够促进我国与其他国家在价值认同的基础上实现相互融通。

3. *以人民为中心共同指向人的生存与发展*

从逻辑建构来看，社会主义核心价值观和人类命运共同体都符合历史演变的规律，都是以人民为中心，关注人的生存与发展问题，寻求人类的幸福和解放。就理论逻辑而言，社会主义核心价值观和人类命运共同体理念都体现了对马克思"共同体"思想的继承。依据社会主义核心价值观的内涵，分别从国家层面、社会层面、个人层面架构话语系统，这三个方面的侧重点不同，又兼具整体性，统合了国家、社会和个人之间的利益，在培育和践行的过程中形成了强大合力，促进了中华民族这个"真正的共同体"的团结与融合②。习近平总书记提出的"人类命运共同体"的新理念，着眼于世界各民

---

① 戴木才：《论坚定社会主义核心价值观自信》，《马克思主义研究》2018年第8期，第72-80页，第160页。

② 高雁、尹亚冲：《人类命运共同体视域下社会主义核心价值观的时代价值和传播路径》，《学习论坛》2020年第8期，第80-85页。

族的发展进步，凸显了经济全球化背景下国与国之间相互依存的关系，这就要求各国尊重差异、求同存异，建立和平共处、互助互信的合作伙伴关系，造就开放创新、互利共赢的世界格局，最终造福人类社会，推动世界文明进程，为世界各国人民的生存和发展谋福利。可见，不管是社会主义核心价值观，还是人类命运共同体，都体现出对马克思“共同体”思想的继承与创新，都是在关注人的生存，真正做到以人为本，二者在理论逻辑上是共通的。从实践逻辑来看，我国培育和践行现代价值观，从根本上说是把人民的利益放在首位，做到了以人民为中心。倡导构建人类命运共同体，体现了以全球性视野关注人类整体的发展，二者都是以人为本的重要体现。在“一带一路”背景之下，通过社会主义核心价值观的对外传播，可以将“人民中心”思想广泛传播到沿线各国乃至全世界。社会主义核心价值观所包含体现的人民中心思想，是人类命运共同体理念提出的基础支撑，同时随着海外文化传播的推进，进一步促进人类命运共同体理念在全世界深入人心，并形成磅礴的价值力量，推动人类文明前进。

（四）主动维护国家意识形态安全的必要举措

1. 在“思辨中”确立国家意识形态安全正确价值导向

虽然党的十八大报告中就已经明确指出了社会主义核心价值观传播的意义，但在其海外传播过程中，因文化阻隔、政府干预、错误解读等不利因素，部分“别有用心之人”基于社会主义核心价值观字面进行刻意引导，企图将社会主义核心价值观等同于西方价值观。针对此类混为一谈的行为，必须妥善利用马克思主义的思辨性将二者分别开来，澄清其中的认识误区。一是价值目的迥异。以马克思主义为指导的中国特色社会主义核心价值观的海外传播，其结果必然服务于中国特色社会主义事业。从社会主义核心价值观的内容就可以见微知著，基于国家层面的富强、民主、文明、和谐，基于社会层面的自由、平等、公正、法治，基于个人层面的爱国、敬业、诚信、友善，彰显着社会主义核心价值观的价值导向。然而西方自由主义等价值观的入侵和蔓延则裹挟着“特定”“刻意”的目标指向，它建立在西方资本主义制度的土壤之上，局限于西方资本主义的固有框架，并有针对性地将社会主义制度视为“洪水猛兽”，力求将中国逼向“全盘西化”之路。西方的恐惧恰恰佐证了社会主义核心价值观海外传播的正确性。二是社会属性本质差别。社会主义核心价值观是五千年中华优秀传统文化的历史结晶，是社会主义核心价值体系的高度凝练，是我国时代精神和民族精神的最优表达。它不仅是中华优秀传统文化、时代精神与民族精神的缩影，还体现了社会主义的本质要求。反观西方自由主义等价值观，则是单纯宣传资本主义民族政治制度，而在资本主义模式的运作下，经济利益高于一切的背景加持下，西方自由主义等价值观已经沦为了资产阶级进行政治统治的信条。三是历史底蕴不同。我国“一带一路”建设是基于丝绸之路而来，在历史上丝绸之路不仅发挥经贸往来和文化沟通的重要作用，也是联系亚欧大陆与我国交流的桥梁，“一带一路”倡议较好地继承了古代丝绸之路的精神遗产以及“和平合作、开放包容、互学互鉴、互利共赢”的人文价值理念，辅以社会主义核心价值观海外传播，让沿线国家进行对话与交流。近年来，伴随“一带一路”倡议的推进，沿线国家和地区的参与度屡创新高，部分国家和地区也逐渐增强了对于社会主义核心价值观的认同。国家意识形态安全的前提是需要一个正确的价值导向，而依托社会主义核心价值观海外传播在“思辨中”确立价值导向，正是经历打磨后所呈现的璀璨精华。

2. 在“探寻中”确立国家意识形态安全发展方向

依托社会主义核心价值观海外传播探寻国家意识形态安全发展方向，我们需要明确社会主义核心价值观的不同维度，即公民，培养什么样的公民；社会，实现什么样的社会；国家，建成什么样的国家。我们理解的社会主义核心价值观是统筹诠释，它所代表的中华民族最根本、最广泛的利益，塑造了全体中华儿女价值追求的“最大公约数”。但是我们不能故步自封。随着新时代的不断发展，我们必须积极探寻社会主义核心价值观的最新表达方法，通过近年来的不断实践，我们发现将社会主义核心价值观进行海外传播，是统筹兼顾好发展与安全，引领新时代社会思潮，应对多元化的世界格局的正确方向之一。在对社会主义核心价值观进行海外传播中应注意潜移默化地教育引导与文化熏陶，实现社会主义核心价值观海外传播“内化于心、外化于行”。一方面，社会主义核心价值观在海外传播过程中与所在国民众进行互动交流时，无形中传播了主流意识形态，在反复传播融合过程中，不仅实现了社会主义核心价值观的海外传播，同时也维护了我国意识形态安全。另一方面，社会主义核心价值观的海外传播过程，也是自觉参与社会主义意识形态建设的过程，但我们在海外传播与维护意识形态安全中都要坚持“群众路线”，不能脱离实际、脱离生活、脱离群众。在细微之处下狠功夫，切实落小、落细、落实，使社会主义核心价值观成为每个人常用而不自觉的价值遵循，并确保人们能够在生活实践中发现它、认识它、践行它。通过“一带一路”的历史背景，营造出符合社会主义核心价值观培育践行的氛围，不仅在理论层面能够增强海内外人们对社会主义意识形态的认同感和归属感，而且在实践层面也能够引领我国意识形态建设朝着健康方向发展。

3. 在“传播中”明确国家意识形态安全目标指向

在全球化浪潮下的今天，任何一个国家的意识形态脱离核心价值观的支撑，终究是镜花水月一触即碎。因此，推进社会主义核心价值观海外传播不仅是在践行社会主义核心价值观的实效性，更是标志着我国社会发展与意识形态安全目标的指向。习近平总书记指出，全党必须高举中国特色社会主义伟大旗帜，牢固树立中国特色社会主义道路自信、理论自信、制度自信、文化自信①，而这“四个自信”的基础就是对于社会主义核心价值观的认可，只有我们坚定不移地培育践行社会主义核心价值观，才能使其“开花结果”乃至传播海外。而社会主义核心价值观海外传播所取得实效性的程度，也内在地反映着我国意识形态安全目标所实现的程度。因为，社会主义核心价值观海外传播实效性取得的过程，其实也就是社会主义意识形态向心力与凝聚力稳步提升的过程。具体而言，建设“富强、民主、文明、和谐”的国家，一方面有助于全社会牢固树立中国特色社会主义共同理想；另一方面有助于让世界认识到真正的中国，消除政治偏见。创建“自由、平等、公正、法治”的社会，一方面有益于在增进社会主义制度创新力的同时感染群众、赢得民心；另一方面有益于海外民众产生文化认同感，进一步推动建设人类命运共

① 《高举中国特色社会主义伟大旗帜 为决胜全面小康社会实现中国梦而奋斗》，《人民日报》2017年7月28日第1版。

同体。培养"爱国、敬业、诚信、友善"的公民，一方面有利于激发国内人民群众内在合力，为祖国现代化建设添砖加瓦；另一方面有利于海外国家民众进一步打破壁垒、消除隔阂、促进交流。因此，要形成社会主义核心价值观海外传播的强大合力，就必须从国家、社会和公民三个层面着手，才能在确保社会主义核心价值观海外传播取得实效性的过程中，实现维护国家意识形态安全的目标指向。

（五）全面提升我国文化软实力的基本途径

1. 讲好中国故事，牢固树立当代中国良好形象

讲好中国故事是树立当代中国良好形象、提升国家文化软实力的重要战略任务①。社会主义核心价值观的海外传播其中关键的一条就是讲好中国故事，在此过程中，贡献中国方案、提供中国智慧，这不仅仅对于"一带一路"沿线国家有着非比寻常的意义，对于世界任何一个国家都具有重要参考价值。如面对贫困问题，2020 年我们实现了世界的奇迹、兑现了承诺，832 个贫困县全部摘帽，被评价为人类历史上最大规模人口的脱贫工作，将脱贫经验作为中国故事的内容传播出去，为其他国家提供全新脱贫参考方案，向世界展现独特的中国故事。而讲好中国故事不仅仅是为经济全球化提供一种重要思维模式，更是社会主义核心价值观海外传播的必经之路。每个国家都有自己的价值观，并伴随着独特的历史底蕴与文化传承。我们尊重任何一个国家的价值观，重视不同价值观之间的互鉴与融合。社会主义核心价值观海外传播并不是西方所认为的"输出"中国模式，而是希望世界各国搭便车、搭快车，让其他国家感受到中国故事、学习到中国智慧、利用好中国方案。价值观的传播是讲好故事的关键，但绝不是冲突的根源。纵观中华民族绵延 5000 多年的文化发展史不难发现，我国深厚的文化软实力是与西方"文明冲突论"的最大差别。讲好中国故事，从上善若水、天下大同到"天行健，君子以自强不息"再到以德服人，无不彰显着中华优秀传统文化的传承，其中蕴藏着宝

---

① 《十一、推动社会主义文化繁荣兴盛——关于新时代中国特色社会主义文化建设》，《人民日报》2019 年 8 月 6 日第 6 版。

贵的精华。习近平总书记于2013年面向世界提出人类命运共同体的理念，截至2021年末，我国已与145个国家、32个国际组织签署了200余份共建“一带一路”的合作文件，这些数字证明了中国故事、中国方案正在被越来越多的国家和国际组织信任，中国正在深刻地影响国际社会。人类文明中本就包含较为璀璨的中国故事，我们之所以要讲好中国故事，不仅是要深入挖掘人类埋藏的宝贵思想财富，更是要让世界认识到中国故事源于中国而属于世界、基于历史而引领未来。因而我们要讲好、反复讲、经常讲、强调讲，让社会主义核心价值观在传播中得到宣扬，让文化软实力在传播中得到增强。

2. 深化文化体制改革就是切实把我们自身的文化建设好

要想将文化建设好，不仅要深化文化体制改革，同时也要将社会主义核心价值观的海外传播摆在重要位置。在内形成经济与社会效益相统一的体制，在外形成推动文化繁荣与产业发展相衔接的机制，在社会主义核心价值观海外传播中，不断倒逼文化建设，提高国家文化软实力，既增强人民精神力量，又不断拓展世界文化发展。而我们借助社会主义核心价值观的海外传播深化文化体制改革，一方面要继承和发扬现有人类制度文明成果、丰富完善文化制度。中国特色社会主义文化制度厚植于中国5000多年的优秀传统文化，不仅能做到开放与包容并行，更是拥有极强的接纳与优化能力。运用马克思主义立场观点方法，对于我国古代文化就是在批判中继承，不断完善，取其精华、去其糟粕。活用传统文化制度和国家文化治理体系，将家天下、天下大同、天人合一等社会理想，德法兼治、治大国若烹小鲜等治国方略，君舟民水、民心天下等民本思想，仁爱、忠义、礼和、睿智、诚信等思想品德都汲取为中国特色社会主义文化制度的丰沛养料，辅以传统节日、重要时间节点、红色革命典故等中华文化传承内容，不断整合升级，进一步深化文化体制改革。另一方面，在社会主义核心价值观海外传播过程中借鉴国外制度文明的优良成果来丰富中国特色文化制度。中国特色文化体制也是与世界各国文化交流的体制。改革开放以来，我国积极探索市场经济体制，逐步推进文化体制改革，借鉴国外经验，我国公共文化服务和文化产业得到了发展和完善；适应世界规则，发展现代文化产业体制和文化市场。但是，借鉴与传播并不能生搬硬套其他国家的文化体制模式，只有在传播中进步，在进步中发展，在发展中深化，才能逐步提升我们的文化软实力。

3. 提高国际话语权，精心构建对话话语体系

提高国际话语权，需要着重建设国际传播能力，精心构建对外话语体系，通过多渠道载体，将社会主义核心价值观的内核传播出去，传播好中国声音，阐释好中国特色。一是只有发扬好本土文化，才能将社会主义核心价值观的海外传播进行话语的本土构建。每个国家特殊历史、社会条件、实际诉求、成长背景等因素共同决定其文化本质。因此，社会主义核心价值观话语的本土构建，也应基于所传播国家本体的实际情况，从实践中发现问题、解决问题。总之，挣脱西方固化的话语控制，去构建中国社会主义核心价值观话语体系，应当充分尊重海外传播国家的民族性与本土性。二是兼顾特殊与普遍，才能稳步提高话语传播力。社会主义核心价值观的传播重在“传播”二字，而构建对话话语体系，也重在“对话”，从两者出发均需要受众，即传播对象。在传播过程中的侧重点与实际需求同时具有普遍性，如“一带一路”沿线国家与地区存在经济基础较差、基础设施建设不完善等情况。但传播对象也有其特殊性，如“一带一路”沿线大部分国家与地区并非由单一民族、政党或宗教组成。因此，为解决由于传播过程中存在差异性而出现的话语传播停滞不畅的问题，我国在构建社会主义核心价值观海外传播话语体系的过程中要让话语适宜传播，充分提高话语的可接受度。三是依托公共产品，拓宽话语传播途径。中国近年来在经济秩序维稳领域、环境安全保护领域、应对全球气候变化等方面做出重要贡献，为社会主义核心价值观海外传播话语体系构架打下良好基础，“一带一路”建设就是中国的重要公共产品。公共产品与话语的关系在于公共产品的实施需要话语权来保障，而公共产品的良好运行又能够促进话语的传播与话语权的提升。因此，要想构建社会主义核心价值观海外传播话语体系，除了从丰富传统文化内涵、注重话语传播力、平衡意识形态表达等方面争取国际话语优势之外，还应当借助公共产品，发挥“一带一路”倡议的合作优势，充分拓宽社会主义核心价值观海外话语的传播路径。

二、华人社群在社会主义核心价值观海外传播中的重要作用

（一）中国共产党借助华人华侨进行对外文化传播具有悠久的历史传统

中国共产党成立一百多年来，始终同华人华侨保持密切的联系，注重发挥海外华人华侨力量，把海内外华人华侨共同纳入实现中华民族伟大复兴的中国梦当中。不仅如此，党的早期领导人同样以身体力行的方式在海外传播先进思想文化。早在中国共产党成立之前，一批党的早期领导人也通过勤工俭学等方式在海外积极宣传共产主义思想，接受马列主义教育，成立共产主义小组，为中国共产党的成立奠定海外组织基础。

1. 成立学会社团，出版书籍、报刊，传播红色革命文化

十月革命胜利后，以蔡和森、周恩来、赵世炎、邓小平、何长工等为代表的一批有志青年目睹国内军阀混战、民不聊生的惨淡局面，毅然踏上远赴欧洲学习工人运动，寻求救国真理的征途①。在此过程中，他们一方面接受欧洲高涨的工人运动热潮的洗礼，一方面通过成立学会、社团，出版进步报刊书籍等方式宣传马克思主义真理革命文化。这一阶段在旅欧华人中有马志远、袁子贞发起成立的华工会，由赵世炎、李立三等人组织的劳学会，蔡和森领导的旅法新民学会以及工学励进社等等。这些学会的成立极大地促进了工人运动与马克思主义相结合，成为配合中国共产党在海外传播红色革命文化的

① 中国社会科学院现代史研究室、中共革命博物馆党史研究室选编：《“一大”前后（二）》，人民出版社1980年版，第503页。

重要力量。1922 年 7 月，中共旅欧总支部在法国巴黎成立，在陈延年的推动下，旅欧总支部出版《少年》杂志，宣传第三国际和中国共产党的战略，供海外华人中的进步工人、青年进行理论学习。不久，由邓小平担任主要负责人的理论学习刊物《赤光》得以出版，该刊主要刊登一些中国革命问题的文章，向当地华工和旅法学生传递革命思想。在党的早期团体和进步刊物的引导下，当地华工运动逐渐高涨起来。据统计，旅欧共产党早期组织成立后，最初只有党团员 30 多人，1924 年发展到 200 多人，成为旅欧华人中人数最多、力量最强的政治组织①。

总体而言，在中国共产党成立前后，党的早期领导人在海外侨居的经历不仅让中国共产党人真实了解了海外华人的实际生活状况，同时也吸收借鉴了国外无产阶级先进革命经验，在国际上传递了中国共产党的声音，把马克思列宁主义同华人工人运动结合起来，把中国国内新民主主义革命同全世界无产阶级革命联系起来，更为以后我党开展侨务统战工作锻炼了人才、积累了宝贵经验。

2. 邀请华人华侨代表，凝聚全民族统一战线力量

九一八事变后，日本加紧侵华步伐。同时，日本发动太平洋战争，给生活在亚太地区的人民带来了不可磨灭的痛苦记忆，中国也成为世界反法西斯的主要东方战场。生活在世界各地特别是东南亚地区的华人华侨同样饱受侵略者的蹂躏，目睹了祖国人民生活在水深火热的艰苦环境中。然而，就是在这种环境之下，部分国民党当局不断制造摩擦，指责中国共产党“游而不击”，诋毁中国共产党打击日本帝国主义中流砥柱的光辉形象，破坏抗日民族统一战线。一方面，中国共产党急需向海内外华侨传递国内真正抗战状况，借助海外华人华侨力量向国际反法西斯同盟传递中国共产党在抗日战争中付出的巨大牺牲，扭转不利舆论影响；另一方面，生活在沦陷区的华人华侨同样也是受害者，他们同祖国母亲一样饱受欺凌，他们的命运始终同祖国母亲的命运联系在一起，他们始终心系国内局势发展，为国内抗战捐款捐物，自

---

① 陈力丹、刘逸希：《中共旅欧支部机关刊物〈赤光〉》，《新闻界》2015 年第 7 期，第 35-36 页。

然成为建立抗日民族统一战线中一支不可忽视的重要海外力量。

在中国共产党的不断努力下，1938 年秋，中国共产党为进一步扩大对海外华侨的抗日民族统一战线工作，从延安抗日军政大学、鲁迅艺术学院、陕北公学等学校，挑选 20 多名华侨共产党员和青年学生组成海外工作团，由朱德总司令亲自担任工作团的主任，成仿吾负责具体工作，蔡克明、蔡白云任正副团长。被选入海外工作团的归侨有一部分人被党派到东南亚各侨居国开展华侨的统战工作，在各国侨胞中大力宣传中共的抗日民族统一战线政策。这可以说是抗战时期中共成立的最早的侨务机构。① 这一时期，以陈嘉庚、胡文虎、司徒美堂先生为代表的海外华人领导组织各类社团，动员华侨踊跃捐款，购买救国公债，选送华侨司机回国，运输抗战物资，为祖国的抗战做出了巨大的贡献。1939 年冬，陈嘉庚发起组织“南洋华侨回国慰问考察团”亲自考察国内抗战局势。在延安考察期间，陈嘉庚说，我对延安的印象，不是只凭毛泽东、朱德等共产党领袖们的介绍。我也同从集美、厦大和南洋到陕北参加革命的青年交谈，并且实地参观、访问，了解那里的政治、军事、经济和民生，把在延安观察到的和国民党统治区相比较，就越来越觉得延安是中国的希望所在。② 1940 年 7 月，毛泽东在延安又亲自为纽约《美洲华侨日报》创刊题词：“起来，为中华民族的独立自由而奋斗到底”。

3. 服务华人华侨，争取社会主义建设宝贵资源

新中国成立后，尚有 1300 万华侨分布在全世界，他们一方面对中国共产党的新生政权给中国人民带来的光明前程充满憧憬，另一方面也面临着败退台湾地区的国民党当局的拉拢诱惑，对中国大陆认同还是对台湾地区认同一时成为摆在海外华人华侨面前的一道难题。中国共产党杰出的社会活动家廖承志认为，我们做华侨工作，就要做他们的最好的代言人，做沟通祖国和海外华侨的桥梁，全心全意为华侨服务。

事实上，《中国人民政治协商会议共同纲领》第五十八条就规定：“中华人民共和国中央人民政府应尽全力保护国外华侨的正当权益”。党和政府制定

① 沙健孙主编：《中国共产党与抗日战争（下）》，中央文献出版社 2005 版，第 590-591 页。

② 于俊道、李捷主编：《毛泽东交往录》，人民出版社 1991 年版，第 38 页。

了一系列适合侨胞、侨眷特殊情况的政策和法令，中国政府积极组织华侨回国观光，有力地发挥了凝聚侨心侨力，为国家经济建设争取侨汇，吸引华侨回国投资，紧密中国与侨居国外交关系的重要作用①。《1950-1965 年间的华侨回国观光旅行》显示，从 1949 年 10 月到 1952 年底，在周恩来、陈毅等老一辈无产阶级革命家的关心和协调之下，留学生回国人数达 2400 人，约占新中国成立初期中国在外留学生总人数的一半。他们拥护中国共产党，主动放弃国外优厚生活待遇和工作，立志为祖国复兴出谋划策、大显身手，为百废待兴的新中国贡献自己的知识和智慧。在这批归国华侨中，以钱学森、邓稼先、朱光亚、王淦昌为代表的归国科技人才为我国国防建设的现代化发展打下了坚实基础，做出了重大贡献。尤其是在"两弹一星"研制期间，党和政府尽最大努力保障归国科研人员基本生活，为其创造良好的科研环境。在争取侨汇服务国内建设方面，从 1950 至 1965 年间，全国共争取侨汇 2076136000 美元，有力地保障了国内社会主义建设②。

4. 借助华人华侨力量，描绘改革开放宏伟蓝图

党的十一届三中全会后，以邓小平同志为核心的党的第二代中央领导集体做出改革开放伟大战略决策。面对第三次科技革命在西方国家的迅速发展，要想建设实现"四个现代化"，必须打开国门，引进国外先进人才、资金、技术以及管理经验。而对于长期生活在海外的华人华侨来说，他们具有一定的社会关系优势、人才智力优势以及信息服务优势。这一时期的侨务工作成就主要体现在以下几个方面。一是在侨务管理方面。改革开放 40 余年来，我国侨务管理体系不断完善，由全国人大华侨委员会、全国政协港澳台侨委员会、国务院侨务办公室、中国致公党、中华全国归国华侨联合会五个部门组成的侨务工作管理部门在中国共产党的领导下密切合作，使得改革开放新时期我国侨务工作不断臻于成熟。与此同时，以人民日报海外版、中国国际广播电视网络台、中国国际电视台为代表的新闻媒体也第一时间向海外同胞传递祖

① 王素君：《1950-1965 年间的华侨回国观光旅行》，《云南大学学报（社会科学版）》2018 年第 3 期，第 75-84 页。

② 林金枝：《侨汇对中国经济发展与侨乡建设的作用》，《南洋问题研究》1992 年第 2 期，第 21-34 页。

国声音，满足华人华侨精神文化需求。二是海外华人华侨社团如雨后春笋般出现。自 1978 年以来，分布在世界各地的华侨华人团体积极成立各类会馆、教会、商会、校友会、同学会等，这些华人社团的成立加强华侨华人之间的交流往来，增强团结和凝聚力，增进各团体之间的协调、联合，同时也让世界人民了解到博大精深、源远流长的中国文化和改革开放以来中国社会取得的翻天覆地变化。三是有组织有计划引进海外华人华侨。党和政府通过实施百人计划、千人计划，吸引一大批海外华人科技精英归国建设。总之，改革开放以来，海外华人社团专业性功能不断增强，社团的政治性功能凸显，向世界传递了一个和平发展的东方文明古国形象，有力地配合了国内改革开放事业如火如荼进行。以华人华侨资本流入中国市场为例，自 2000 年以来，海外华人资本对华直接投资年均增长率达 40%以上。近年来，随着改革开放的深化，中西部地区的开放日益受到国家重视，并已出台倾斜性的政策，这为海外华人资本又提供一个广阔的舞台①。

5. 团结海内外华人华侨，共圆伟大复兴中国梦

党的十八大以来，以习近平同志为核心的党中央高度重视华人华侨工作，始终关心生活在海外各地的华人华侨，对新时代华人华侨工作做出一系列指示。2014 年 6 月，习近平总书记在会见第七届世界华侨华人社团联谊大会代表时的讲话强调：“团结统一的中华民族是海内外中华儿女共同的根，博大精深的中华文化是海内外中华儿女共同的魂，实现中华民族伟大复兴是海内外中华儿女共同的梦。”② 这不仅是对我党关心华人华侨工作传统的继承，更是习近平总书记长期在福建、浙江工作时的实践经验总结。据厦门市陈嘉庚教育基金顾问任镜波回忆，习近平总书记对嘉庚先生和集美大学情有独钟。正如习近平总书记给厦门市集美校友总会回信指出，陈嘉庚先生“艰苦创业、自强不息的精神，以国家为重、以民族为重的品格，关心祖国建设、倾心教

---

① 《汪巍：华人华侨资本流入与发展趋势》，环球网，https：//opinion. huanqiu. com/article/9CaKrnJB3C7。

② 《“广泛凝聚中华民族一切智慧和力量”——以习近平同志为核心的党中央关心统一战线工作纪实》，《人民日报》2022 年 7 月 29 日第 3 版。

育事业的诚心，永远值得学习”①。

新时代下中国共产党对华人华侨工作的领导是立体化、全方位的。一是以“一带一路”倡议为依托，鼓励华人华侨积极发挥自身作用，传播优秀中华传统文化。中国政府通过举办文化交流年，设立孔子学院等方式与“一带一路”框架内国家华人华侨搭建平台，使其产生对强大祖国的认同感和归属感。二是重视民间华人华侨社团建设，配合国家外交建设。区别于官方外交活动，侨务公共外交是对传统外交的补充和发展，是全球化和信息化时代塑造国际合法性和认同度的一项重要战略②。在具体执行层面，侨务公共外交活动内容更加丰富，活动形式更加灵活。三是更加注重大学、科研院所与华人华侨社团的沟通与联系。暨南大学、厦门大学、华侨大学、集美大学等高校的发展历史和华人华侨历史发展密不可分。近年来，随着我国国际影响力的不断扩大，海外华人华侨利益保障已经成为一个重要的话题。而大学历来承担着服务社会的重任，理所当然地成为研究华人华侨问题的前沿。以桂林电子科技大学为例，该校“政府数字传播与文化软实力研究中心”与马来西亚46个社团组织在吉隆坡共同签署《马来西亚华社“一带一路”宣言》，并就新媒体技术与教育大数据、文化交流及“一带一路”信息分享与传播等项目与马华对华事务委员会签署了合作备忘录。在全球发生新冠疫情的背景下，各地华人社团也通过捐款捐物等方式支援国内抗击疫情，2020年3月，菲律宾最大华人社团之一的菲华商联总会向中国驻菲律宾大使馆转交1.2亿比索的捐款。

总之，中国共产党成立一百多年来，始终心系华人华侨工作，不断将侨务工作规范化、制度化、体系化。14亿多中华儿女与海外华人华侨一道，为民族独立、国家富强不懈奋斗，共圆中华民族伟大复兴中国梦，走出一条具有中国特色的侨务工作之路。

---

① 《广纳万川入海　画好同心大圆——习近平同志在福建工作期间关于统战工作的探索与实践》，《人民日报海外版》2022年7月30日第1版。

② 赵可金、刘思如：《中国侨务公共外交的兴起》，《东北亚论坛》2013年第5期，第13-23页，第128页。

（二）华人社群已经成为我国和世界深层次联系的特殊纽带

“一带一路”倡议是交响乐而非独奏曲，华侨华人是“一带一路”建设的群众基础，华人社群是我国和世界深层次联系的特殊纽带。用好华人社群资源，对推进“一带一路”建设下社会主义核心价值观的对外传播起到事半功倍的效果。随着“一带一路”建设的不断推进，各国人民在对中国的认识中深化互信，奠定了社会民意基础①。但由于“一带一路”倡议内容涉及政治、经济、文化等多方面领域，一些国家与民众在认知上存在较大局限性，容易对其产生较大误解，甚至衍生出“中国威胁论”的恶意揣测。特别是西方媒体一直以来用有色眼镜看待“一带一路”倡议，对其附以大量贬低言论，甚至出现刻意抹黑等不恰当行为。为了化解这些矛盾，民间的自觉融入是先手棋。华人社群兼通双方国家文化，对中外文明了如指掌，具备打通中外交流渠道的身份优势，是促进我国和世界深层次联系的有效桥梁和纽带，是积极的参与者与贡献者。

1. 华人社群是“语言互通”的重要桥梁

语言是人与人之间相互交流的传递载体，是国与国之间互相了解的开锁钥匙，是“一带一路”朋友圈的沟通桥梁，是建立“一带一路”友好关系的重要助推器②。语言作为一种软力量，作用于整个社会发展之中，是不可或缺的存在。

“一带一路”是我国基于国内经济发展需要并顺应国际形势走向而提出的国家级顶层合作倡议，为了推动“中国服务”“中国制造”和“中国建设”更快更好地“走出去”，加强与他国之间的交流往来是首要任务，因此“语言互通”是根本。“一带一路”建设以“五通”为基础，即政策沟通、设施联通、贸易畅通、资金融通、民心相通。对于“一带一路”建设的“五通”来说，“语言互通”是一切工作启动的前提，人与人之间的互动离不开国与国之

① 丁辉、周宇翔：《“一带一路”民心相通建设成果评估及政策建议》，《当代世界》2019 年第 4 期，第 58-61 页。

② 郭鸿炜：《“一带一路”民心相通的理论建构及路径选择》，《科学决策》2021 年第 8 期，第 145-153 页。

间的顺畅交往。只有这样，才能进一步谈及经贸交流、文化交流、文明互鉴、人心相通，以此推动“一带一路”建设朝着更好的方向发展，最终实现沿线国家共同繁荣。所以要达到语言互通，首先需要关注的是语言的双向传播与应用。在语言的传播中，人是最具能动性的根本要素，随着世界人员流动频率增进，移民成为语言传播的最初动力。而“一带一路”建设地域民族跨越幅度大，语言环境十分复杂，很多现实问题需要深入调研，相对于移民与海外华人的宏观概念，华人社群是更具体的传播载体，较强的组织性和共同纲领使其具有一定的稳定性。他们通晓中国的语言文化，了解所在国的基本国情和人民状况。作为语言交流的信使群体，他们将更容易让外国人接受和广泛使用中国的语言，从而以民间交流的“柔性传播”形式搭建起语言相通的桥梁。所以当华人华侨作为传播主体，以华人社群作为聚集力量来进行语言交流时，该过程就具有一定的特殊性。这种特殊性既包括华人社群身份的特殊性，又包括传播力量的特殊性，因为他们的存在既能与国外民众在交流中结成友好关系，又能在潜移默化中传播我国的语言文化。一方面，以前老一辈华人华侨在移民国外时，携带一定的中国传统文化习惯，这种习惯贯穿他们在居住国生活与社交的每一个方面，处处都彰显着中华民族的特性与中华文化的独特魅力，当这种共性习惯凝聚于华人社群时，他们用直接的言语行为和非言语行为与他国民众进行交流对话，受传者可以通过语言及行为，从听觉、视觉上感受我国语言文化的魅力，在潜移默化中产生主动学习的态度倾向。另一方面，华人社群在传播过程中既是传播者也是受传者，他们在传播信息的同时，同样接受对象方传递的信息并给予反馈与互动，从而形成双向传播的有效形式。

据不完全统计，全世界 6000 多万华侨华人中，约 4000 万人分布在“一带一路”沿线各国，并发展成为华人宗乡“社群认同”与“社会认同”并存的双重认同形态。他们移居“一带一路”国家的时间久，对于居住国的语言文化耳熟能详，是促进中外人文交流，实现政策沟通、民心相通的重要桥梁。充分发挥他们在语言沟通方面的优势，可以弥补当前国家语言人才缺乏的空隙，加强中国与“一带一路”沿线国家民众之间的往来沟通以及双方之间的文化交流，采取对方乐于接受的方式、易于理解的语言，紧紧围绕“中国人、中国文化、中国理念”，讲好中国故事和传播好中国声音，使民众之间形成相知相亲、情感相融、理念相通、文化包容的格局①，从而打通语言交流的第一关，架起“一带一路”发展中对外传播社会主义核心价值观的重要桥梁。

2. 华人社群是“文化相通”的重要使者

“一带一路”倡议作为我国对外经济合作倡议不仅是一个简单的空间概念，更是立足于文化和文明概念基础上的核心价值观影响力范畴。想要达到理念贯通，文化必须先行。华人社群作为“文化相通”的重要使者，将社会主义核心价值观的时代特征深入贯穿文化符号，增强社会主义核心价值观的吸引力和影响力，树立新时代中国的强国形象。

经济全球化趋势日益深化，文化全球化也随之深化，已成为不可避免的时代潮流，社会主义核心价值观作为我国文化的内核，其国际传播在全球化进程中助力国家发展。文明之间没有优劣之分，民族文化差异不是阻碍世界发展的力量，多元文化的交流互鉴是人类社会发展的动力，促进共同建设一个开放包容的世界。然而国际政治文化壁垒阻碍社会主义核心价值观对外传播。复杂的政治环境、多元的文明系统、浓厚的宗教传统以及当下国际形势的变幻莫测，使得各国的价值观念和利益诉求存在不小的差距，极易产生误解和冲突。当前，海外受众对社会主义核心价值观存在认知偏差，这主要是由于我国对社会主义核心价值观的宣传不够深入全面，加之受众国媒体或第三方在转述过程中对社会主义核心价值观的曲解，西方受众显然更愿意相信本国成员以及西方媒体，并且大都站在西方文明中心立场审视“他文化”价值，对非西方价值观予以排斥否定，造成了部分国外民众对社会主义核心价值观的误解和疑虑，甚至习惯以西方价值观标准质疑乃至贬损我国。为了解决此种困境，往来于祖籍国与居住国之间的华人社群在“文化相通”中扮演重要使者角色。

华人社群在居住国生活经历三个阶段：共存、融合与共生。在移民初期，老一辈的华人华侨在移民时将我国传统文化带入居住国，在其日常生活中，

---

① 魏晖：《“一带一路”与语言文化交流能力》，《文化软实力研究》2020 年第 1 期，第 5–13 页，第 2 页。

不同的文化差异和价值观差异尚可共存。随着双方交流日益深入，在信息交互的过程中不断产生文化碰撞，双方为了更好地交流，不同文化之间相互借鉴、学习，并对原来的文化体系进行淘汰和改造，形成文化融合的新形态。通常，文化融合以文化共存为基础，文化共存为不同的文化融合提供现实机遇；在文化融合的基础上，多元文化之间保留各自的特性，从而形成文化共生。因此，“一带一路”沿线国家与我国进行文化交流，共同建构文化共同体具有可能性。

古代丝绸之路是我国古代与他国进行文化交流的成功典范，彰显“一带一路”倡议促进沿线各国的文化与价值观交流的可能性，除此之外，在其过程中遗留下来的文化资源是社会主义核心价值观对外传播的重要工具。由于历史、经济和文化的相互作用，我国与沿线诸国共同倡导文化共荣有着较为深厚的基础，尤其是共同开展世界文化遗产的联合保护和捍卫“一带一路”沿线国家的精神家园，而想要实现这一目标便离不开华人社群在当中发挥的重要作用。“一带一路”沿线国家和地区是世界上典型的多民族、多文明、多宗教的聚集区，也是民族和宗教矛盾较为突出的主要地区，搭建文化交流平台则能够很好地舒缓“一带一路”建设进程中的矛盾和冲突。沿线各国的华人社群赋能搭建文化交流新平台。一方面，在实施“一带一路”建设的过程中，宗教文化因素不可忽略，华人社群在社会主义核心价值观对外传播过程中根据东南亚不同国家和地区的国情、传统和风俗习惯，自主选择社会主义核心价值观对外传播形式及其传播内容，可以有效规避我国在“一带一路”建设过程中相关损失；另一方面，还可以充分利用华人社群的各种平台、资源和人脉关系，促进我国与“一带一路”沿线各国的文化交流，最大限度避免产生消极影响，全方位推动文化传播，最终实现在“一带一路”背景下的文化共荣。

中华民族具有悠久的历史，创造了博大精深的文化，展现了中华文化的稳定性与持久性。独具特色的中华传统文化积淀着中华民族最深沉的追求，是中华民族生生不息、发展壮大的丰富滋养，是海内外中华儿女共同的宝贵精神财富。华人社群具有中华血统，大部分海外华人华侨对中国具有巨大的认同感和归属感，他们了解中外历史、政治、经济、民族、宗教等状况，熟悉居住国政治制度、法律环境、民风乡俗和文化心理，积极参与住在国的政治、经济、文化、社会生活，具有跨文化、跨国界的特殊地位和人脉网络，在传播中华文化、沟通中外思想方面具有独特优势，有利于向当地公众和主流社会全面、真实地介绍中国的发展状况，推介和塑造当地公众易于理解和主流社会易于接受的中国形象和话语体系。跨文化交际能力是华人社群作为“文化相通”的重要使者所拥有的高级技能。在文化的传播与深入过程中，他们不拘泥于以往单一文化字面传播，更注重传播内容的时代性，凸显社会主义核心价值观的大众性与先进性，使文化传播以国外民众喜闻乐见的形式，在原有文化内涵的基础上贯穿我国当下政治、经济、文化方面的热点时事，在符合本土文化特征的条件下进行文化的精准传播，获得国外民众的文化认同感，真正做到文明交流互鉴共存。

华人社团、华文媒体和华文学校并称华人社群的“三宝”，是传承中华文化的重要平台。一方面可以真实而全面地反映中国现况，纠正西方一些别有用心的媒体对中国刻意的负面报道；另一方面可以正确宣传中国的价值观念，让移民国民众认识到中国的和平发展并非对现有世界秩序的一种挑战，反而有利于世界各国经济发展的根本利益。海外华文学校、华侨华人社团、华文媒体等在培养跨文化人才、讲好中外故事、培养民间友好感情、夯实“一带一路”合作民意基础等方面润物无声，作用不可替代。每逢春节等重大的中国传统节日，海外华侨华人社团都会举办舞龙舞狮、春节大游行、花车表演、美食节、联欢晚会等各种喜庆的活动。他们的活动不限于唐人街，也常常走出华人社区。随着影响力的提高，海外华侨华人相关活动展现悠久独特的民族文化，成为让居住国人民了解中国文化的重要窗口。华文教育则是根植于汉语的一门语言教育，是海外华人共同的文化认同，是凝聚海外华人族群意识的重要手段。在华文教育的背景下，海外华人既懂得汉语又懂得居住国的语言文化，有助于讲好中国故事，更好地传扬中国文化。华文媒体是宣传、传播中国国家形象不可缺失的重要媒介，是展示中国国家形象的窗口。符合事实的华文媒体报道让海外华人和移民国当地民众认识了解真正的中国形象，能够较为客观准确地传递中国声音，传播中国文化，塑造国家形象。

由上述得知，华人社群（以下简称“华社”）“三宝”既为华人社会和所在国家培养了懂华语的人才，为维持和增强华人社会的民族认同和文化认同提供了重要的平台和手段，又为传承和发扬中华文化提供了重要的渠道，所以华人社群是“文化相通”中当之无愧的重要使者。

3. 华人社群是“理念贯通”的重要媒介

在价值多元化与文化理念激荡的时代，华人社群在传统的文化交流、文化共享功能之上承担社会主义核心价值观的传播使命，是“理念贯通”的重要媒介。

随着中国全球化发展历程不断推进，理念的认同与核心价值观的传播成为“一带一路”发展的重要组成部分。马克思、恩格斯曾明确提出“历史向世界历史转变”这一科学论断，这是对人类命运必然从区域化走向全球化趋势的重要判断，也是构成人类命运共同体的理论基础。实现人类命运共同体是全球发展态势下的大势所趋，中国始终坚持担当大国责任，致力于维护世界和平发展与稳定，而社会主义核心价值观的存在正是其背后的基本根源。习近平总书记针对当今国际局势提出“构建人类命运共同体”这一理念，始终坚持把社会主义核心价值观基因融入人类命运共同体的发展，通过人民大众喜闻乐见的方式与通俗易懂的语言给予阐释与表达，让更多人认识到这一“共同体”的真正含义，并将理论付诸行动之上，通过实践证明这不只是一个宏观战略，更是一个美美与共的大同理念。

随后，国际社会对构建人类命运共同体思想产生了热烈反响，这就说明我国提出的这一倡议有助于外部世界了解我国制度方案，从而更进一步认同社会主义核心价值观，以此彰显社会主义核心价值观的优越性和影响力。以“人类命运共同体”为主题，是对人类共同命运和共同价值诉求的凝聚。通过华人社群的传播把社会主义核心价值观上升到国际视野来引起共鸣，能够帮助海外民众尤其是青年一代真实地了解中国的发展状况，并且通过各式各样的案例成效来彰显我国核心价值观的存在意义与影响力。华人社群作为理念传播的中介，力求突破国外民众以往的陈旧思想理念，把社会主义核心价值观上升到以国际化的方式来传播，从而带动各国民众在思想意识和理念上真正达成“人类命运共同体”的共识。

华人社群作为“理念贯通”的重要媒介，在海外传播工作的开展中始终坚持以人为本的原则，勇于承担责任并不断做出贡献，用实际行动赋予社会主义核心价值观鲜活生命力。在海外建设方面，我国驻外企业与机构分布范围广泛，人员数量众多，他们非常重视外籍人员的文化和价值观培训，始终把工作能力与职业道德操守放在并重位置，讲究二者缺一不可，这样的价值理念赢得了当地政府的信任与民众的拥护。在巴基斯坦，中国员工还免费为当地民众修缮清真寺，以和谐友善的价值观对待不同的宗教和文化传统。正是因为中国本土企业员工不仅将自己视为海外项目的建设者，还将自己视为传播社会主义核心价值观的使者，在日常生活和工作中的每一个细节与举动都无不彰显社会主义核心价值观的魅力，因此在海外民众中的传播也更具说服力。

社会主义核心价值观是从价值维度把握中国社会的本质属性，是以基本价值观的形式反映中国社会的建设理念。华人社群作为拓展中国文化传播的切入点，在双向合作交流中坚持“和谐”“平等”“友善”的价值理念，以多样化、本土化、日常化的传播方式进行社会主义核心价值观的传播。一方面，在传播中国文化时要与当地实际情况相结合，找到一种当地民众易于接受的方式促进两国的交流与合作；另一方面，要高度重视各国政府高层所发挥的作用，通过他们找到文化传播的重要契机，延展传播范围与深度，扩大中国文化传播的作用力与影响力，以此吸引更多的外国民众了解中国文化，乐于探寻中国文化，在这个过程中也就提升了社会主义核心价值观的认知度。

让“人类命运共同体”意识理念深入人心、落地生根是“一带一路”的重要目标，也是华人社群作为“理念贯通”重要媒介所呈现的高级态势。“一带一路”沿线国家的文化多样，在价值观念与思想理念上存在巨大差异，政治动乱、宗教矛盾、民族冲突时有发生。“一带一路”虽然为华人社群传播社会主义核心价值观提供了便捷通道，但也面临多元文化和价值观的碰撞。所以我们要警惕可能出现的不良言论传播，及时消除错误观念对传播社会主义核心价值观的影响，让各国真切地感受到社会主义核心价值观在“一带一路”的传播中并没有携带殖民色彩，而是用五彩斑斓的文化理念铺满了整个“一带一路”，从而让外国民众更真实地了解中国，让更多国家共享中国发展所带来的红利。

“一带一路”是包容之路、和平之路、合作之路、共赢之路、发展之路，而非封闭之路、霸权之路、掠夺之路、战争之路，秉持的建设原则是共商、共建、共享，不是中国一家的独奏，而是沿线国家甚至是世界上200多个国家的合唱①。所以，华人社群作为传播媒介，在理念上加深了各国民众对“一带一路”的认可与接纳度，为社会主义核心价值观的对外传播夯实思想理念基础。

（三）华人社群是“一带一路”倡议最积极的响应者和推动者

自提出“一带一路”倡议以来，华人社群作为中国与“一带一路”沿线国家和地区关联互通的纽带和桥梁，积极投身其中，其国际认同度显著提高。华人社群人才济济、组织健全、实力雄厚，与中国的各方面发展产生密切关联，因而在推进“一带一路”建设中具有重要作用，在社会主义核心价值观海外传播中发挥独特优势。根据国家对外开放研究院东盟国家研究中心从2017年5月持续到2019年5月的调研结果显示，95.13%的华商认为参与“一带一路”建设意义非凡，98.26%的华商对参与“一带一路”建设热情十分高涨，其中欧洲地区第一代华商的参与热情最高，约占76.50%②。

1. 华人社群对“一带一路”发展前景持积极向好态度

“一带一路”沿线国家和地区覆盖人口数量庞大，其中华人社群活跃度逐年递增，他们在积极扮演“一带一路”建设者、倡导者的同时也不断享受该倡议所带来的巨大红利。

自“一带一路”问世，中国不断加大境外基础设施投资，“目前已建成海外建设经贸合作区50多个，一批有影响力的标志性项目也逐步落地，为所在国创造了近20万个就业岗位和10多亿美元的税收，‘一带一路’给沿线国家带来前所未有的新机遇。譬如：中老铁路和巴基斯坦拉合尔橙线项目运营通车，雅万高铁建设实现节点目标，中泰铁路一期线上工程取得重大进展，匈

---

① 胡键：《“一带一路”与中国软实力的提升》，《社会科学》2020年第1期，第3-18页。

② 张伟玉、王丽、黄德海：《海外华商参与“一带一路”建设问卷调查研究》，《华侨华人历史研究》2021年第1期，第17-25页。

塞铁路匈牙利段项目主承包合同生效等等”①。据统计，“一带一路”参与国经济总量近 40 万亿美元，占全球经济总量的 45%以上。2020 年，新冠疫情突袭世界各国，“一带一路”沿线国家的华人社群同处危情之中，中国仍抵挡万难积极倡议“一带一路”，适时加大对参与国的投资，并及时提供帮助，为保护沿线国家人民的生命权和健康权做出了重要贡献。“例如，中欧班列作为中欧之间抗疫合作的‘生命通道’，运送医疗物资过千万件，累计 8 万多吨”②。“一带一路”的蓬勃发展及巨大号召力为华人社群提供了宽广舞台，因而以自身事业的发展壮大联动“一带一路”建设更是华人社群的题中应有之义。大量事实证明，“一带一路”倡议源于中国，但属于世界，其建设成果与美好未来更与海外的华人社群息息相关。

随着“一带一路”建设的不断推进，沿线各国共同发展、合作共赢之中蕴藏着华人社群诸多发展获益的新机遇：投资新型基础设施建设，发展国际贸易、跨境电商、服务业发展转型等。华人社群在经贸合作、人文科技以及人才引进等方面凭借与生俱来的优势发挥着极其重要的作用，同时作为“一带一路”有关项目建设的合作伙伴积极参与，逐渐成为不可或缺的关键力量。“如泰国华人谢国民继续扩大在中国的投资与合作，积极引进中国企业在泰国发展，从企业层面推动泰国高效对接‘一带一路’建设；新加坡华人陈江和及其金鹰集团联合中国工商银行等四家单位共同成立中东欧基金，以切实行动参与到‘一带一路’中，在中东欧国家寻找基础设施和电厂项目。印尼华商林绍良在塞尔维亚投资运营的工厂成为印多福进入欧洲地区市场的桥头堡；同时，印多福在塞尔维亚的投资经营也为当地增加就业岗位，并将市场延伸到塞尔维亚、马其顿、保加利亚、罗马尼亚以及欧洲其他国家。”③ 华人社群与“一带一路”自古以来就存在互惠互利的关系，早期中国移民通过“海上丝绸之路”走出国门，并依赖“海上丝绸之路”生存，同时为繁荣“海上丝

---

① 赵新力：《“一带一路”是践行联合国宗旨和实现人类可持续发展的重要抓手》，《东北亚经济研究》2022 年第 1 期，第 24-40 页。

② 王文、刘英、郭方舟：《后疫情时代的“一带一路”建设与展望》，《扬州大学学报（人文社会科学版）》2021 年第 6 期，第 56-69 页。

③ 刘恒：《发挥华侨华人在推进“一带一路”建设中的作用研究》，《中国经贸导刊（中）》2021 年第 3 期，第 23-26 页。

绸之路”做出了贡献。如今“海上丝绸之路”变为新时代的“一带一路”，与华人社群关系依旧紧密，相辅相成。华人社群不断挖掘自身群体的潜在优势，赋予“一带一路”新的概念标签，投身建设，有力促进相关各国对“一带一路”建设的认同与支持，一定程度上保障了华人社群在海外的生存与发展。“一带一路”与华人社群之间逐渐形成恰到好处的互动关系，庞大的华人社群因自带丰富的海外资源，助力“一带一路”蓬勃发展，同时也为华人社群带来巨大的投资和合作机遇。

“一带一路”沿线国家经济迅猛发展，华人社群经济实力同样呈几何式增长。“正如中国侨商投资企业协会会长谢国民所认为的，投身‘一带一路’建设是华商的幸运，更是义不容辞的责任和义务。”① 例如，华商的国际地位显著提高，所具有的政商人脉及资金优势有效助推企业标准国际化，为我国不断引进长期投资、提高国际话语权等。华人社群在“一带一路”沿线国家和地区创办了大量的海外华文媒体、社团及相关企业，成为中国形象宣传主阵地。中国品牌的设计理念、发展历程及文化内涵在得到有效传播的同时与他国品牌进行经验交流，起到了相互交流、共促发展的积极作用。“一带一路”沿线国家合作领域逐渐多元，涵盖新技术、新生物、新医药、新材料和新环保等。华人社群深入解读“一带一路”相关政策内涵，深挖不同职业领域的内生动力，搭建长期合作平台，为促进国际交流合作、经济发展搭桥铺路。值得注意的是，职业选择方向的多样性和与日俱增的科技实力为华人社群人才供给注入了强劲动力，也为“一带一路”倡议的持续推进提供强大的智力支持。

华人社群对“一带一路”建设的资源效应不断增强，逐渐发展为利益共同体，彼此互动良性和谐。在“一带一路”强大辐射下，华人社群爆发出强劲合作力与团结力，有效加强中国与“一带一路”沿线国家、地区的互联互通，互利共赢的效果越发明显。

2. “一带一路”建设为华人社群发展壮大开辟新路径

“一带一路”高质量发展的建设之路在世界范围内引起广泛关注，不断创

① 刘恒：《发挥华侨华人在推进“一带一路”建设中的作用研究》，《中国经贸导刊（中）》2021 年第 3 期，第 23-26 页。

新的合作框架、世纪工程已经产生了较为深远的国际影响，在“一带一路”的积极引领下，合作持续深化，不断为华人社群发展开辟新领地，创造新机遇。近年来，我国“一带一路”倡议正得到沿线国家、地区的广泛认可，在此基础上，海外华商企业获得长足发展，与其他国家企业之间的合作得到充分保障与支持。“一带一路”沿线华侨华人覆盖面广、人数众多，据统计，“我国海外华侨华人大约有6000多万，其中70%的人在‘一带一路’沿线国家工作、学习和生活，已经形成了较为广泛密集的海外移民网络。”① 在“一带一路”发展持续向好的大背景下，海外华人社群应借助“一带一路”高质量发展的“东风”，珍惜同“一带一路”沿线国家及地区人民共谋发展的政策机遇、发展机遇、合作机遇等。

政策机遇。2015年5月12日中央统战部印发了《关于统一战线服务“一带一路”战略的意见》，该意见明确鼓励港澳台同胞、海外侨胞和留学人员将自身事业发展置身于“一带一路”的宏伟建设中，与时代与世界共享发展红利。同时，要求统一战线各类团体和组织充分发挥组织协调优势，高频率、宽范围开展与“一带一路”沿线国家和地区民间及国际组织的交流合作。将统一战线中的所有成员引向积极宣传、积极建设的阵营，解决其在对外交往过程中产生的各类疑惑，毫无保留地向世界展示中国开放、包容和负责任的大国形象，营造和谐发展的世界氛围。随着海外华侨华人与居住国居民之间日益加深密切交往，华人社群与当地居民之间形成了友好往来，这有助于华人社群与当地居民间更好地进行合作，为消除误解、减少冲突创造更有利的条件。同时，华人社群还强化与当地居民及社团的沟通，建立良好关系，进而及时掌握居住国的各种内外部信息及动向，融入当地社会。当前各方都在为稳步推进共建“一带一路”高质量发展而努力，中国政府更是出台了一系列政策，为华人社群发展扫清障碍，降低华人社群的参与门槛，助力华人社群参与“一带一路”众多项目的投资建设。2021年1月中央统战部通过修订的《中国共产党统一战线工作条例》，明确界定了海外统一战线的各层级职责，且对“海外统一战线工作和侨务工作”内容进行了适当增加，明文强调

---

① 刘雨辰：《海外华侨华人统战工作推动“一带一路”高质量发展研究》，《东北亚经济研究》2021年第6期，第15-27页。

海外统一战线必须致力于维护、巩固和促进中国统一，以实际行动切实推动实现中华民族伟大复兴，不断增进中国人民与世界人民的友好合作交流，将“人类命运共同体”理念落到实处。同时，各方更是加强政策引导，为海外华侨华人跨国贸易、放宽投资准入、优化从商环境等方面提供政策倾向，给华人社群的生产、生活营造了更为安全稳定的全新环境。例如，规划建设海外华人华侨贸易试点，通过政策补贴，助力低效益企业转型升级；完善法律法规、合作条约，保障海外华侨华人合法投资权益；减少审批流程、修复线上审核漏洞，为海外华侨华人出入境提供更多的便利；创设“快速通道”，优先“一带一路”沿线国家外籍华人办理相关合作手续，为项目落地实施提供更多帮助；开通沿线中外城市航班航线，在方便海外华侨华人出行的同时，也能助力当地更多华人从事第三产业。这既是党中央对海外统一战线提出的工作任务，同时也是党中央为海外华侨华人统战工作在新时期发展提供的巨大政策机遇。

发展机遇。随着改革开放的全面推进和“一带一路”高质量发展，华人社群面临的发展机遇前所未有。中国对外开放战略不断实现新跨越，“一带一路”建设完成新定位，倡议所独有的延展性与包容性为华人社群提供了更高层级的多领域、宽视角的发展契机。首先，“一带一路”的建设内涵随时代发展不断延伸，绿色生态、科技创新、和平高效等理念赋予“一带一路”更精准化的构建方向，如绿色丝绸之路、数字丝绸之路、创新丝绸之路、健康丝绸之路、智力丝绸之路与和平丝绸之路等等，不仅让“一带一路”内容逐渐丰富多元，也为华人社群提供更多样的发展选择。其次，中国已是世界上第二大经济体，其消费市场堪称世界最有潜力的市场，其相对完备的工业体系以及与时俱进、实力显著的各类产业链、供应链、价值链、创新链对各国投资者极具吸引力。此外，“十四五”规划加快落实，我国以新发展理念指导社会建设，构建以国内大循环为主体、国内国际双循环相互促进的新发展格局，从而促进我国与世界的深度对接，与世界的相互依赖程度前所未有。最后，全球发生新冠疫情，对各国经济社会都造成严重冲击，但是中国对疫情的防控措施让本国经济在全球经济发展过程中表现亮眼，投资前景持续被外界看好，为全球抗疫和“一带一路”沿线国家经济注入巨大能量。这些因素都为华人社群参与共建“一带一路”提供了重要发展机遇。

合作机遇。从当下“一带一路”倡议的现实情况来看，华人社群的机遇主要来源于两个方面。一方面是政府间协议提供的合作机遇。目前我国与“一带一路”大量沿线国家政府间的合作协议已完成签订，相关主管部门积极推动协议规划、落实战略对接等。在加强海关、税收等合作的同时实施更高水平的通关一体化。同时拓宽合作领域，加强融资、能源、数字信息等领域的对接合作，进而促进共建“一带一路”倡议同各国发展战略、区域和国际发展议程有效对接、协同增效。另一方面是华人社群网络维度发展带来的合作机遇。我国“一带一路”沿线海外侨民日益增多，他们大都以传统的血缘、姻缘等为分布轴心，居住在“一带一路”沿线地区，从而形成了点线交织的侨民网络，在自发或外力的刺激下，网络间的彼此联动会产生爆发式的乘数效应，即侨民网络在意料之外有效推动所在国市场发展及原产地产品的销量。除此之外，“一带一路”的纵深发展为华人社群中的新生代群体创新创业搭建了宽广舞台，在文化交流及旅游产业成果丰硕的基础上继续加强合作，帮助华人社群找到自身事业与在“一带一路”建设发展的契合交点。同时，由于“一带一路”的推动，海外华文教育也得到了发展。中国政府开始将政策逐渐倾向于教育合作，对个别办学困难或刚刚起步的华校提供资金支持，通过联合培训大力培养优秀的华文教师，为“一带一路”建设提供充足的后备人才力量。

3. 华人文化命运与“一带一路”脉脉相通、休戚与共

分布在“一带一路”沿线国家的数千万华人华侨是古代丝绸之路友好交流的见证者、亲历者。过去，许多往来于丝绸之路的华人，都沿着丝绸之路繁衍生息落地生根，成为早期“一带一路”的华人移民，他们在沿线国家生产生活、开展贸易，得到了迅速发展，这也吸引了更多的后来者来这里淘金，同时，还将历史悠久的中华文化传播到世界各地。例如中国著名侨乡福建，福建早期迁移到海外的移民特别是东盟十国的华侨华人，大都是沿着海上丝绸之路“下南洋”的。经过多年的发展，目前仅聚居在东南亚的福建籍华人就多达1000多万，基于此背景，福建也提出了建设海上丝绸之路要激发华侨华人的参与热情，充分发挥华侨华人作用，建设“海外福建”，要将华人社群

当作是海上丝绸之路建设的核心。经过几个世纪的发展，华侨华人已深度融入当地社会，即使不少华侨华人已经成为当地的政界要人、富豪精英，但他们的血脉依然植根华夏，心系中华文化，他们一直在积极推动所在国与中国友好发展。现在，“一带一路”沿线国家居住着4000多万华侨华人，他们大都掌握多门语言，通晓中外文明，具备融通各方的先天优势，是促进沿线中外文化交流、实现民心相通的有力引擎。激发华侨华人的参与积极性，凝聚他们的力量，对于营造“一带一路”沿线文化共同体具有深远意义。

海外华侨华人既是“文化中国”的关键组成部分，也是中华文化的亲历者与传播者。“一带一路”沿线的海外华文传媒在宣传报道所在国华人新闻的同时也主动宣传中华文化，中华文化得到了沿线“一带一路”国家的认同，在此背景下，海外华文传媒也因此得到了新的机遇。海外华文传媒以报道海外华侨华人为主导，面向海外华裔开展全方位的宣传活动。一方面，是为了服务华人社会和所在国家了解华人社群动向；另一方面，也为增强华人社会的民族认同提供了重要的平台。据不完全统计，“当前海外华文传媒接近1000家，其中有华文报刊854家，华语广播103家，华语电视频道71家，华文网站超过300家。截至2016年7月16日，通过对华文网站、华文客户端（App）、微信、微博、脸书（Facebook）和推特（Twitter）的统计，除了中国大陆之外，全球华文新媒体总量有4292个。”① 在这些华文传媒的接续努力下，“一带一路”沿线国家也掀起了华文热，华语电视剧也受到追捧，许多华文传媒为了继续弘扬中华文化，仍然坚持创办华文报纸，线上线下的多重互动丰富了“一带一路”沿线华人文化内容。比如，“泰国华文电视从中央电视台购买《三国演义》，播放后收视率居高不下，受到华人观众的热烈欢迎。泰国《新中原报》的‘艺术快拍’‘集萃’‘神州新姿彩’等专版，凸现出浓郁的中华文化色彩。菲律宾《世界日报》则开辟一份知识性与趣味性的副刊，内容有华语影视节目的介绍、本地专栏、特写、漫画、小说、艺术、幽默等。

① 陈奕平：《华侨华人与“一带一路”软实力建设》，《统一战线学研究》2018年第5期，第104-112页。

它开辟的华语学习园地，为菲律宾华人学习中华文化提供了窗口。”① 这些华文传媒的发展势头，一定程度上代表了中华文化与异域文化交流的真实现状。华文传媒所表现出来的强烈的文化认同感和巨大的凝聚力，印证了“一带一路”沿线各国华人的精神需求和中华文化紧密相连。

“一带一路”倡议为华人社群的华文教育创造了良好的发展机遇和广阔的发展空间，而高质量的华文教育也将为推进“一带一路”倡议提供教育与文化方面的支持。华人社群的规模不断扩大，新移民群体悄然出现，华人社群的格局与特点在潜移默化中发生改变。新移民普遍接受高等教育，以高素质人才为主，对华文教育的需求逐年递增。为切实满足“一带一路”沿线国家对华文教育的多层次需求，我国政府不断创造合作机会，加大投资力度提供帮助。例如，“为适应国际中文教育事业的发展需求，中国教育部于 2020 年 6 月设立语合中心，孔子学院品牌将由多家高校、企业发起的‘中国国际中文教育基金会’负责运行，以进一步推动国际中文教育事业可持续高质量发展，促进中国与世界各国语言文化的交流合作。国际中文教育改革将为华文教育发展注入蓬勃的活力，从而为‘一带一路’在各领域的交流互鉴营造更好的合作环境。”② 此外，华人社群中各行各业的专业人才层出不穷。据统计，世界华侨华人专业人才达 400 多万。由于华人社群的就业方向愈发多元化，且高技能人才和企业家比例增高，其中东南亚等华商经济实力更是超群，加之他们对中华文化的热爱，对祖（籍）国的迫切关注，对中国政治人文的认同与日俱增，这些都进一步提升了华侨华人开展文化传播与交流的意愿和能力。

在中国与“一带一路”参与国交流合作中，华人社群始终践行其“桥梁”和“纽带”的重要职责，力图将中华传统文化传播好、弘扬好，在所创办的各类社团组织、开发的丰富华文文学以及组织的多样活动中，都积极维护、树立中国的良好国际形象。华人社群同时熟知所在国的风土人情，在颇具海外华人特色的文学艺术氛围中，巧妙寻求以沿线国家人民喜闻乐见的方

① 陈奕平：《华侨华人与“一带一路”软实力建设》，《统一战线学研究》2018 年第 5 期，第 104-112 页。

② 柴如瑾：《适应国际中文教育事业发展：教育部设立中外语言交流合作中心》，《光明日报》2020 年 7 月 6 日第 8 版。

式发展中华文化。例如，一是借助器物如毛笔、中国结等文化承载物进行空间式传承；二是以欢度佳节如春节、元宵节、端午节等浓情氛围进行渲染式发扬；三是巧用华人社群与生俱来的中华文化认同感、归属感进行价值观式弘扬。华人社群作为中华文化的重要传承者和传播者，是传播中华文化的积极力量，在增强中华文化国际影响力等方面都扮演着重要的角色。华人文化命运自古就与丝绸之路紧密相连，而现在及未来，华人文化命运与“一带一路”的联系将更加紧密。

三、以华人社群为枢纽传播社会主义核心价值观的国内外研究现状

（一）国外相关研究的学术史梳理

1. “地球村”上的“文化霸权”——价值观的西方大众传播理论发展

在国外，价值观的对外传播可追溯到早期基督教诞生后的传教活动。拉策尔（1882）、弗罗贝纽斯（1898）等认为价值观对外传播可以看作是一种“互文化”或“跨文化”的传播活动；安东尼奥·葛兰西（1926）首次提出“文化霸权”概念并全面阐述了文化领导权理论，他认为“文化霸权”是统治阶级为维护其自身利益，利用非暴力手段的文化、价值观等宣传手段，对其他各阶级进行渗入性引导并使被统治阶级被迫接受其价值观念，确立在精神领域的统治地位，进而维护其统治的手段；20 世纪 20 年代拉斯韦尔对战争中宣传技巧进行研究，研究发现拥有恰当“技巧”的宣传起到“头脑操纵性”作用，这奠基了现代大众传播学；英尼斯（1952）就美国广播电视的发展及其在国际利益分配中所占比重进行研究分析，他认为美国已利用其在传播工业上的垄断地位形成文化帝国主义形态；卡尔霍夫兰、贾尼斯及凯利（1953）就态度和信念改变提出“说服论”，通过对传播者、传播内容、受众等影响说服效果的因素进行深入分析，为西方价值观对外传播研究予以理论支撑；赫伯特·席勒、阿芒·马特拉（1969）全面剖析了美国大众传播对全球帝国政治的支持，并于 1976 年首次明确界定“文化帝国主义”[①] 理论概

① Herbert Schiller, Mass Communication and American Empire. Westview Press, 1992.

念，对媒介体系商业化进行深度批判①；弗兰克、华勒斯坦（1974）将列宁的“帝国主义”学说发展成“依附论”，他们认为帝国主义国家以“依附”一词为外衣掩盖其压迫实质；杰里米·滕斯托尔（1977）指出媒体运作与帝国主义之间的内在逻辑，认为媒介已成为美国维持霸权的工具，并对侵袭他国本土文化进而增加其在侵袭国市场优势的“文化帝国主义”国家进行批判；本·H·贝戈蒂克安（1983）剥去西方媒介虚伪的外衣，指出其所炮制出的文化产品意在通过信息垄断来操控舆论；哈里森（1984）指出“对照模式”是文化帝国主义进行文化渗透的主要方式之一②，帝国主义国家将资本主义视作“先进文明”，将他国文化视为“野蛮文明”并将二者进行对照，企图形成“文化鸿沟”假象，并以此为借口对他国进行文化入侵；威廉·E·布隆代尔（1988）则分析了美国新闻媒体价值观传播的策略，指出美国新闻媒体对第三方国家进行“选择性”报道，夸大他国不足以彰显自身制度、文化优势，从而对他国进行潜移默化的价值观输出，使受众被迫接受其意识形态；麦克卢汉（1990）和美国媒介功能主义提出“地球村”，预测了全球传播的未来，并指出文化全球化的前途；科林·斯巴克斯（1992）将“文化帝国主义”看作发展传播学的范式之一，他将发展传播学划分为“主导”“帝国主义”“参与”和“全球化”四个范式，为“文化霸权主义”研究提供范式背景；汉斯·摩根索（1995）指出文化帝国主义在实质上是霸权主义，通过强文化渗透改变两国间的强权关系；约翰·汤林森（1999）突破部分西方学者将“文化”狭义定义为“文化产品”以及将“美国化”代替“文化帝国主义”的非历史性观点，通过话语方式阐述了文化帝国主义的本质，同时他认为“媒介帝国主义”和“文化帝国主义”具有相同内涵，并指出西方资本主义强国对信息传播领域的垄断，造成信息流不平等，并利用“媒介垄断”威胁第三方国家本土文化认同感③；而巴拉巴西（2012）、克莱舍基（2015）从大数据行为预测模型及信息时代的无组织性特性，对价值观传播提出了新的视角。

① Ariel Dorfman, Armand Mattelart, How to Read Donald Duck. International General, 1984.
② ［英］保罗·哈里森：《第三世界》，新华出版社 1984 年版。
③ Tomlinson J. , Globalization and culture. University of Chicago Press, 1999.

2.“文明冲突”下的“软实力”和“巧实力”——西方价值观对外传播的理论与实践

约瑟夫·奈（1990）首次提出“软力量”[①] 概念，将价值观的对外传播能力视作国家“软实力”的重要组成部分，并指出美国正以这种文化、价值观、社会制度等“软力量”对其他国家进行价值观、意识形态方面的控制，进而维护其世界霸权地位；亨廷顿（1996）将不同的文化实体间的冲突定义为“文明的冲突”[②]，并强调其为世界秩序重构的基础，同时他强调20世纪60年代以后，“文化帝国主义”逐渐被“文化全球化”所替代；德国学者哈拉尔德·米勒（1997）提出“文明共存论”[③]，该理论以全球化下的价值观碰撞为基础，为构建新世界体系提供新思路；罗伯特·基欧汉（1998）明确界定“硬实力”和“软实力”，“硬实力”是指包括武力在内的强制性手段，而“软实力”则是相较于“硬实力”更为“文明”、更加“合法”的非强制性措施，罗伯特强调“软实力”具有更大的吸引力，更能维护霸权统治的稳定性[④]；俄罗斯学者谢·卡拉穆尔扎、安德烈·纪德、拉斯基（2000）等对“苏东剧变”展开反思热潮[⑤]，认为冷战中苏联丧失意识形态主导权，使得西方入侵苏联社会“核心”，换句话说，苏联在冷战中的失败最终还是源于意识形态的失败；桑德斯（2002）提出“文化殖民论”，他在《文化冷战》中指出美国中央情报局运用会议、研讨会等文化武器对苏联进行文化渗透，从而达到文化殖民的目的；美国前总统布什（2002）指出美国将凭借其政治、经济、军事实力宣扬美国价值观，软硬兼施的“巧实力”初露端倪；随后结合软硬实力的“巧实力”由苏珊尼·诺瑟（2004）在美国外陷伊拉克战争泥

① Nye JS., Bound to lead: The changing nature of American power. Basic Books, 1990.

② Huntington S P., The clash of civilizations and the remaking of world order. Penguin Books India, 1997.

③ [德] 哈拉尔德·米勒：《文明的共存：对哈廷顿“文明冲突”的批判》，郦红等译，新华出版社2002年版，第3页。

④ Robernt O., Keohane and Joseph S. Nye., Power and Interdependence in the Information Age. Foreign Affairs, 1998 (9): 2.

⑤ [俄] 谢·卡拉穆尔扎：《论意识的操纵》，徐昌翰等译，社会科学文献出版社2004年版，第2页。

潭、内忧受恐怖主义侵扰之际提出，后经由阿米蒂奇和约瑟夫·奈（2007）发展，希拉里（2009）将其确定为美国国策并成功实践于2010年末的“茉莉花革命”，随后奥巴马政府将“巧实力政策”运用到各个领域并取得突出成效，巩固了美国霸权地位。随着互联网不断发展，智能媒体的兴起，传播技术的不断革新，西方价值观的传播出现新变化，希拉里（2011）提出坚持“互联网自由”，意在加快新时代美国传播技术发展，以其技术垄断和“普世价值”论继续统治国际话语体系，同时，美国《国家军事战略》（2015）报告中明确提出要将互联网和新媒体作为推进其价值观的新工具和新途径。

3. 作为对母籍国的价值观传递工具——对离散侨民的研究及高度重视

首先，随着互联网时代的到来及人员流动频率增进，移、侨民作用开始得到重视。日本华侨学者廖赤阳（2006）① 认为日本关于国内华侨华人的研究直接反映了近代日本亚洲意识的变化过程。美瑞迪尔·奥恩（2007）提出要全面争取、同化移民从而改变其母籍国政策。2009年，澳大利亚、智利、苏格兰等国家和地区的政府和学术界召开了题为“探索侨民战略”的研讨会，致力于构建侨民研究网络，并分享了侨民战略政策的经验。原印度总理曼莫汉·辛格在“2010年印度侨民日”大会上呼吁海外侨民在国家经济发展和社会进步中发挥更大作用。美国在2011年5月成立专门侨民工作机构，并推出“国际侨民接触战略”，希拉里（2011）将侨民称为“可能成为呈现给世界舞台的最有力的民间大使”。与此同时，奥特罗在“国务卿全球侨民论坛”指出，希拉里把这种（侨民）接触提升到一个新层次，使其成为外交的一部分②。夏尔马和卡什亚普等人（2011）指出侨民已经成为全球发展的推动者，他们在联合国等国际组织中获得了越来越多的认可③。2015年，越南政府决定放宽房地产行业购买和投资对象，允许持有越南入境签证的外国人（包括海外越南人）在越投资买房，这极大地吸引了越南侨民回国投资。2018年，

① 廖赤阳：《新华侨学者与日本华侨华人研究——朱慧玲、段跃中、王维、过放相关研究专著述评》，《华侨华人历史研究》2006年第1期，第73-78页。

② Maria Otero, Remarks at Secretary' s Global Diaspora Forum. http: //www. state. gov/g/163583. htm.

③ K. Sharma & A. Kashyap, et al. , Introduction: Opportunities and challenges for mobilizing the potential of developing country diasporas. United Nations University Press, 2011: 1-15.

俄罗斯总统普京签署了一项名为《俄联邦2019—2025年国家移民政策构想》的法令，意在促成更多侨民回国。这一政策，与俄罗斯已经实行12年的“侨民自愿返迁俄罗斯计划”有不小的关联。乔纳森（2021）通过分析美以公共事务委员会阻止2015年伊朗协议的失败，探讨了侨民游说团体对美国外交政策的影响①。印度总理莫迪（2021）将海外印度人视为“印度的力量”，他指出海外印度人在全球各地表现较为突出，他们为塑造印度的国际形象发挥着至关重要的作用。其次，各国致力于增强侨民母籍国族群内部认同感，缩短侨民社群与居住国族群间的心理距离。邝治中和杜桑卡（2005）② 指出20世纪80年代以来，在美华人数量急剧增加，中国经济实力不断增强，因此华人对中华文化的认同感和自信心不断增强。美国多所大学开设亚裔研究课程，并开设中文选修课，亚裔文化在美国迅速发展和普及。伯纳德（2006）③ 指出经济全球化的过程中，一些美籍华人在经济、文化、社会等方面与中国国内联系不断加强，丰富了美国当代的多元文化生活。陈志明（2012）提出了华人的本土化概念，即华人受居住国的政治、文化、社会影响，习得了地方性意识，这种意识影响了族群的文化认同，而且还形成了华人内部不同类型的文化认同。潮龙起（2013）指出华侨华人可以向居住国介绍祖籍国的基本国情、发展道路、内外政策和文化价值，进而加强或者改善居住国对祖籍国的认知，缩短侨民社群与居住国族群间的心理距离。最后，各国利用侨民的社群资源，以促进本国价值观在侨民母籍国的传播。杰（2011）指出侨民通过与母籍国政府进行经济合作，利用自身的家庭、社交、宗教等活动，对其居住国所倡导的文化和价值观进行传播，一定程度上对其母籍国民众的社会结构和价值观念产生重要的影响作用。里奥·霍曼（2017）从穆斯林价值观渗透的角度出发，探讨美国价值观的维持和传播问题。

---

① Rynhold J., Divide and Rule: Discursive Authority, Identity Dissonance, Ethnic Lobbies, and US Foreign Policy, or How President Obama Defeated AIPAC over the 2015 Iran Deal. Foreign Policy Analysis, 2021, 17 (2): orab005.

② Peter Kwong & Dusanka Miscevic, Chinese America: The Untold Story of America's Oldest New Community. New York: The New Press, 2005: 363-375.

③ Bernard Wong, The Chinese in Silicon Valley: globalization, social networks, and ethnic identity. Lanham: Rowman and Littlefield, 2006: 219-221, 223-227.

4. 华人社群传播核心价值观的代表——海外学者对东南亚华人社群研究

海外学者在研究东南亚华人社群的重点主要包括四个部分。第一，东南亚华人社群的身份认同。身份认同和文化认同问题是全世界华人华侨都面临的问题，东南亚华人华侨也不例外。王赓武（1986）① 是较早研究东南亚华人问题的著名学者，他提出了决定东南亚华人认同的四种规范类型，并指出华人认同不是简单的政治或者经济认同，而是一种多样性和多重性的认同。朱慧玲②（2003）在调查访问日本部分地区的基础上，对战后日本华侨华人社会与身份认同进行了梳理，指出日本华侨社会以现代化滞后为特征，且认同意识正在由中国向所在国转移。郑志明（2005）指出泰国华人主要靠宗教信仰活动来强化其对祖籍国的文化认同。柯林指出泰国华人的文化认同是一种双向文化认同，中华文化不会在泰国华人社区中彻底消失。但施坚雅（2010）③ 提出随着时间的推移，第一二代泰国华侨人数越来越少，且受泰国同化政策及中国否认“双重国籍”政策的影响，第三四代泰国华侨已经完全受泰国文化同化的观点。马来西亚学者陈志明（2012）④⑤ 指出国家型族群认同是东南亚华人族群认同的最高层次，并从全球化和跨国现象的角度，探讨了跨国网络对华人认同的影响。庄千雨（2018）认为现代的泰国华人处于高度同化的环境中，并且以积极的态度融入泰国当地的社会。第二，随着海外华侨华人研究热潮的出现，东南亚华侨华人的宗教信仰问题引起了较多学者的注意。高伟浓（2001）将泰国华人民间信仰的“神”分为四类，并展现了四类神祇的全貌系，介绍了四类神灵在泰国传播和演化的过程。白玉国（2008）从马来西亚的宗教环境入手，梳理了马来西亚佛教的发展历史等。云

① ［澳］王赓武、林金枝：《东南亚华人认同问题的研究》，《南洋资料译丛》1986 年第 4 期，第 92-108 页。

② ［日］朱慧玲：《日本华侨华人社会的变迁——以中日邦交正常化为中心》，《日本侨报社》2003 年版，第 288 页。

③ ［美］施坚雅：《泰国华人社会：历史的分析》，许华等译，厦门大学出版社 2010 年版，第 143 页。

④ ［马］陈志明：《华裔族群：语言、国籍与认同》，《广西民族学院学报》1999 年第 4 期。

⑤ ［马］陈志明：《迁徙、家乡与认同——文化比较视野下的海外华人研究》，商务印书馆 2012 年版。

昌耀（2011）① 通过调查雅加达四所华人基督教学校，探讨了印尼华人和印尼社会的关系。柯群英（2011）通过考察新加坡华人宗族在福建的祭祖活动，阐释了这一跨国社群重新聚合的过程。苏庆华（2013）结合田野调查，梳理了近代以来马来西亚华人宗教信仰。李新铭（2013）论述了缅甸华人民间宗教信仰的基本特征、社会功能和历史地位。陈岱娜（2016）指出伴随时代发展，侨乡已开始转型，善堂和民间信仰是潮汕与东南亚华人在“跨国社会领域”中密切互动的一个基础。第三，东南亚华人显著的经济地位是学者积极探讨的重点。游仲勋（2001）介绍了华人经济在亚洲的基本情况以及华人企业的发展将遍及全球。陈志明等（2006）从跨国网络的角度，探讨了海外华人与华南侨乡的文化关系、宗族组织的互动关系，关注海外和境外华人投资侨乡的特点。美籍菲律宾裔华人学者蔡美儿（2014）② 指出为了发展经济，马来西亚实施了自由经济政策，华人社群也抓住了这次机遇，释放了巨大的创业能力，导致华人在马来西亚私人经济中占据主导力量。第四，为了追求经济等方面的安全保障，东南亚华人正在积极地追求在居住国的政治地位。约翰·芬斯顿（2003）指出“马来人优先”的理念和政策贯穿于马来西亚的政治、经济、文化等各个领域，其中政治是马来人和华人对抗的中心。潘少红（2012）指出泰国华人是沟通中泰关系的纽带，为泰国提供了各种社会性服务。托托·伊祖耳·法塔（2012）在总结印尼民意调查的基础上，表示印尼总体在接纳华人出任首长一事上并不乐观。但夏洛·史迪雅迪（2014）指出，在后苏哈托时代印尼华人正在逐步克服新秩序时代的政治创伤，变得更加勇于表达观点，以更加积极地态度投身于政治生活。施坚雅在研究泰国华人社团时发现，华人社团之间的领袖存在重叠现象，即同一人在不同社团均担任领袖。

---

① ［文］云昌耀：《当代印尼华人的认同：文化·政略与媒体》，丘炫元译，群学出版有限公司 2012 年版。

② ［美］蔡美儿：《起火的世界：自由市场民主与种族仇恨、全球动荡》，刘怀昭译，中国政法大学出版社 2017 年版，第 21 页。

（二）国内相关研究的学术史梳理

1. 海外华人华侨传播中国文化的相关学术脉络

华侨华人是中华民族大家庭中的重要组成部分，他们如同中国国内各族人民一样，不仅是中华民族文化的主要承担者和实践者，还是中华民族文化的主要传播者和创造者，在中国民族文化传播、与国内外文化交流互鉴中具有独特的优势。他们的日常生活方式、工作态度、形象礼仪代表中华民族的国家形象，也正在向他国民众宣传、展示和介绍中国文化，他们或以个人形式进行传播，或借助海外华人社会宣传中华文化，推动其所在国家和中国的双边文化交流。

在传播中国文化方面，早在1920年春天，李大钊同志就在旅俄华侨杨明斋的支持下同共产国际赴中国考察工作组维经斯基一行进行了深入交流，推动了马列主义在中国的传播。1949年6月，当新中国还孕育于战火纷飞中，中国共产党就选派了孙维世、郭兰英等一批青年艺术家，前往匈牙利参加世界青年与学生和平友谊联欢节，1955年，毛泽东同志强调要尽快向国外派驻记者，要求新华社向全世界发出中国的声音，认识到华侨华人在文化传播的重要性。改革开放后，探讨华人华侨传播中国文化方面的研究日益增多，张铠（1983）① 分析了中国古代文化在美洲等地的传播，完整叙述了中华民族早期对于全人类的进步所做出的卓越贡献以及中国古代文明在美洲的传播发展情况；周聿峨（1995）② 在其著作《东南亚华文教育》中写到华人华侨社团与华文教育二者之间的相互联系，意识到了华人华侨对于中国文化传播的重要性；李金铨（2004）③ 的《华人的传播学术视野在哪里?》一文提出华人传播视野建立于共同民族文化基础上，并表示华裔学者具有非常高的社会地位和学术造诣，可以为双方有意义的文化交流奠定基础；原中国驻纽约大使衔总领事张宏喜（2008）分析了美国不同的华人社群对中国价值观的认同问

① 张铠：《明清时代美洲华人述略——兼论中国古代文明在美洲的传播》，《拉丁美洲丛刊》1983年第6期，第36-48页。

② 周聿峨：《东南亚华文教育》，暨南大学出版社1995年版。

③ 李金铨：《华人的传播学术视野在哪里?》，《对外大传播》2004年第1期，第27-28页。

题，认为不管其政治态度如何，中方要勇于打破与其之间的隔阂，友好发展华人社群关系；史伟明（2009）① 从文化取向的角度提出海外对中华文化传播的错误理解与贴近，在不同时期的文化交流中，可以发现海外对中华文化的态度截然不同，重新解读了西方人笔下的华人形象；林心淦（2012）② 在文章《海外华侨华人传播中国文化的个案思考》中根据海外华人文化的多层次结构提出文化有效传播的逻辑思考；李其荣（2013）的《华侨华人在海外传播中华文化新探》中提出器物文化等中国文化海外传播是通过华人社团等载体开展，华侨华人从多个层次去传承和传播中国文化，展现了海外侨胞在推动中国文化海外传播方面所发挥的积极作用；王颖（2014）③ 则提出华人文化传播中的融入和传承、刻板印象等问题，目前海外华人华侨在中国文化海外传播的过程中还面临许多困难，需要进一步抓住发展机遇，使中国文化更快更自信地出现在世界舞台中央；韩晓明（2016）④ 就海外华人华侨身份认同变化对华语传播的影响及展望做了研究，认为在东南亚地区华语传播快速发展的新背景下，我们需要快速认识到海外华人华侨身份认同变化对华语传播的影响，并积极把握华人发展趋势，为汉语在全球范围内的有效传播发挥积极作用。

华文教育、华人社团以及华人报刊是支撑海外华人华侨社会的三大支柱，其中海外华文教育是海外华子追寻中华文化与建构自身身份的重要手段之一。华文教育基地、华文教学基金会、孔子学院等新兴事物的产生与蓬勃发展，推动着中华民族优秀文化的弘扬和传播。庄国土（2001）在《华侨华人与中国的关系》一书中阐述了华侨华人与中国政府之间有着方方面面的联系。作为华侨华人要在一定程度上保持对中国文化的认同，但对于海外华人华侨来说，文化差异是他们适应新环境的重要障碍之一。近十年的研究成果表明，

---

① 史伟明：《中华文化传播的误读与贴近——论马克·吐温作品中的华人形象意义》，《东南传播》2009 年第 1 期，第 192-194 页。

② 林心淦：《海外华侨华人传播中国文化的个案思考》，《福建论坛（人文社会科学版）》2012 年第 12 期，第 117-120 页。

③ 王颖：《海外华侨华人在中华文化国际传播过程中的问题探析》，《教育教学论坛》2014 年第 45 期，第 5-7 页。

④ 韩晓明：《东南亚华人身份认同变化对汉语传播的影响及前瞻》，《语言文字应用》2016 年第 4 期，第 93-99 页。

华文教育帮助海外华侨华人传承中华文化，使海外人民更好地了解中国的过去与现状，例如遍布全球的孔子学院已成为中国文化对外传播的主力军，其主要任务便是通过汉语教学来推广汉语和传播中华文化。自 2004 年开办以来，孔子学院已在 100 多个国家建立，相当部分也是依托当地的华人华侨推进，其教学内容与华文教育有一定的共通之处。显然，当前海外华文教育的发展面临诸多挑战，受到多种因素的影响：国家的政策、全球发展环境、侨胞所处地域环境等，如何使海外华文教育抓住机遇更好地传承中国文化仍是一个值得探讨的问题，我们应当给予更多关注。

随着我国经济的发展，如今海外华人华侨人数逐渐增长，在一定程度上使中国文化在海外的传播得到了有力支撑。海外华人华侨是中国在海外的文化使者，他们长期以来保持着对中国的深厚感情和密切联系，另外，他们当中有一大批具有社会影响力的各界精英，能够为两国的对话交流开辟新的视角。

2. 海外华人华侨在推动中国软实力建设相关研究脉络

改革开放以来，中国的综合国力稳步上升，中国在国际舞台上展现了大国风采和大国形象，软实力的建设得到了进一步发展。2013 年，习近平总书记提出“一带一路”倡议，并大力推动“一带一路”的高质量发展。“一带一路”的沿线国家和地区是海外华人华侨的聚集区，而海外华人华侨作为中华民族的一个优秀群体，经济实力不断增强，社会影响力不断提升，为华人华侨所在国做出了诸多贡献。海外华人华侨在推动中国软实力建设中作为连接中国和外国交流的桥梁，以促进中外文化交流的独特优势为中国软实力的建设付出良多，是推动“一带一路”高质量发展的重要纽带。

软实力由一切非物化要素构成。韩源（2006）① 表示要通过经济活动、对外活动、大型国际活动等来展示中国的繁荣与进步，进而塑造中国的国家形象，以此提高中国的软实力。郭学堂（2009）② 的看法是，现如今大力发

---

① 韩源：《全球化背景下的中国国家形象战略框架》，《当代世界与社会主义》2006 年第 1 期，第 99-104 页。

② 郭学堂：《中国软实力建设中的理论和对策新思考——兼论中国的公共外交》，《社会科学》2009 年第 2 期，第 20-26 页，第 188 页。

展软实力是壮大综合国力的必要条件，公共外交作为建设软实力的重要途径，让广大群众积极参与政府发起的公共外交行动，更有利于软实力建设。门洪华（2007）① 认为中国在进行软实力建设时，在积极融入外来文化的同时也要确保中华文化的完整性，探索出一条符合中国特色的软实力道路。

海外华人华侨活跃在世界各地，为所在国的经济、文化、政治等领域做出了贡献，同时海外华人华侨也和中国有着密切的联系，规模不断扩大的海外华人华侨具有提升中国软实力的独特优势，他们在推进中国软实力建设中发挥着重要作用。陈正良等（2008）普遍高度认同海外华人华侨在推动中国软实力形成和发展过程中具有不可或缺的重要作用。汤锋旺（2013）② 从理论层次揭示海外华人华侨提升中国软实力的途径，基于概念、方法及理论这三个方面分析了华侨华人与中国软实力命题的合理性及其隐藏的误区，为我国外交的实践提供了理论依据。张云（2015）③ 通过对“软权力”建构的基本资源、基本常量和重要变量的研究，认为构建中国国家软权力来源于对中国现代价值观的研究，我们从改变华人华侨“血统主义”的传统认知和在制度设计上赢得华人社团等社会性力量支持等多个方面，重新审视了海外华人华侨在中国国家软权力建构中的角色问题。

中国经济正处于产业结构高级化的发展阶段，建设“新丝绸之路经济带”和“21 世纪海上丝绸之路”，有利于构筑对外开放的新格局和优化中国经济的发展模式。“一带一路”是搭建欧亚之间经济文化的桥梁，而海外华人华侨在沟通中外方面具有独特的优势，是推动“一带一路”倡议成功实施的中坚力量。张赛群（2016）④ 认为海外华人华侨自身所具有融通中外的优势能使其为中国企业“走出去”提供有效的帮助，并最终成长为中国经济与世界经济的“天然桥梁”，这意味着华人华侨在“一带一路”建设中，可以对经济、

① 门洪华：《中国软实力评估报告（上）》，《国际观察》2007 年第 2 期，第 15-26 页。

② 汤锋旺：《华侨华人与中国软实力：概念、方法及理论》，《东南亚研究》2013 年第 1 期，第 73-79 页。

③ 张云：《华人华侨在中国国家软权力建构中的角色研究》，《史学集刊》2015 年第 2 期，第 60-70 页。

④ 张赛群：《华侨华人与新“海丝之路”：作用、机制及对策》，《社会科学家》2016 年第 4 期，第 46-49 页。

文化、政治及国家形象方面加以助益，但仍存在外在和内在的阻力。杨慧(2016)① 在分析了政治学领域“一带一路”的一百多篇文章后，认为“一带一路”建设的“五通”目标中，政策、制度、民心等领域的软性联通最难实现。戴雪梅（2016)② 表示，海外华人华侨积极参与“一带一路”建设，是实现自身政治、经济、文化、科技等多方面发展的机遇，也是在全球化时代实现中华民族伟大复兴的必然要求。

3. 海外华人华侨与社会主义核心价值观对外传播的研究

2012 年 11 月召开党的十八大，首次以 12 个词高度凝练概括了社会主义核心价值观。社会主义核心价值观作为中华文化的关键核心，是实现中华民族伟大复兴中国梦的精神力量。推动社会主义核心价值观的对外传播，有利于展示中国的大国形象，增强价值观自信，对推进国家文化软实力建设有重要意义。新时期建设“一带一路”为社会主义核心价值观的对外传播带来了新的传播路径，聚集在“一带一路”沿线国家和地区的海外华人华侨是社会主义核心价值对外传播的中坚力量，海外华人华侨以强烈的爱国情怀和实际行动在所在国传播社会主义核心价值观，在海外讲好中国故事，传播好中国声音。

社会主义核心价值观最早是从文化软实力的角度阐述，可追溯到 2006 年“新世纪初的世界社会主义理论与实践”研讨会；2012 年始，该概念正式被提及。从社会主义核心价值观对外传播的背景来看，蔡惠福、刘大勇(2012)③ 等认为社会主义核心价值观对外传播是建设社会主义文化强国的基础，是现代中国的强名片，通过对外传播规律和创新传播方法，从搞好结合渗透、注重理论推介、拓宽传播渠道三方面提高社会主义核心价值观对外传

① 杨慧：《政治学领域“一带一路”研究综述》，《中共济南市委党校学报》2016 年第 4 期，第 105-109 页。

② 戴雪梅：《中国梦视域中的“一带一路”建设与华侨华人的海外发展》，《毛泽东邓小平理论研究》2016 年第 12 期，第 74-78 页，第 90 页。

③ 蔡惠福、刘大勇：《建设社会主义文化强国须搞好核心价值观的对外传播》，《红旗文稿》2012 年第 5 期，第 12-15 页。

播的亲和力、有效性，从而推动中华文化走向世界。赵丽涛（2014）[①] 则基于全球化的背景，表示在文化“走出去”的国家发展战略中，社会主义核心价值观对外传播占有重要的一席之地，在他看来，目前价值观对外传播遭遇西方意识形态偏见、国际话语屏障、存在传播误区等多重挑战，因此我们更需要在传播过程中有层次、有特点地进行社会主义核心价值观的对外传播。

社会主义核心价值观作为我国意识形态建设的重要方面，培养和践行社会主义核心价值观需要构建话语体系，以此进行对外传播是很有必要的。苏海生（2015）[②] 根据对社会主义核心价值观话语体系建构的研究，认为当前社会主义核心价值观话语体系建构面临多重挑战，他表示要积极探索新路径，增强话语对外传播能力，促进社会主义核心价值观话语体系的建构。周耀宏（2016）[③] 同样认为坚持正确的话语导向，加大对外传播社会主义核心价值观引领多样化的社会思潮是全球化背景下的必然需要。柴尚金（2014）[④]、郭霄（2016）[⑤] 等认为社会主义核心价值观对构建中国化马克思主义话语体系、提升国际话语权等有重要意义。从社会主义核心价值观对外传播的实践路径来看，朱霁（2016）[⑥] 通过分析建立中国独特的话语体系、阐述社会主义核心价值观的世界意义、加强国际分众传播、用好网络新媒体等不同的实践路径，以此树立中国的良好形象，提升中国的话语优势，提高中国化马克思主义在国际上的影响力，进一步明确社会主义核心价值观对外传播的必要性。此外还有少部分文献分析传播效果、评估体系，并提出展会、海外华文媒体等传

---

① 赵丽涛：《全球化背景下社会主义核心价值观的对外传播》，《中国特色社会主义研究》2014 年第 3 期，第 95-95 页。

② 苏海生：《社会主义核心价值观话语体系建构的困境及路径探析》，《中共云南省委党校学报》2015 年第 6 期，第 29-33 页。

③ 周耀宏：《新常态视阈下马克思主义意识形态话语权的建构》，《中共成都市委党校学报》2016 年第 2 期，第 10-14 页。

④ 柴尚金：《“抓铁有痕”见实效，“踏石留印”谱新篇——十八大以来党的执政能力建设》，《当代世界》2014 年第 7 期，第 21-24 页。

⑤ 郭霄：《社会主义核心价值观政治话语与学术话语的疏离互动研究》，安徽大学，2016 年。

⑥ 朱霁：《论社会主义核心价值观的对外传播及其实践路径》，《马克思主义研究》2016 年第 8 期，第 102-107 页。

播途径。以上个别研究提及了海外华人，但总体论述较少。

海外华侨华人是社会主义核心价值观对外传播中不可忽视的重要力量，是连接中外沟通的桥梁。社会主义核心价值观的形成离不开中华优秀传统文化和传统美德的影响，具有强大的感染力、凝聚力和引导力，得到了华人华侨的认同和拥护。海外华人华侨通过日常行为将中华民族的优秀品质展示给所在国的民众，潜移默化地将社会主义核心价值观中文明、爱国、友善等良好品德融入所在国民众的社会生活。除了日常生活的影响，海外华人华侨社团、华文媒体、华文教育也是海外华人华侨对外传播社会主义核心价值观的重要平台。例如，作为我国对外传播标志之一的孔子学院，自 2004 年第一所建立到 2016 年底全球 140 个国家和地区共有 512 所之多，在给外国民众教授中文的同时，也潜移默化地将社会主义核心价值观加以传播。海外华人华侨是社会主义核心价值观对外传播的中坚力量，随着科技社会的快速发展，海外华人华侨还可以借助互联网，利用新媒体手段吸引更多外国民众对中华文化的兴趣，扩大社会主义核心价值观对外传播的范围。

4. 海外华人华侨对中国国家形象建构相关研究

全世界六千多万的华人华侨将我国与世界这个大家庭紧密相连，在积极融入居住国的同时，也为维护中国国际话语权、传承并弘扬中华优秀文化、多角度地向世界展示中国的发展状况做出重要贡献。华人华侨在塑造中国有实力、负责任的国家形象中扮演着重要角色。

13 世纪，马可·波罗通过丝绸之路见识到了中国的繁荣昌盛，将中国的先进文明传入欧洲，向海外人民展示了中国的历史形象。18 世纪中叶以后，中国“东亚病夫”的形象在西方人的印象中不断被强化。1949 年新中国成立，鉴于新中国成立之初所面临的国际国内形势，中国和一些西方国家之间的国际形势处于非友好的局面。直至 1972 年尼克松访华，中国形象方才逐渐在西方国家展现出良好的状态。到 2001 年，中国在国际上展现出影响力和重要性，使中国国家形象得到不断提升。关于对国家形象及国家形象建构的研究，在 20 世纪末，有学者对中国的国家形象在国外主流媒体是如何表现进行了研究。20 世纪 90 年代对该方面研究已初具规模，经过梳理可以看出，对国家形象的研究主要分为三个方面。第一方面，关于国家内涵的研究。徐小鸽

（2000）在《国际新闻传播中的国家形象问题》中提出国家形象的内涵这一概念，指的是该国家在其他国家的主流媒体中所展示出来的国家形象。孙有中（2002）①指出国家形象是国内外人民对本国的政治、经济、文化以及生态等方面的评价。王家福（2005）②在《国际战略学》中提到国家形象不等同于军事实力，而是国家软实力的重要体现。第二方面，关于国家形象定位的研究。刘继南（2002）③在《国际传播与国家形象：国际关系的新视角》中提出了关于国家形象定位的原则。杨冬云（2008）④在《国家形象的构成要素与国家软实力》中认为全人类共同发展在我国国家形象定位中要得到高度重视。金鑫、林永亮（2014）⑤在《以解读中国梦为契机再塑国家形象》中从中国梦的内涵角度强调，充分理解中国梦的含义对于国家形象的定位具有重要价值。第三方面，关于国家形象建构的研究。张昆（2005）在《国家形象传播》中提到国家形象是由本国传播体系和国际传播体系共同建构。程曼丽（2007）⑥指出国家形象的构建不能仅靠一方面完成，是由多个主体共同组成的任务。李智（2011）在《国家形象——全球传播时代建构主义的解读》中从建构主义的视角提到国家形象是指中国在与其他国家进行长期交往的过程中所形成的一种国家间互相认同的关系。

关于海外华人华侨对中国国家形象建构的研究，继承根植于中华文明的传统，又受到西方文明直接影响的海外华人华侨，通过华人社团、华文教育、华文媒体等途径，多方位宣传和塑造中国国家形象。国内对海外华人华侨关于中国国家形象建构的研究成果较少，根据不同视角可以划分为两类。第一类是从单个视角研究华人华侨。王望波（2004）⑦的《改革开放以来东南亚华商在中国大陆的投资研究》中提到改革开放以后东南亚华商对于中国的投

---

① 孙有中：《国家形象的内涵及其功能》，《国际论坛》2002年第3期，第14-21页。
② 王家福：《国际战略学》，高等教育出版社2005年版。
③ 刘继南：《国际传播与国家形象：国际关系的新视角》，中国传媒大学出版社2009年版。
④ 杨冬云：《国家形象的构成要素与国家软实力》，《湘潭大学学报（哲学社会科学版）》2008年第5期，第96-101页。
⑤ 金鑫、林永亮：《以解读中国梦为契机再塑国家形象》，《红旗文稿》2014年第15期，第15-17页。
⑥ 程曼丽：《大众传播与国家形象塑造》，《国际新闻界》2007年第3期，第5-10页。
⑦ 王望波：《改革开放以来东南亚华商在中国大陆的投资研究》，厦门大学，2004年。

资，成功把中国内地经济引入国际市场。李未醉（2006）[①] 在《中外文化交流与华侨华人研究》中提到华侨华人作为中外交流的媒介，为中国文化"走出去"做出了重要贡献。第二类是从多个视角研究华人华侨，刘泽彭（2013）在《国家软实力及华侨华人的作用国际学术会议论文集》中提到海外华人社团从中医、美食等中国传统文化方面对中国国家形象进行塑造，有利于海外民众从文化层面认识中国。陈成吨、叶炜（2015）提到海外华人是"一带一路"建设中各国相互沟通的重要桥梁。华侨华人作为中国国家形象的名片和符号，为中外各国经济间互利共赢、推动中外交流提供了突破口。曾少聪（2019）在"华侨华人与国家形象"研讨会上提到，不同时期的华侨华人所体现出的中国国家形象不同，华侨华人有能力积极宣传国家形象，这有利于其他国家更客观真实地了解中国。

总体来说，在当前复杂的国际形势下，我国要想解决未来更加严峻的考验，就必须确保转变思路，客观应对，抓住机遇，努力打造中国积极主动的国家形象。这不仅需要增强国家本身综合国力，还需要更多的华人华侨在国外为塑造中国国家形象贡献自己的力量。

（三）对国内外相关研究动态的评析

国外学者对于价值观的西方大众传播理论发展研究着重于西方价值观的适用性及与非西方价值观的冲突，强调价值观对外传播的意义，关注途径和手段的有效性，强调"本国文化优先"易演变为"文化霸凌"，代表理论有"文化帝国主义""媒介帝国主义""文明冲突"等文化霸权理论。除此之外，国外相关学者集中对西方大众传播理论的传播技巧、传播方式、传播内容进行研究，并试图通过挖掘大众传播规律，紧抓技术革新浪潮发展传播技术，进一步寻求价值观对外传播的相关策略，扩大其国际影响力，现已形成相关体系，这为我国社会主义核心价值观对外传播提供借鉴。随着实践的发展，西方学者以全球化下的价值观碰撞为基础，利用时代规律结合自身实际相继提出"文化冲突""巧实力"与"软实力"等理论，为西方帝国主义国家取

① 李未醉：《中外文化交流与华侨华人研究》，华龄出版社 2006 年版。

得文化霸权予以理论支撑，但值得警惕的是国外相关研究一味关注自身利益，忽略了时代条件的变化性，忽视了世界多极化发展规律，极易导致霸权主义，在本国文化与他国文化友好共处的策略研究方面成果较少，亟待进一步拓展。同时，当下世界正处于百年未有之大变局，加之疫情带来的国际局势动荡，世界各国尤其是发展中国家的国家文化安全已成为当下亟待解决的核心问题之一，而西方学者对于维护国家意识形态安全领域的研究欠缺，主要集中于文化软实力这一层面，因此如何正确处理文明冲突和文明共存之间的关系，建构新的世界体系亟待深入探索。

随着全球化的发展，国外对离散侨民的研究高度重视。但因西方国家尤其是欧美，总体移、侨民数量较少，他们的研究重点是如何通过改变本国的他国移、侨民价值观，从而影响其母籍国，并发展出较为成熟的系列方法手段，这点值得我国重视和借鉴。值得注意的是，各国对侨民的研究主要为了利用侨民发展本国经济，但在如何缩短侨民社群与本国族群间的心理距离方面研究成果较少，专门针对侨民和祖籍国经济关系的研究也不多。目前，海外学者关于东南亚华人形成脉络、分布状况、与母籍国和居住国的关系等方面均取得了丰富成果，为本课题提供了重要的参考价值。但学者们很少将东南亚社区作为华人社群传播价值观的代表进行研究。在经济研究方面，海外学者通常从华人家族组织入手寻求其成功的原因，但都忽视了整个华人社区价值观与当地土著价值观的区别研究。在宗教研究方面，虽然有许多相关的文献，但海外学者很少将东南亚民间宗教信仰和东南亚华人价值观相联系。关于东南亚华人的研究，除了族群关系与认同问题的研究，其他相关研究大都是将华人社会视为中国社会的延伸，或是将其置于中国东南地区的理论研究框架中。

中国文化对外传播一直是国内学术界的研究热点，除传播学外，新闻学、社会学等学科在此领域也做出了贡献。当前学术界关于海外华人华侨传播中国文化的研究较为丰富，经过梳理发现相关文献资料研究主要包括以下几个方面：传播文化的类型、传播的方式、传播主体及存在原因。综上所述，国内关于海外华人华侨传播中国文化的研究非常丰富，我们可以认识到海外华人华侨在塑造中国国家形象、传播中国国家文化、提高国家影响力方面的重要作用。但是，关于华人华侨对外传播效果的实证研究还比较少，没有系统对实际传播效果进行深度挖掘，我们必须深刻认识到这方面所存在的缺陷和问题。

国内有关华侨华人在推动中国软实力的研究大都集中在中华文化、经济发展等领域，也有学者从政治学、侨务工作、国际关系等视角分析华人华侨在推动中国软实力建设中的作用。大多数学者普遍认为海外华人华侨在推动中国软实力建设中作为连接中国和外国交流的桥梁，以他们促进中外文化交流的独特优势为中国软实力的建设付出良多，是推动“一带一路”高质量发展的重要纽带。经过梳理发现，国内对于海外华人华侨推动中国软实力建设主要分为三个方面：第一方面，中国软实力的研究；第二方面，海外华人华侨与中国软实力的研究；第三方面，海外华人华侨与“一带一路”的研究。国内学者普遍确立了在“一带一路”建设中，海外华人华侨以其自身的独特优势，在政治、经济、文化等多个领域成为中国与“一带一路”沿线国家的沟通桥梁，并进一步推动了中国软实力的建设。

国内有关社会主义核心价值观对外传播的研究主要从文化软实力、话语体系等角度进行解读，从理论层次说明了社会主义核心价值观对外传播的重要意义，但是较少将“一带一路”倡议背景与社会主义核心价值观对外传播联系在一起，在其对外传播的路径探索中缺乏对海外华人华侨在此方面的关注。国内学者关于社会主义核心价值观对外传播的研究主要分为以下三个方面：第一方面，社会主义核心价值观对外传播的背景；第二方面，社会主义核心价值观对外传播的必要性；第三方面，社会主义核心价值观对外传播的实践路径。现如今，在“一带一路”高质量发展的背景下，海外华人华侨成为社会主义核心价值观对外传播的中坚力量。虽然海外华人华侨在社会主义核心价值观对外传播中起到了重要作用，但国内众多研究缺乏对其应有的关注。

国内关于国家形象及国家形象建构的研究在改革开放以后呈现出一种上升的态势，经过研究整理发现国内对国家形象的研究主要集中在以下三个方面：第一方面，国家形象内涵的研究；第二方面，国家形象定位的研究；第三方面，国家形象建构的研究。当前国内学者对于国家形象和国家形象建构方面的相关问题极其重视，其研究成果逐渐呈现出一种专业化和科学化的趋势。但是，国内学术界从海外华人华侨的视角来研究国家形象建构的专业论述还比较少，并且这些研究中没有系统地运用关于建构主义理论方面的专业资料。当前海外华人对中国国家形象的认同感将影响到中国国家形象的塑造，因此强调海外华人华侨的重要性是我们有效建构国家形象的突破口之一。

总体来说，国内研究普遍确立了华人华侨在传播中国文化、提升我国软实力及推动"一带一路"方面的重要作用，同时从理论上阐述了社会主义核心价值观在对外传播中的关键地位，其视角也由国外政治经济活动到国内执政力再到参与世界价值文明建设演进。但较少将社会主义核心价值观对外传播和"一带一路"建设背景结合，以及在国家形象建构上缺乏对海外华人应有的关注，对华人个体和具有一定组织能力与特定纲领的华人社群差异也几乎没有进行专门阐述。

随着全球化的深入，侨民来往于侨居国及母籍国之间的环流型迁徙日益增多。无论是新古典派、新经济学派对移民发展结果和动因双重性的认知，还是新自由主义对其市场流动要素的界定，都彰显了学界和各国政府对其高度重视。

历史车轮滚滚向前，从 19 世纪末华人华侨通过西欧、日本、俄国将马克思主义的火种传到我国，经过一百多年的努力，当今以中国特色社会主义为根本制度保障的中国巨龙，已经在世界上绽放光彩。而现在，面临社会主义核心价值观主动对外传播的新使命，海外华人同样可以成为我们的重要纽带，因此，本文具有政策和学术、历史和现实上的双重意义。

四、华人社群的产生、特征、组织模式和意识形态源流分析

（一）华人社群的产生及特征

伴随着全球互联互通高速发展，华人社群的发展规模不断壮大。华人社群是日常生活中“一带一路”沿线华侨华人所在国与祖（籍）国的重要沟通渠道，是文化延续中承载华人精神世界与文明延续的重要载体，是国际合作中一种保护海外华侨华人权益的特殊非政府组织，并在重大国际问题解决协商中扮演重要角色，它所具备的多元文化优势和较高凝聚力使其逐渐成为“一带一路”建设的关键一环。由于马来西亚华人社群组织完备、资料详尽，对相关研究的深入推进具有较强的可操作性和现实基础，因此本节主要以马来西亚华人社群为研究切入点，揭示世界华人社群的共同发展规律，进而探讨“一带一路”下华人社群对社会主义核心价值观的传播作用。

1. 华人社群的产生

15 世纪初，明成祖命郑和下西洋，跨越东亚地区、印度次大陆、阿拉伯半岛以及东非各地，拜访了西太平洋和印度洋中的三十几个国家。其中有五次来到马六甲，驻扎在三宝山，期间有部分人留在当地，从而产生华人文化与马来文化的交融。到了 16 世纪，葡萄牙占领马六甲时，当地华人人数较多，为了便于管理，葡萄牙殖民政府会任命在社会中具有举足轻重地位的华人富商为甲必丹。时过境迁，甲必丹制也已成为东南亚重要的历史制度。由于马六甲中的多数华人皆属闽南方言群，掌握马六甲贸易、金融等关键领域发展，因而其华人官员均为中国福建人。16 世纪以后，中国与世界经济的关

联日趋紧密，同时也开始出现人口迁徙及海上贸易活动。为了谋求更好的生活，中国人背井离乡到异国发展，形成海外华人社群。美国汉学家孔复礼指出，中国移民在海外建立的华侨社会，主要集中在两类地区：一类是被欧洲殖民政权占领的港口城市，如马来半岛的马六甲、吕宋岛的马尼拉、西爪哇的巴达维亚（今雅加达）；另一类是未遭殖民势力染指的在地土生王国，如日本、暹罗、柬埔寨、老挝、缅甸、越南等。而在欧洲殖民者入侵东南亚之前，华人移民聚居群主要有两类：充当中间商的华商，以及中国的政治难民及流亡遗民。1840 年，鸦片战争爆发，清政府被迫与西方列强签订不平等条约，西方势力的入侵破坏了中国原有的经济秩序。由于清政府的腐朽统治，国家日益衰败，人民生活十分困苦。西方帝国在中国沿海地区建立统治权，当时英国殖民政府急需大量人力开发建设马来半岛，便开始招募华工，雇佣劳工的时间线应运而生，马来西亚半岛上的海峡殖民地开始形成——新加坡、槟城及马六甲。其中有部分契约华工选择在马来西亚扎根安家，构成初期马来西亚华人社群的一部分，最终发展成为马来西亚的第二大族群。

据史实考证或者史学研究，马来西亚华人社群的形成与产生可以分为四个阶段。第一阶段，初步形成及发展时期。自 1673 年开始，华人社群已初具雏形，此时的海外华人主要在固定时间节点通过各种祠堂、寺庙、互助社等举办的仪式活动来缓解思乡之苦。此外，以 1801 年槟城嘉应会馆成立为标志，各种以地缘性为主的社团组织也相继成立，主要宗旨是方便乡谊联络，扶危济困，共谋更加长远的发展。1890 年在英国殖民地政府颁布《社团注册法令》的契机下，各类华人社团正式注册，华人社团也迎来了第一次的发展机遇。据史料记载，在该背景下华人社团数量规模都得到一定程度的发展，各种商业社团更是抓住机遇实现快速晋升。第二阶段，停摆时期。1941 年太平洋战争爆发，日军侵略马来半岛。海外华侨华人遭到打压，华人社群发展也被迫停止。在 1945 年日本投降之前，华人社团都一直处于停顿状态。第三阶段，恢复发展及冲突爆发时期。1945 年，日本投降后，英国重新接管了马来西亚。而此时，由于土著居民长期受到日军“分而治之”蛊惑政策的影响，马来西亚民族主义情绪日益高涨，也为日后族群冲突的爆发埋下了种子。1957 年马来亚联合邦政府宣告成立，1963 年马来西亚成立，华人社群紧跟时政趋势，恢复发展。但马来西亚民族主义情绪高涨，导致华人社群与马来族的矛盾日益激化。第四阶段，全面发展时期。1969 年“5 · 13”种族冲突事件爆发后，海外华侨华人意识到只有正确处理与其他族群的关系，才有利于自身的长远发展。因此华人社群通过一系列措施缓和与其他族群的关系，并不断为建立巩固和谐共处的友好氛围而作出努力。这一时期，伴随着国际大环境的巨变，马来西亚社会经济腾飞，社会发展稳定，华人社团也迎来了第二次的发展机遇。在原有注重数量、规模的基础上，华人社群的发展开始更注重内部机制的建立健全，资源整合及发展质量的调整。最终经过各方一致共识，于 1991 年注册成立马来西亚中华大会堂总会，从此在全国范围内形成一个强有力的领导核心。华人社群的发展不断革新，实现新的跨越。

综上所述，以马来西亚华人社群为代表，他们经历了社群结构不断革新、文化形态不断创新、组织功能不断递进演变的历史过程。在这个过程中，华人社群充分传承和弘扬来自祖籍地的文化资源，将特有仪式活动、风俗习惯、传统节日等与当地的环境相结合，从而建构出一个祖籍地缘、业缘、神缘等多形态相结合的华人社群，并随着时代的发展而不断调整。马来西亚华人社群建构的历史经验表明，海外华人社群结构并不是多种简单要素的组合，文化形态更不是祖籍地文化的简单复制，而是在殖民地时代本土社会变迁下，不断经历移居地本土化程度逐渐加深的重建过程，并且海外华人社群社会文化形态的发展演变与中国、东南亚乃至整个世界的时代背景变迁紧密相关。

2. 华人社群“边际人”的文化特性

华人因中国时局选择南移，在马来西亚落脚后为了联系宗族间情感和维护在当地的权益，开始组织各种社群组织，有政党、华人社团、华商组织、华教组织及华文媒体。时移势易，这些组织历经逾百年的发展后，无论是当初马来西亚自英殖民手中独立时，还是马来西亚后来的发展阶段，都在维护华人文化和利益、中国和马来西亚关系上做出贡献，并且成为马来西亚的国族建构中无法被忽视的角色。在意识形态上，这些组织或许有所差异，但基本上都没有脱离维护华人身份的民族主义思维。这些社群组织之所以被冠上“华”这个名词，是因为代表他们对华人身份的执着，也希望透过社群组织的影响巩固这一身份以免消失或被消失。此举代表的正是这些社群组织对民族主义意识形态的坚持，否则这些社群组织也就没有挂上“华”这个字眼的必要性。

对于受到不同文化影响的人，我们可以称作“边际人”，生活在马来西亚的华人社群即符合“边际人”的基本特征。“边际人”从文化自觉、文化自信到文化认同，其核心过程是从态度倾向到价值观塑造的转向。在互联网媒体大众化时代，任何曲解华人社群的观点都有可能演化成为消解大众对于华人社群榜样精神的集体记忆的风险。而这类“边际人”直接面临马来西亚排斥中华文化的各种说辞，加之该地区特殊的地理环境以及快速发展的城市化水平，更对他们的文化自觉和文化认同乃至身份认同构成一定潜在风险。

《南洋商报》前主笔陈庆年先生，曾在“马来西亚华人社会的回顾与前瞻”座谈会中，对20世纪70年代的马来西亚华人社会结构的特征作出以下分析。一是华人社会含有许多边际人的成分，并成为一种特征。它是新与旧，东与西的混合体。二是华人社会的物质面貌有所改变，但精神面貌有所停滞的特征。三是华人社会有某种自我均衡性——像一个自动的调温器，能在任何环境的变化下，保持一定的温度；也像一个在缓变的均衡状态中的生物体，能适应生理过程的变化。四是华人社会的传统人文精神可说是一种“形而中学”，它介于西方柏拉图哲学的“形而上学”和沙特理论的“形而下学”之间。这种人文精神，不但会对社会危机产生作用——有助于人与人之间和谐关系的建立，可促使社会生活趋于正常化，且在历史演进过程中形成的有时向前有时向后的不定状态中，起着协调的作用。它的反作用即：有时流为懦弱，并成为缺点。五是华人社会结构纵然不是多匹马车式的，但它至少适合被形容为一支没有指挥而发出噪音的乐队。六是华人社会是由刻苦耐劳与具有潜能的个体组合而成的群体。七是华人社会结构形式是较原始且不够现代化的。华人社会的蜕变显然和时代的变迁脱了节，跟不上时代。

若要了解华人社会，必须了解马来西亚的历史背景：华人社会的文化性质、国家发展的动力及挑战及其带给华人社会的压力和难题。而独立后的马来西亚社会结构和文化，一方面依然是殖民主义的遗绪。殖民地制度及政策，形塑了当地华人社群的文化，奠定了根深蒂固的社会形态和文化行为。另一方面，独立后的马来西亚极速演变的社会发展以及国家政治的需求给华人社会带来新的压力、矛盾和焦虑，从而产生文化危机及认同危机，却也让华人社会迈入新的阶段。其中，因马来西亚的诞生，新的价值观和文化形成将拉近华社与国家之间的距离，却也产生了华人社群如何适应、生存与发展的问题。

马来西亚是由一个多元种族、多元文化构成的国家，马来社会主要由马来族、华族、印度族三大族群构成。但长期以来，受历史环境影响，各族群间关系复杂敏感。华人社群作为马来西亚社会的第二族群，对马来西亚的社会发展进步起着巨大的推动作用，海外华侨华人通过自身主体性的确立和发展不断展现着对马来西亚的作用和贡献，但马来西亚华人并没有因此获得与马来人相同的权利，社会地位尚且处于被边缘的境地。这一根源在于“族群利益”意识的固化下族群政治的存在，即个体盲目地认为自身权益的扩大化与某一族群的特殊身份有关。因此，海外华侨华人在资源分配中一直处于被动地位，在马来西亚的各种社会结构中通常也是马来人居主导地位。”① 尤其在 1969 年“5・13”事件后，由马来人组成的民族统一机构通过扩大政党联盟、推行以党治国，自此马来人在政治上从占有优势逐步过渡到拥有马来西亚的全面掌控权，马来人由此也获得了政治的绝对主导权②。族群关系中的不平等现象一直存在于马来西亚社会中，并且贯穿于人们日常生活的各个角落。自 1957 年马来西亚独立距今已经过去六十多年，该情况仍然未出现大的改观，跃居马来西亚的社会中心对华人来说仍有较高难度。追根溯源，这一现状与马来西亚独立之初，马来人抢先借助法律维护自身权益有关。即以立法的形式确保其专属特权不受侵犯，进而得到更多的政治利益。“1971 年马来西亚国会又通过宪法修正案，进一步巩固了马来人的特殊地位，并把这种地位提升到神圣不可侵犯的高度，宣布赋予国会通过法律的权力，禁止对宪法中规定的国语、马来人特殊地位、马来统治者的地位和主权及公民权进行质

---

① ［马］何国忠：《马来西亚华人：身份认同、文化与族群政治》，华社研究中心 2002 年版。

② 廖小健：《华人政治地位与马来西亚的政治分层》，《东南亚研究》2007 年第 5 期，第 46-51 页。

询。”① 此后，在法律与政治所赋予的特殊优势的加持下，马来人采取各种手段不断巩固强化其在人口、政治、经济和文化等多个方面的地位，限制华人的合法权益，以此来维护自身所谓的合法权益。近些年来，华人试图通过激烈的抗争来改变自身所处的不平等地位，马来西亚政府也从国家全面发展的需要出发对非马来族群的在经济、文化等方面的各项政策进行适当调整，但这并没有从根本上解决非马来族群所遭受的不平等待遇。即便华人政党是马来西亚的执政党之一，总的来看，华人在当地仍处于“当政不当权”“当家不做主”的尴尬处境，形势不容乐观，马来人仍是享受政治特权的主角。值得注意的是，马来西亚华人社团所发挥的舆论影响力和社会影响力也经常受到马来西亚政府的干扰和反控制，因而，对于少数民族的华人政党来说已充分认识到自身政治影响力相对有限，华人社群能够借以发挥自身主导性的空间范围实则相对狭小。

3. 华人社群内部结构稳定性

自独立以来，马来西亚华人的生育率逐年下滑。华裔人口占全国总人口比例不断下滑，从 1957 年的 37.2%降至 2010 年的 24.6%，并在 2020 年进一步下降至 22.6%。自 20 世纪中后叶开始，随着马来西亚经济的快速发展，马来西亚各族群人口死亡率呈大幅下降趋势，马来西亚各族群人口也开始新的转变进程。但是，在宏观上，马来西亚华人族群的社会经济发展较快，人口转变的节点也就早于其他族群，因此，最早出现了低生育率、低死亡率的情况。据马来西亚统计局数据显示，马来西亚在 2040 年总人口预计达 3860 万人，华裔人口预期达 710 万人，占总人口的 18.4%②。首先，随着生活水平的日益提升，尤其是在城市地区，华人生育观发生明显转变，且小家庭模式也成为常态。小家庭的产生发展在于养育子女成本的大幅度减少，促使华人家庭成员结构趋于稳定，倾向于独子或少子，最终导致华人生育率直线降低。其次，高等教育的普及化加之华人自身的高素质对教育的高要求，普遍华裔

① 王望波：《东南亚华人社会政治地位的现状和发展趋势》，《南洋问题研究》2000 年第 4 期，第 54-65 页。

② 廖小健：《华人政治地位与马来西亚的政治分层》，《东南亚研究》2007 年第 5 期，第 46-51 页。

选择晚婚晚育。同时，华人也对早婚早育可能带来的影响，如工作、家庭额外负担存在诸多顾虑。伴随着马来西亚各族群人口转变进程的不断推进，未来华人人口比例下降速度有趋缓的可能，但人口老龄化程度仍将快速上升。现代化的产业发展对劳动力包括女性劳动力需求显著提升，这也进一步推迟华人婚育的时间表。生育意愿的下降是由多种因素共同导致的，如快速推进的城市化、不断扩张的高等教育、市场对女性劳动力的普遍需求以及家教模式的变化。目前，生育率和人口比重持续走低是马来西亚华人人口的主要现状特征，低生育率趋势已成为人口转变过程中不可或缺的阶段。尽管存在生育率的族群差异，但华人人口比重低大概率已成定势，其他族群的低生育率同样会对未来华人人口比重快速下降造成影响，而马来西亚人口族群结构发生变化的可能性极低。

马来西亚华人社群的发展与其城市化进程息息相关。从人口结构到社会发展，乃至政治版图的更替，都离不开城市化。1948 年，英殖民地政府推动华人新村计划，将散居在各处的乡区华人安置在城市或市镇边缘的新村，促使大量乡区华人迁移到城市地区，进一步形成华人群居在城市的格局。马来西亚统计局的统计数据显示，马来西亚半岛的华裔总人口中，有高达 90.3%属于城市人口。此外，约 287 万名华裔就业人口中，高达 92.5%属于城市就业人口。换句话说，有超过 92.5%的华裔人口在城市就业。在全国约 767 万名城市就业人口中，华裔就业人口就占了其中 34.6%的比重。今天，绝大部分华人定居在城市化水平较高的州属，如槟城、雪兰莪、霹雳、马六甲、柔佛等。

近些年，马来西亚城市化水平更是明显上升，社会也在不断加速发展，乡区人口继续向城市迁移，马来西亚的城市人口结构，已经从过去的单一族群社会（华裔为主）走向一个多元种族的社会。换句话说，今天马来西亚城市地区，已从浓厚华人色彩的背景，蜕变成一个多元文化、宗教和种族的多元社会，各族群以包容态度对待各自多方面差异，以信任尊重为主，理性沟通为辅，争取在非同一性中画得最大同心圆，谋求高质量共同发展。而当前，人口比重持续下降，这对族群的政治经济发展格局产生潜在的负面影响。由于华人仍是影响马来西亚社会发展方向的关键力量，人口比重缩减对华人在马来西亚的话语权造成不同程度的弱化，进而影响马来西亚华人的社会地位。这对马来西亚华人社群而言，既是挑战，也是契机。各族间必须不断学习，在纷繁复杂的社会环境中，做到互相尊重和谅解，与其他族群和平相处。马来西亚华社在城市化的进程中，要重新寻找自身定位。未来，华社需要的是一个新的城镇化战略：确保华裔继续在经济、文化、教育等各方面处于领先地位，同时使多元文化、宗教和种族的利益受到保障。随着华人社群内部结构稳定性的不断增强，华人社群的发展在“一带一路”倡议不断推进下日益凸显，这也与马来西亚社会的稳定和进步有着高度密切的关系。因此，分析马来西亚华人社群城市化差异的新格局，厘清不同族群的发展阶段特征，对把握马来西亚基本国情、科学推进“一带一路”建设具有重要意义。

表 1　马来西亚各种族的城市人口比例与各州的城市人口分布（2010 年）

	Malay 巫裔 ('000)	%	Chinese 华裔 ('000)	%	India 印裔 ('000)	%
Total Population 总人口	14191.7	100	6392.6	100	1907.8	100
Urban Population 城市人口	9456.8	66.6	5814.9	91.0	1700.7	89.1
各族群城市人口在各州的分布比例						
Johor 柔佛	1097.8	11.6	879.8	15.1	186.7	11.0
Kedah 吉打	844.5	8.9	226.3	3.9	126.8	7.5
Kelantan 吉兰丹	594.5	6.3	39.9	0.7	2.3	0.1
Melaka 马六甲	435.3	4.6	192.5	3.3	40.4	2.4
Negeri Sembilan 森美兰	333.9	3.5	181.2	3.1	112.0	6.6
Pahang 彭亨	506.6	5.4	170.9	2.9	43.5	2.6
Penang 槟城	522.1	5.5	649.2	11.2	148.8	8.8
Perak 霹雳	724.7	7.7	615.4	10.6	237.7	14.0
Perlis 玻璃市	99.8	1.1	11.3	0.2	1.5	0.1

续表

	Malay 巫裔 ('000)	%	Chinese 华裔 ('000)	%	India 印裔 ('000)	%
Terengganu 登嘉楼	577.2	6.1	23.0	0.4	1.9	0.1
Selangor 雪兰莪	2473.7	26.2	1395.0	24.0	628.9	37.0
Sabah 沙巴	134.3	1.4	273.6	4.7	6.5	0.4
Sarawak 沙捞越	339.3	3.6	491.8	8.5	6.0	0.4
Kuala Lumpur 吉隆坡	679.2	7.2	655.4	11.3	156.3	9.2
Labuan 纳闽	25.3	0.3	9.4	0.2	0.5	0.0
Putrajaya 布城	68.5	0.7	0.5	0.0	0.9	0.1

资料来源：Ciri-Ciri Ekonomi Penduduk 2010, Department of Statistics Malaysia

4. 华人社群文化基因的继承性

虽然马来西亚华人已是合法公民，且是马来西亚第二大族群，但他们始终面临以马来文化为核心的国家主义文化政策的威胁。在艰难的处境下，马来西亚华人社群透过社团的凝聚力，集结华社的人力与财富，在农历新年、中秋节、冬至期间举办各类相关文化活动，透过传统礼节，坚守民族精神，传承文化命脉。

其中，由马来西亚中华大会堂总会主办的“马来西亚全国华人文化节”已有近 40 年历史，每年由各州中华大会堂轮流承办并拟定不同的主题，推出相声、曲艺、书法、灯谜、捏面人、篆刻等传统民间艺术，目的是纪念华人先贤的功绩，透过文化活动向马来西亚青年一代推广中华文化，同时也促进族群之间的文化认识。传承、维护和发扬文化，是华社无法推卸也不能逃避的责任，对族群的认同应置于国族认同之前，华人的身份不能被遗忘或消灭。

中华文化于近代便在马来西亚扎根发展。英国殖民经济的发展急需大量劳工，多数华人于 19 世纪下半叶开始向马来亚移民。“资料显示，1881 年，有 89900 名中国人到达新加坡和槟榔屿两地，此后几十年间人数持续上升。到 1927 年，中国人迁移入马数量达到高峰，超过 360000 人。另据统计，在 1895 年至 1927 年这 32 年间，共有超过 600 万名中国人迁入英国殖民统治下的马来亚各州。”① “至1957年，马来亚独立建国，华人人口已经达到2332936人，占马来亚当时居民总数的37.1%。”② 到20世纪上半叶，南洋民间有句“海水到处，皆有华侨足迹”广为流传，可想而知华侨华人的足迹已遍布南洋各地。受地理及历史因素的影响，东南亚地区不仅是华人迁居的首要之选，而且还是华人分布最为集中的地区之一。其中，移民马来西亚的华人最多，据马来西亚最新官方调查显示，华人人口占国民总数的25%以上。

中华儿女移民马来西亚，不仅经历着居住地理环境的改变，更经历着华侨到华人身份的转变，这一变化实则承载着中华传统文化在马来西亚的传承蜕变。换言之，中华传统文化在近代马来西亚的传播与中国移民进迁有着不容小觑的内在关联。早期的中国移民心系故土，迁移到马来亚一直保持“过客”心态，一些传统习俗及祭祀活动也主要在中国人内部进行。但由于马来亚的独立以及后来马来西亚建国，多数华人选择入籍，且因为有大规模的华人生活在南洋，在东南亚地区，中华文化的传承成为风尚已是潜在必然。传承和弘扬中华文化在无形中成为共识，海外华侨华人以及华人社群通过自身力量传承弘扬中华文化，一方面以中华文化彰显自身文化承载的独特个性，追求共同的精神归属感，并以此凝聚同胞，维护自身文化权益；另一方面在与马来西亚其他族群的交往过程中，与其他文明交流互鉴、包容共生，以形成与其他族群友好的相处氛围。美国传播主义学派代表人物威斯勒认为文化传播有两种形式：“一种是自然传播的形式，它在不知不觉中进行；另一种传播是有意识地、有计划地传播，即有意识地组织开发或通过战争、贸易、传教、旅游进行传播。”③ 众所周知，中华文化在马来西亚的传播下属于第一种。此外，海外华侨华人为增强与同胞的联系，组建不同类型的华人社团，对中华文化的传播起到了一定的作用。在不同程度上也促进了中华文化的传播。

---

① 廖小健：《华人政治地位与马来西亚的政治分层》，《东南亚研究》2007年第5期，第46-51页。

② Fuziah Shaffie & Ruslan Zainuddin, Sejarah Malaysia. Shah Alam: Penerbit Fajar Bakti Sdn. Bhd., 2000, p. 269.

③ 廖小健：《华人政治地位与马来西亚的政治分层》，《东南亚研究》2007年第5期，第46-51页。

从全球来看，马来西亚是拥有华人社团数量最多的国家。“据马来西亚政府社团注册局2001年6月统计，马来西亚大大小小的华人社团总计约有7276个，至2013年这一数量达到9000个”，多以地缘性和血缘性为主，且历史悠久，文化底蕴深厚。早期，这些华人社团为南来的迁徙华人提供生活帮助，相辅相成，这些华人也通过社团中的文化活动来缓解思乡之情。“举凡立会馆、建祠堂、兴学校，乃至举办各种慈善福利活动等，都依华族古制而‘做文以记之’，并刻石以留芳。这些以‘记’‘序’‘跋’等形式出现的碑文可以看作中华文化的传承，许多文字极具文采。”① 这些碑文为中华文化传承起到了较好的见证作用。例如，德国著名汉学家傅吾康对东南亚华文碑铭史料的研究颇有建树，编著《马来西亚的华人碑文》和《马来西亚华文铭刻萃编》等书，并赴马来西亚大学中文系任教，完成了大量有关东南亚华文铭刻资料的搜集及编纂工作，这为后人留下了相当宝贵的文献资料。

在东南亚国家中，马来西亚是将中华传统文化保存得相当完备的国家之一。当地华人作为传承中华文化的中坚力量更是另辟蹊径，华人社群并未将眼光拘泥于简单的文化符号，而是将社会政治生活作为切口，不断汲取中华文化的养分，使其为我所用。其中，马华公会、中华总商会、董教总等华人社团不仅将自身定位为文化传承者，更不断巩固实力，使自身成为维护华人权益、为华人诉求发声的政治团体。互联网将世界互联互通，同时，时代也赋予了华人社群中的各派学者新的使命，在马来西亚范围内，从中华传统文化的研究者逐渐转变为教育者、传播者和践行者，通过线上线下双融合等各类渠道为传播中华传统文化赋予活力，挖掘发挥文化中的社会治理能量，力求将中华传统文化扎根于“一带一路”沿线国家和地区，在更大范围内弘扬中华文化。

① 廖小健：《华人政治地位与马来西亚的政治分层》，《东南亚研究》2007年第5期，第46-51页。

（二）华人社群的组织模式

1. 华人政党

（1）国族建构中的马华公会

第二次世界大战结束后，英国恢复对一度被日军占领的马来半岛、砂拉越及沙巴的统治。1948 年，马共组织马来亚人民解放军以游击战术对抗殖民政权，破坏设施、袭击种植园和摧毁运输系统和设施。由于马共党员多为华人，为了切断游击队和同样以华人为主的支持者之间联系，并保护殖民地的经济生产，英殖民政府宣布马来亚进入“紧急状态”，制定毕利斯计划，把五十万华人迁移至由铁丝网、警岗和照明灯所包围的集中营，同时也考虑把华人驱逐回中国。1949 年 2 月 27 日，马来西亚华人公会在吉隆坡成立。在首任会长陈祯禄的带领下，马华公会成功阻止英国殖民政府将华人驱逐回中国，并发行彩票以筹募款项，协助新村居民搭建木屋，提供粮食、医药和金钱等援助，还极力向殖民政府争取华文小学、民众会堂、图书馆等民生设施，为华人社群谋取福利。1951 年马华宣布转型为政党，成为马来西亚有史以来第一个华人政党，并成为联盟（国民阵线前身）的成员之一。马来西亚于 1957 年成立以来，除了 2018 至 2020 年之外，国民阵线都是执政党①。

马华公会的宗旨和目标，除了维护国家的主权和体制的正当性，也为了捍卫马来西亚华裔的权利和利益，以确保华裔在政治、社会、教育、文化、经济及其他方面应享有的利益，不至于在种族政治的体制下受到侵害。成立至今，马华不遗余力地维护华人权益，尤以教育这一环留下最亮眼的纪录。1969 年，马华应华社的需求成立拉曼学院，主要招收无法就读于国立大学，家境贫困无法出国留学的华裔学生；2013 年拉曼学院升格为拉曼大学学院。至今拉曼大学学院的毕业生约有 21 万人，当中有不少名人。此外，华社期盼成立逾 20 年的独立大学，在马华与政府的斡旋下，政府最终于 1997 年同意成立新纪元学院，并于 2016 年升格为新纪元大学学院。马华前总秘书黄家泉

---

① 廖小健：《华人政治地位与马来西亚的政治分层》，《东南亚研究》2007 年第 5 期，第 46-51 页。

于2017年的马华党庆致辞时，也提到在华文小学方面，马华于1999年至2008年间曾经成功争取新增15间华小和搬迁74间微型华小①。此外，马华公会曾于2017年在国民阵线（以下简称“国阵”）内部争取到搬迁6所微型华小和增建10所新华小。不过，国阵在2018年大选中败选，希望联盟政府上台后，新任教育部长马智礼宣布，由于经费短缺，仅维持搬迁6间华小及增建2间已经动工的新华小，另外8间新华小将重新探讨，引发马华公会和华教组织的激烈抨击。

马华公会的政治意识形态是以华人族群为基础的政党，与以马来族群为基础的巫统、以印度人为基础的印度国大党形成政治联盟——国阵，以马来西亚华人权益作为其政治斗争目标，在社会契约的共识下，成为执政政府。虽然作为华人政党，马华过去多年只能在马来族选民占多数的混合选区胜出，反而在华人占多数的选区无建树。实际上，马华在华社的受欢迎程度每况愈下，虽然“马华-华社”的一体关系一直被该党视为政治选举中的筹码。在近几届大选中，该党的作风无法获得年轻选民的青睐，也屡次辜负马来西亚华人的期待，渐渐失去选民信任。2018年选举中，马华竞选39席却只赢得1席（2.56%），在此之前，马华最佳的胜选率为1995年的88%（竞选34席胜选30席），最差也有2013年的19%（竞选37席胜选7席）②。马华公会在后期的补选和马六甲州选中，成功赢回1席国席和2席州议席。无论如何，年轻华人选民并未出现明显回流，更多的是选择不投票，原因主要在于华人社会普遍对华人政党失去信任与耐心，华社与马华公会曾经的利益捆绑关系早已名存实亡。

（2）新兴政党与华人的关系

除了以华人作为单一民族构成的政党外，马来西亚也在20世纪60年代出现包含华人在内，由不同族群共创的政党，其中以人民行动党和民政运动党较受到华人关注，主要原因是这两个政党历来主要当家的政治人物都是华

---

① 廖小健：《华人政治地位与马来西亚的政治分层》，《东南亚研究》2007年第5期，第46-51页。

② 廖小健：《华人政治地位与马来西亚的政治分层》，《东南亚研究》2007年第5期，第46-51页。

人。1965年8月，新加坡退出联邦后，原新加坡执政党人民行动党马来西亚支部的党员重新组织了民主行动党，并于1966年3月18日成功注册。该党的首次党大会即宣布：“致力于建立种族和宗教平等，社会和经济正义，建立在议会民主制度基础上的自由、民主和社会主义马来西亚的理想”，并主张“马来西亚人的马来西亚”运动。1969年行动党首次参与选举，赢得13个国会议席及31州议席，成为国会中最大反对党。虽然行动党都参与接下来的选举，但始终无法取得任何州属的执政权，更遑论联邦政权了。直到2008年首次夺得槟州执政权后，行动党声势才一路看涨。2018年，由行动党和公正党、土著团结党及诚信党结盟组成的希望联盟，打破国阵自1957年执政的神话，取得国家的执政权。但后来希望联盟因内部分裂倒台，先后被国盟政府与国阵政府取代，执掌中央政权。行动党再度回到反对党的角色。行动党在位期间，为讨好马来社会而对华社高度关注和敏感的课题（伊斯兰、教育、经济等）一再退让，失信于华社，最后两头不着岸。行动党在下野后的声势也每况愈下，加上与希盟盟友之间的内斗白热化，被视为“马华公会2.0”，在后来的马六甲州选和砂拉越州选惨败。追根究底，是华社厌倦了无止境的政治内斗，对华人政党失去信任和信心，使得华社与行动党渐行渐远。

1968年，民政党由新加坡大学拿督赛胡先·阿拉达斯教授、前劳工党领袖陈志勤医生、马来西亚医药协会主席J. B. A彼得、前民联党主席林苍佑医生、马来亚大学王赓武教授、劳工党领袖威拉班律师六位温和派的知识分子创立。民政党主张多元种族主义、温和社会主义及国会民主制，并关心乡区、圆丘、新村、城市中受压迫的族群，认为应公平地分配资源①。民政党也和行动党一样，于1969年首次以反对党身份参与选举，并赢得槟州政府24个州议席中的16个，获得州政府执政权。不过基于吉隆坡发生了“5·13”事件，担任槟州首席部长后的民政党主席林苍佑，担心太多的政治对抗会更进一步破坏国民团结，同意于1972年加入国阵。民政党共执政槟州39年，在2008年失去槟州政权后即每况愈下。在2018年选举时，民政党竞选11国会议席和31州议席却全军覆没，后来宣布退出国阵试图成为国阵与希盟以外的第三

① 廖小健：《华人政治地位与马来西亚的政治分层》，《东南亚研究》2007年第5期，第46-51页。

势力，由于成效不大，民政党于2021年宣布重新加入国盟。

（3）华人政治的宿命

马来西亚在独立建国后，主要的政党皆以种族为基础，形成种族权益与政治权力密不可分的高度种族化政治特征，这也是马来西亚成为民族国家过程中的最大困境。1969年5月，马来西亚迎来独立以后的第三次选举。在该场选举中，在野党以得票率超过50%的姿态否决了当时联盟政府三分之二的国会议席优势。虽然以马来西亚的政治体系，50%的得票率未必可以执政中央，但对在野党来说无疑是一场大胜。选举后，在野党的华裔支持者在首都举行胜利游行，刺激了执政联盟的马来支持者，双方在首都爆发流血冲突，造成上百人死亡。执政联盟随后宣布全国进入紧急状态，国会随即停摆两年，由国家行动理事会取而代之。官方认为这场流血冲突是基于马来民族对经济资源分配的不满，加上选举结果显示华裔开始撼动马来人的政治权力，因而对华裔展开反击。这让华人社会从殖民时期的生活模式中醒悟，发现原来只工作赚钱并不会为生活带来保障。

厦门大学历史系教授许国栋认为，海外华人的参政说明了华人在当地已有一定的经济实力和社会地位，并开始自觉地意识到唯有通过参政才能保障民族的利益①。然而随着20世纪70年代马来西亚政治情势的变化，华人参与政治的空间一再遭到限缩。美国学者白鲁恂在其著作《东南亚国家政治体系论》中指出，马来西亚在国家建构中最大的困境是华人文化与马来人文化在本质上属于两种相互对抗的文化，它们应对权力及权威的方式极为不同，华人组织倾向于保护其成员免受社会的伤害，而此内向性倾向并不利于他们在政治上的动员。

2. 华人社团

（1）华人社团的共识

马来西亚早期的社团多为秘密结社，主要以宗祠和寺庙为据点，后来因为移民数量越来越多，便发展成今日的华人社团。虽然社团成员不直接参与政治活动，但往往会在重大课题上发声，以影响政府的决策。其中，以籍贯、

① 许国栋：《论马来西亚华人政治》，《华侨华人历史研究》1995年第1期，第1-10页。

血缘性或地缘性为组成元素的会馆遍布全国各地，在早期的移民社会中扮演着十分重要的角色，对语言不通的“新客”提供生活援助和保障。而七个较大的乡团后来则组成了“七大乡团协调委员会”：福建社团联合会、客家公会联合会、潮州公会联合会、广东会馆联合会、海南会馆联合会、广西总会、三江总会，以增进彼此之间的交流。他们主要以保留籍贯文化为志业，如乡音采集、籍贯美食等。

在马来西亚中华大会堂尚未成立之前，吉隆坡暨雪兰莪中华大会堂（简称“隆雪华堂”）是雪兰莪州和吉隆坡联邦直辖区各华裔社团的“总汇”，亦是全国各州中华大会堂及中华总商会的联络中心。其起源最早可追溯至20世纪初，由华人领袖倡议发起。当时，华侨实业家陆佑捐助了五万元令吉，甲必丹叶观盛则向英殖民政府申请有关地段，但受一战影响被迫搁置此计划。一直到1923年，侨领们在雪兰莪锡矿总局召开雪州华侨大会，商讨成立华团统领机构事宜，隆雪华堂才正式成立。

作为马来西亚华人的领导机构，隆雪华堂的宗旨是加强华团联系、协调华团活动、维护民族权益、表达华裔心声、发扬华族文化、推动社会福利、促进各族团结、谋求国家繁荣，专注于文化、教育、经济、社会及民生课题的研讨。其会员为团体会员，分别为地缘性（雪兰莪福建会馆、雪隆惠州会馆）、业缘性（隆雪中华工商总会）、血缘性（雪兰莪江夏堂）、校友性（马来西亚留台校友会联合总会）、文教和青年组织（马来西亚华文作家协会）、体育健身组织（雪兰莪精武体育会）、义山组织（八打灵华人义山）、宗教组织（雪兰莪德教会紫芳阁）、俱乐部组织（八丁燕带益群俱乐部）以及福利或医院组织（雪兰莪同善医院）。1983年，全国15个华团领导机构在槟城召开了“全国华团文化大会”，发表了《文化大会宣言》，并向政府提呈《国家文化备忘录》，第一次明确而系统地表达了华社对“国家文化”政策及其建设原则的基本立场、观点提出的建议，并成立了“全国华团文化工作委员会”，从1984年起协调和带动各州中华大会堂及华团轮流承办一年一度的“全国华人文化节”。1985年，27个华团共同签署并发表《马来西亚全国华团联合宣言》，全面地表达华社对各领域基本权益的诉求，重申了建设马来西亚国家文化应遵循的“四大原则”，并强调国家文化政策应以《联合国人权宣言》《马来西亚联邦宪法》《国家原则》以及各族平等与民主协商的精神与原则作为基础。

（2）华人社团的挑战

1986年，由于新经济政策的实施，种族分化日益严重，引起马来西亚华团的焦虑。以隆雪华堂为首，组织了马来西亚全国华团民权委员会，提出《贯彻华团联合宣言第一阶段九大目标（一九八六）》：废除土著与非土著的区分，反对土著利益至上的经济政策；严厉取缔非法移民，以维持社会安全；选区划分，必须遵从“一人一票”的公平民主原则，使各选区选民数目大致相同；文化政策的制定必须承认及接受我国社会的多元性本质；公平对待各源流学校及各族语文；建立廉洁有效率的行政体系，严厉对付贪污；全面发展新村，把新村发展纳入国家发展主流；重新检讨违反基本人权的法令。其中，吉隆坡暨雪兰莪中华大会堂青年团成立于1985年9月29日，即隆雪华堂参与《华团宣言》的重要后续成果。它成立的主要目的是让传统华人社团转型成公民组织，并应对马来文化霸权，维护族群利益和促进民主转型。

1991年12月13日，马来西亚中华大会堂联合会成立，后改名为马来西亚中华大会堂总会（简称“华总”）。其会员有玻璃市州华人大会堂、吉打州华人大会堂、槟州华人大会堂、霹雳中华大会堂、吉隆坡暨雪兰莪中华大会堂、森美兰中华大会堂、马六甲中华大会堂、柔佛州中华总会、吉兰丹中华大会堂、登嘉楼中华大会堂、彭亨华人社团联合会、沙巴中华大会堂、砂拉越华人社团联合总会。其他华团属会则依据主要会务宗旨分类为地缘性、血缘性、业缘性、学缘性、文化、教育、青年、联谊、慈善、体育、宗教等组织。其宗旨为促进我国各民族亲善与团结；商讨与处理与会员有关的问题；针对影响会员的政策或措施提出意见；在符合联邦宪法的原则下，推动和参与文教、福利、社会及经济工作；联合与本会宗旨相同的社团，以达至上述目标。1995年，“全国华人文化节”召开了“迈向21世纪的马来西亚华人文化研讨会”，并于会后草拟了《全国华团文化工作总纲领建议》。华总依据这份建议书制定了《全国华团联合宣言》，成为华团在新形势下开展文化活动的理论依据和行动纲领。

除了传统的华人社团之外，马来西亚也有以华人领袖为名成立的基金。

1985年，马来西亚华社的“族魂”林连玉先生逝世。鉴于他毕生致力于追求民族的平等和国家的进步，将一生宝贵的岁月奉献给华文教育，甚至为此被褫夺公民权，教总主席沈慕羽便吁请华社成立“林连玉教育基金”，以纪念林连玉对华教的贡献。1986年1月4日，以教总、董总为首的15个华人社团，在雪兰莪中华大会堂召开第一次委员会会议，成立“林连玉基金”。

3. 华商组织

早期的南洋华人主要为工人及商人，为了有效地沟通及联络、协调华人群体与当地政府的关系，并保障当地华人群体合法权益，组织商会成了近代南洋华商的重要工作。1905年，华侨商人张振勋、时宝璋到南洋考察商务，并推动了新加坡、槟榔屿及中华商务总会的草创，此后掀起商会筹组的热潮。

根据北京大学经济学院副教授张亚光及博士生沈博的研究，商会的角色定位介于殖民者及清政府之间，除了得适应近代商战的商业联合组织模式——即殖民者的统治工具，又是欧美商人的竞争对手，它同时也是一个维权机构，代表清政府保障华侨权益，并成为海内外沟通与交流的桥梁，向各埠华侨传达清政府政策，并为国内输送建设资金。《星洲十年》中已有记载，新加坡截至1940年已有近百个商会，遍布各行各业，如树胶公会、屠商公会、五金公会、建筑材料枋商公会、金银商业公会、糖商公局、自由车商会、牙科公会、孵卵公会、柴炭商公会等，可见战前商业活动之繁荣。

成立于1906年的新加坡中华总商会，为当地华商华社的最高领导机构，同时也是世界华商大会的创办机构，拥有广泛联系世界各地华人企业的商业资讯网站“世界华商网络”。其宗旨为讲求商学、联络商界、和谐商情、启发商智、振兴商利，首届会长为新加坡华人富商吴寿珍。马来西亚中华总商会（简称“中总”）则成立于1921年7月2日，前身为“英属巫来由中华商会联合会”，是代表马来西亚华人公司、商家及各行业团体的联合总机构，下属17个基本会员。英属巫来由中华商会联合会第一届大会在吉隆坡茨厂街167号举行，出席的代表有雪兰莪的叶隆兴、朱嘉炳；新加坡的佘来吉、王会仪；槟城的林有道太平局绅、李振和；霹雳的梁桑南太平局绅、Samuel Fung；马六甲的沈鸿柏、Tan Swi Chan；巴株巴辖的甑宝臣、陈桃枞；瓜拉比劳的叶祖那、林光梃。成立初期，马来亚面对商业萧条及金融紧缩的窘境，世界橡胶供过于求，英殖民政府便于1922年实施树胶出口限制计划。但中总认为此计划若长久实施将对整体造成损害，便呈交请愿书给英政府理藩部大臣，要求取消橡胶限制。此外，该商会不只对政府经济政策、华商切身利益发声，也关注整体华人课题，如禁售鸦片、禁娼、在路名以及政府杂费单和通告增加中文等，是马来亚华商华人的最高代表组织。进入20世纪30年代，陈祯禄等华人议会代表与国内各中华总商会进行更好的协调后，更多华人政经界领袖成为中总的中坚力量，各属会之间无论在应对政策变化、捍卫华商华人利益、确保讯息传播等方面，都取得很好的效果。在日本侵华战争爆发后，中总也带动马来亚各商会响应当时祖国的抗战赈灾工作。

4. 华教组织

(1) 华教斗争史的起点

马来亚联合邦在1948年2月正式成立以后，为了打破各族群之间的藩篱，联合邦政府决议将教育作为国族建构的手段。1951年，牛津大学社会研究所所长巴恩博士发表了《巴恩报告书》，建议联合邦政府废除各源流学校，并提供以英文和马来文为教学媒介的国民学校教育体制，以形塑马来亚人民的国族意识。与此同时，新上任的钦差大臣葛尼爵士则建议成立另一个调查团，专门对华人教育作全盘调查。调查团成员方卫廉博士及其学生吴德耀博士于1951年2月抵马，除了在怡保、太平、槟城、马六甲、巴生、亚罗士打、芙蓉、新山、吉隆坡、新加坡等地做短期逗留，也和砂拉越代表晤谈。此次调查让华社对于联邦辅政司狄杜夫所提出的“马来亚化”教育中“拟以马来亚而不以中国为背景与内容编辑华校教本，并由方言出版局印行”产生疑虑。

为此，方、吴两人离开新加坡前夕，还特地在4月13日钟灵校友会宴会上作出以下声明：吾人此行系应马来亚联邦政府向美国政府邀请，特派来马访问，并调查马华教育。当我们抵马后，在报纸上所看到的，都是说教育马来亚化，此不但对我们在马来亚的调查工作有莫大的阻碍，而且将引起社会人士，尤其教育界的误会。我们认为有解释的必要我们来马调查华侨教育的目的，并不是消灭马华教育，反而是希望提高马华教育水准。由于马来亚是各民族共处的第二故乡，各民族应该互相合作。我们纯粹为调查马华教育而访问马来亚，绝对没有政治的意义。

虽然方、吴强调其访问工作是建立在政、教分离的理念上，然而联邦政府根据巴恩、方、吴及中央的报告书所草拟的《1952年教育法令》，主张将设立以巫文和英文为教学媒介的国民学校，提供为期六年的免费义务教育。此外，政府也会提供津贴给遵守官办国民学校所有条件且教授任一官方语言的英校、华校及印校，以便让这些学校逐步转型为可以容纳各籍学童的国民学校。马来西亚学者郑良树在其著作《马来西亚华文教育发展史》中指出，联合邦政府似乎有意在国家自治独立前解决民族教育问题，所以跨入1950年后，报告书及法令就像天际的雪片一样，不断地刮进华社的庭院里来，使华社进入雪虐风饕的严冬。

（2）华教组织的成立

马来西亚华校教师会总会（教总）就是在上述情况下被催生的。1951年8月24日，全马华校教师代表大会在吉隆坡福建会馆召开。会议除了一致通过坚决反对《巴恩报告书》废除方言学校的建议，同时也议决组织全马华校教师总会，并推举槟城、马六甲和吉隆坡三地华校教师会为筹备委员。11月24日，全马华校教师代表大会提呈备忘录予联合邦政府，以反对该报告书废除方言学校的建议。1951年12月24日，全马华校教师代表大会于吉隆坡尊孔中学礼堂召开。隔天，马来亚联合邦华校教师会总会在雪兰莪中华大会堂举行成立典礼，成员主要来自全马各地区华校教师公会以及州级华校教师公会联合会组成的教师组织，成为马来西亚第一个全国性华文教育团体。教总成立后，展开有计划、有组织、有领导的捍卫华教运动。林连玉于1954年担任教总主席，并以教总的名义提出将华语列为官方语言之一。1956年4月，在林连玉的穿针引线下，马来亚华人社团举办了“全马华团争取公民权大会”，获得454个华团支持，并有一千余名代表出席。会中通过了《争取公民权宣言》和四大议案，即要求马来西亚政府同意：（一）当地出生即为当然公民；（二）在本邦居留五年者，得申请成为公民，免受语言考试；（三）凡公民权利与义务一律平等；（四）列华、巫、印为官方语文。而其中的隐蔽议程则是华教在马来西亚的立足及平等待遇。

对于联合邦政府实施单元化教育政策的主张，教总基于人权的信念，认为“人皆生而平等，而作为马来西亚三大民族之一的华裔公民是建国功臣之一，其权利和义务必须与本国其他民族同等，唯有平等共存才能团结共荣。”因此极力争取华文教育的平等地位，因“母语是最自然、直接、有效的教学媒介语。接受母语教育是基本人权，华文教育必须纳入国家教育主流”。1954年8月22日，马来亚各州华校董事联合会或董教联合会在社团法令下组成了马来西亚华校董事联合会总会（董总），与教总携手捍卫和发展母语教育，争取公平的民族权益，反对不平等的文教政策，合称“董教总”，为马来西亚华文教育的最高代表机构。州董联会的会员基本上是州内的华文独中董事会和华文小学董事会，并由他们组成董总的中央委员会及中央常务委员会，引领马来西亚华文教育的永续发展。另设有董教总华文独中工委会，为那些拒绝《1961年教育法令》改制的中学筹募马来西亚华文独立中学的发展基金，并落实《华文独立中学建议书》中的基础。

1959年，教总、董总和马华公会在吉隆坡精武体育会体育馆召开“全马华文教育大会”，并提出四点要求：各民族教育均以母语母文为主要媒介；各民族学校教育一律平等；政府应设立“华文教育咨询委员会”，由华文教育代表性机构委派代表参加，协助政府解决有关华文教育问题；政府对目前华文中学津贴增加至100%。华教运动一直到1961年随着林连玉被篡夺公民权和吊销教师准证而一度沉寂下来。同年，国会通过《1961年教育法令》，政府不再举办以华文为媒介的中学公共考试，只以马来文或英文为媒介。学校则划分为以马来文为教学媒介语的国民中学，由原来的华文学校改制的国民型中学，以及不接受津贴的华文独立中学。

1965年，“马青之父”、马六甲平民学校校长沈慕羽接任教总主席一职，接力推动马来西亚华文教育工作，以及华人的公民权益。1968年，马来西亚教育部长佐哈里公开表示，以后只允许持政府承认文凭的中学生，才准许出国深造，企图断绝华文独中学生出国深造之路，于是沈慕羽便开始进一步申办独立大学（后文简称“独大”）。1968年，由董事与教师总会依据华社的意愿，依照新加坡“南洋大学”的模式，以创办独立大学为主要业务，发起筹办独立大学（非营利）有限公司。其宗旨是迎合华校毕业生受高等教育的需要，华社乃于1969年5月8日获准注册为“独立大学有限公司”。虽然独大筹办运动获得全国 4238 党团签名盖章，但最后独大并未成立。在华教巨人、统考之父、原董总主席林晃升为首的独大理事会决采取法律行动，呼吁华社一人捐一元筹募独大法律基金，聘请英女皇律师，在 1980 年正式诉至吉隆坡高庭法院，起诉政府违宪，创下民间因维护母语教育而状告政府的先例。

（3）华教精神

来到 21 世纪，马来西亚已有完整且本土化的华文教育体制，除了国家教育体制内的小学和中学需修习官方语文马来文之外，民间还保存六十间拒绝国家教育改制的华文独立中学，以及三所民办学院——新纪元、韩江、南方。此外，华团亦设有各式奖贷学金，提供华裔子弟出国深造，以提升马来西亚华人的教育水平，在国家资源分配不平等的条件下，自力更生独立办学。

对于马来西亚华文教育的发展，学者何启良认为其中深层的意义在于它所衍生出来的文化内涵和道德意义，而这缘于文化在华人社群心中的神圣地位，以及华教领导人物的道德典范。马来西亚文史学者安焕然则认为，马来西亚华文教育的特质，在于马来西亚华人学习华文并不仅把它当成工具语言来学习，而是把它当成民族“灵魂的语言”来承传，亦是华人民族权益的政治斗争工具。简言之，确保华教能在马来西亚继续传承是华教组织的要旨。

5. 中文媒体

在海外中文媒体发展中，东南亚华文媒体长期占据主导地位，直到 20 世纪 70 至 80 年代后，才逐渐发展成东南亚、北美和欧洲三个中心。值得一提的是，第一份中文报纸《察世俗每月统记传》，就是 1815 年在马来西亚的马六甲创刊。作为马来西亚华人社会的三大支柱之一，中文报纸/媒体在历史上共经历四个发展阶段：（1）1815 年起肩负英国传教士在东南亚和中国传播基督教的重任；（2）1898 年戊戌变法至 1911 年辛亥革命之间，号召当地华人支持中国的保皇派或革命派，以改变中国的政局；（3）二战在中国开打之时，号召华人捐款到中国以做抗日金；（4）在马来西亚建国前后凝聚华人共识和争取保护族群权益。由上可见，在马来西亚建国以前，中文报纸的报道内容主要以中国为报道对象，因为当时的华工都抱着衣锦还乡的心愿，所以祖国的局势远比马来西亚的变化更受到他们的关注。一直到马来西亚在战后争取独立，华工们不排除在当地长居久安的可能，意识到向英殖民政府争取族群权益的重要性后，中文报纸才开始关注报道马来西亚新闻，以期与其他族群共同建设新国家。

（1）华文报纸的功能

报纸向来是资讯传播的重要媒介，具备报道新闻、解释新闻、服务大众及娱乐大众的功能。马来西亚著名华裔诗人及资深报人叶观仕指出，马来西亚华文报纸的功能在于传递消息、交流意见、倡导马华文学、沟通民情、促进地方建设、宣传社会公益，尤其是在反殖抗日、独立建国的艰苦道路上，付出许多心血和精力。马来西亚华文报纸的历史可追溯至19世纪初，是晚近东南亚地区华文报发行量最大的国家。报纸的发行也反映了每个阶段的社会发展，如殖民时期的《察世俗每月统记传》、侨商陈嘉庚创办的《南洋商报》、胡文虎创办的《星洲日报》、孙中山创办的《光华日报》等。

长久以来，华文报业为本土华社与马来西亚发展做出积极贡献，包括帮助英国传教士在中国和东南亚传播基督教，发展巩固马来半岛的华人社群，号召和支持中国的改良派及革命派运动，在二战中反抗日本侵略，并在马来西亚建国后负责保护传统中华文化。此外，马新自办报以来，就有文人或作家主编华文副刊的传统，早期的报社亦会聘请中国南来的文人，这让马新华文报纸的副刊一直以来都有很强烈的华人传统文化意识。综合性的副刊如《星洲日报》的《星云》和《南洋商报》的《商余》，纯文艺版的副刊如《星洲》的《晨星》和《南洋》的《和平》（后改为《世纪路》）等。1955年至1956年期间，曾铁忱在《南方晚报》编《马来亚研究》，刊登有关土著或华裔风俗民情的文章。根据马华文史作家马汉的回忆，当时的报人也各具写作特色，比如萧遥天对中国各种民俗及潮州人的语言文化很有研究，方北方则专注于马华文学。

然而，随着马来西亚华社对于身份认同的转换，华文媒体也从华侨媒体转型为华人媒体，并在这个过程中发挥重要的舆论引导作用。传播学者彭伟步指出，从彷徨、迷惘到产生落地生根的心态，马来西亚华文报纸“走上了一条落地生根的道路，致力于民族和解，争取华人权益，共同建设新国家。”

另一方面，随着科技的进步，马来西亚的中文媒体除了报纸，仍有电视台、电视和网络新闻，报纸在华社间仍旧扮演重要的讯息传递角色。该地中文媒体的地位与作用，与新华社北美分社记者李大玖对海外中文媒体的分类是一致的，即为华人提供各类型信息、传承文化、联系社团、促进华人团结、维护华人利益、推动华人参政议政、协助华人融入当地社会和提升中国形象。虽然华人已经成为马来西亚的一分子，但华人仍旧注重自身的中华性，因此中文媒体在维护华人的中华性方面扮演非常重要的角色。除了报道国家大事和世界局势外，国内的华社新闻是中文媒体必然报道的内容，也是华人相当关注的课题。此外，中文媒体也会报道华人传统的节日典故、习俗、方言、文学等，介绍并提醒华人的特质以便一代传一代，这些内容通常可见于副刊版面。

马来西亚的社团大致上可分为血缘关系的宗亲会、地缘关系的同乡会和业缘关系的商会与协会。中文媒体在报道华人社团发展讯息的同时，也会向政府反映社团的诉求，例如，希望联盟于 2018 年获得执政权后，董总即发表文告对希盟政府在承认统考一事的态度反复不定表达严重不满。中文报章的报道，提醒华人及华社必须时刻保持团结，并且在特定议题上表达意见，以达到维护华人权益的目的。为了能够更加保障华人的权益，在马来西亚这样一个实施种族政治的国家，鼓励华人参政以便在政府的机制内发言，是最直接也最有效的方式。由于华社在保持华教方面的努力相当有成效。因此，中文报纸成了华人获取资讯和知晓国家政策的最重要媒介，华人得以融入马来西亚社会，中文报纸功不可没。最后，虽然马来西亚华人都已把马来西亚视为祖国，但他们也承认中国是文化祖国。因此，中文媒体总是不遗余力地协助提升中国的形象，例如 2013 年中国提出“一带一路”倡议后，相对于其他语言的媒体，马来西亚的中文媒体都经常报道“一带一路”相关新闻，而这些报道都很正面，这绝对有助于提升中国在大众心目中的形象。

（2）媒体商业化的挑战

马来西亚华文报纸的留存和华人社会的发展难以分割，也因而导致华文报纸的成长空间在多元种族社会中被频频压缩。为了继续生存，报社负责人只能顺应社会环境的需求不断改变目标和诉求，过去可以直接在报纸上讨论的议题，也只能采用拐弯抹角的形式来表达，对华文报纸或整体华社来说无疑是一种伤害。传播学者黄招勤指出，马来西亚独立后，华文报纸不仅是传递讯息的工具，更是建构新国家认同、争取族群利益和国家利益的资讯平台。进入 20 世纪 80 年代以后，许多由家族经营的华文报纸则纷纷转售给当地华人富商，使华文报纸企业化，最后甚至被执政当局作为左右华社意见的讯息平台。

学者黄国富则认为，20 世纪 60 年代兴起的“现代化理论”号召后进国家学习和模仿西方世界，而现代化的媒体系统是国家实现从“传统”迈向现代的重要工具，但事实上许多后进国家中的媒体无法实现“教化民主”功能，反而成为维护政治体制的工具，“现代化理论”则常被掌权者用来正当化其限制言论自由和政治控制的作为。与现代化理论一样，媒体帝国主义也可以用来支持后进国家中专制政府对民间所施行的监控。而马来西亚就是以现代化理论与帝国主义作为依据，正当化对媒体环境的严格管控，限制言论自由与新闻自由。

自 20 世纪 90 年代开始，政府对华文报纸影响力的认知开始改变，因而出现许多干预手段，使华文报纸被迫在马来西亚华社及执政者之间重新寻求定位。2001 年 5 月 28 日，马华公会所拥有的华仁管理私人有限公司——华仁控股，从丰隆集团手中收购南洋报业控股，献议以 72.35%股权收购南洋商报，该收购被报界称为“5·28 报变”，标志着马来西亚原本相对独立的中文报纸开始被执政党介入，引起华团和评论作者响应“反收购运动”和“罢写运动”。另两大报《星洲日报》和《光明日报》的拥有者更是从华仁控股手中购得部分股权，使主要华文报纸不仅由单一商业集团垄断，还开始干预其业务内容。2006 年 10 月 17 日，星洲媒体执行主席丹斯里张晓卿买下南洋报业 20.02%股权，迅速发展成为南洋报业最大股东。如今马来西亚全国性的中文报纸，皆由财团掌控——总部设在砂拉越的常青集团，掌控四家全国报，即星洲日报、中国报、光明日报和南洋商报；槟城的文秀私人有限公司掌控光华日报；砂拉越的启德行集团掌控东方日报。至于电视台、电台和网络媒体，则由与政府关系相近的集团或人士掌握。简言之，马来西亚中文媒体如今面对的挑战，是在政府限制的新闻自由范围内，报道所谓的新闻真相以获利。

马来西亚媒体是自 20 世纪 90 年代马哈蒂尔担任首相任内开始，才面对政府严苛的干预手段。其中最著名的是发生于20世纪80年代末的“茅草行动”事件，当时《星洲日报》报道华社对于政府委派不谙中文的老师到华小担任高层进行抗议的新闻，竟然与英文报《星报》和马来报《祖国报》一同被政府吊销出版准证，一直到五个月后才被允许恢复出刊。从此以后，马来西亚中文媒体都小心翼翼地自我审查，以免再遭到政府的打压。也就是说，中文媒体从此被迫在传达讯息给华社以及执政者的铁腕政策之间寻求一个平衡。资深报人张景云指出，新闻工作的两大原则是客观与独立。但这在政治矛盾尖锐化的社会受到特别严峻的考验和挑战，如果权力可以垄断社会的政治话语，那么垄断资本也可以收买舆论，两者都不是通过赤裸裸的手段，而是通过新闻从业者的偏见内化迂回进行。自由报业的客观与独立原则，首先必须承认和面对从业者内在主观性的事实，然后在实践中建立一套共识和机制，来规范和制约这种内在主观性，即办报人必须培养客观与独立的意识，反求诸己，若是缺乏这种自觉，新闻从业者很容易沦为出卖灵魂的文字雇佣兵。

（三）华人社群对社会主义核心价值观海外传播动力的多维解读

大国竞争不仅体现在经济和军事实力等硬实力层面，更进一步体现在观念、文化、发展模式的吸引力、国家形象、国际制度参与、国际影响力等软实力上。随着我国综合国力和国际影响力的不断提升，特别是党的十八大以来，海外华人华侨在文化传播、经贸往来、大国外交等方面发挥的牵线搭桥作用逐渐受到党和政府的重视。一方面，我国政府需要借助华人华侨这一特殊群体在国际上传播中国声音，展现中国形象，促进其他国家对中国发展模式的认同，为服务国家重大战略实施营造良好的国际环境；另一方面，母籍国的日益强大也使得海外华人华侨更加自豪地展现作为“龙的传人”的精神风貌，让分布在世界各地的中国儿女更加自信地维护自己的正当利益和合法权益，自觉传播社会主义核心价值观，向国际社会分享中国发展的成功经验。对于目前已知分布在全球超过198个国家和地区的6000多万华人华侨来说，他们中的许多人已经高度融入当地主流社会，与居住国各阶层民众都建立了广泛的联系甚至深厚的友谊，在居住国与中国的外交合作、文化交流、民间交往等方面华侨华人发挥着桥梁与纽带的作用。

1. 经济角度

华人被指登上经济“金字塔”上端。据估算，海外华侨华人中约有70%从事商业经营活动，全球华商企业总资产规模约为4万亿美元，海外华商遍布世界各地，他们拥有庞大的商业网络，活跃于中外贸易等领域，是中国与“一带一路”沿线国家开展经贸合作的重要力量。海外华商本着互惠互利、共同发展的良好初衷，积极促进所在国与中国的经济合作与友好交往，并在中国内地改革开放之初率先对华投资，成为外资进入中国的范例。

在“一带一路”建设大背景之下，我国政府主张政策沟通、设施联通、贸易畅通、资金融通、民心相通，而实现“五通”的背后也少不了华人社群对“和谐、友善、诚信”等社会主义核心价值观的弘扬。中国自古以来就重视“和文化”，主张互助、友善。一方面，这种“和文化”的弘扬体现在华人社群内部之间。以马来西亚华商组织为例，马来西亚中华总商会下属登嘉楼中华总商会、吉隆坡暨雪兰莪中华总商会、森美兰中华总商会、沙巴暨纳闽中华总商会、槟州中华总商会、马六甲中华总商会、砂拉越中华总商会、霹雳中华总商会、吉兰丹中华总商会、巴生中华总商会、彭亨中华总商会、柔佛州中华总商会、巴株巴辖中华总商会、吉打中华总商会、居銮中华总商会、北霹雳中华总商会及玻璃市中华总商会17个成员，会员总数超过十万名。他们经营范围不同，会员章程不同，之所以能够形成较为稳定的组织结构，除了共同的经济利益外，还有对求同存异“和文化”的准确理解。另一方面，同样也体现在华商组织和当地经济社会关系上。中总对马来西亚也相当关注，在有需要时主动给予协助。2021年发生新冠疫情时，中总积极募款以捐助医院各种医疗资源，借出属会场地让政府接种疫苗等。因此对马来西亚华商组织而言，商人总是主张财富与企业应为私人拥有，或者倾向在市场和国家干预间平衡的社会民主主义，这是无可厚非的事。不过马来西亚华商尚具有中华民族的特质，延续社会主义核心价值观中的相互关照和协助、友善精神。

此外，华人社群对社会主义核心价值观中的“敬业”也有深刻的理解。葡萄牙一家媒体的记者曾表示：“在葡萄牙民众眼中，吃苦耐劳、敬业且非常热爱工作的华人‘招牌’形象从未被颠覆。”在浙江瑞安塘下镇，流传着三代华侨凭勤劳才智打天下的感人故事，从老一辈华侨的出国谋生，艰苦创业，到新一代华侨慷慨解囊，积极发挥牵线搭桥作用，打造“侨界之家”。一代又一代华人社群无不是通过勤劳敬业的密码达到今天的经济地位。事实证明，华人社群要想在经济领域取得更大成就，就必须以传承社会主义核心价值观为己任。

2. 政治角度

社会主义核心价值观中“自由、平等、公正、法治”等内容同样也是海外华人华侨在异国他乡追求的目标。从政治层面考虑海外华人华侨传播社会主义核心价值观，首要因素就是对母籍国政治制度、政治理念以及政治道路的认同。为了不断遏制中国的经济实力和国际影响力，少数国家在境外制造谣言，抹黑中国共产党和政府形象，恶意制造“中国威胁论”。生活在海外的华人华侨是首当其冲的一个群体。出于对祖国国家形象的维护，海外华人华侨以社群的形式同少数国家的卑劣行径进行斗争。例如，2008 年 4 月 7 日，当北京奥运会圣火抵达巴黎传递后，“藏独”分子暴力抢夺我国残疾运动员金晶手上的火炬未遂，进而又使出种种卑鄙手段，冲击圣火传递队伍，辱骂爱国留学生、撕毁五星红旗。这种卑劣行径即刻掀起了海外华人华侨在全世界范围内开展保护奥运火炬活动，最终保证奥运火炬在海外完满传递成功。近年来，在反对“藏独”“疆独”和“台独”的斗争中，海外华人社群已经成为一支不可忽视的重要力量。

其次，海外华人社群一直面临种族歧视和政治打压。从历史发展脉络来看，第一批海外华人部分是以华工的形式漂洋过海来到所在国，他们为所在国修筑铁路，开采矿山，但是拿着低廉的薪水，承受资本家的无情剥削。他们通过自己的血汗积累一定的财富后，还面临种族歧视和政治上的打压。1998 年，印尼发生严重排华事件，海外华人华侨受到前所未有的灾难，他们极力呼吁当地政府和国际社会关注华人社群，严惩凶手，保护华人社群的合法权益。直至今日，美国政客和部分人士仍然利用病毒对中国进行污名化，对华裔的歧视甚嚣尘上，给美国华人的生存环境带来了极大的挑战。据美东华人社团联合总会会长梁冠军说，新冠疫情发生后，美国部分地区发生了借疫情针对华裔甚至亚裔的歧视现象，尤其在华人集中的加州和纽约地区较多。过去，华侨华人社团对政治一般持冷漠态度，缺少参政的积极性和主动性，缺乏投票的热情。现在，华人社群的“政治冷癖症”有了很大的改观，随着经济地位的上升，海外华人华侨的参政意识不断增强，争取和维护自身合法权益意识日益提高，关心、参与居住国政治、社会事务的意识也越来越强烈。他们清醒地认识到，华人参政关系到华人利益，参政问题列入华人社群的重要议事议程，他们还踊跃参加选举，注意融入所在国主流社会。

再者，随着全球公共外交的兴起，华人社群在弘扬和传播社会主义核心价值观中，同样也加深了所在国对中国外交政策和施政方针的理解，从而更加有利于两国之间的官方往来。总之，在社会主义核心价值观中，“自由、平等、公正、法治”恰恰凝聚了华人华侨对所在国在政治层面的合理诉求依据。

3. 社会角度

社会主义核心价值观是社会主义核心价值体系的高度凝练和集中表达，它不仅吸收了中华民族几千年来优秀传统文化基因，还汲取了新时代中国改革创新的营养精华。在海外华人社群当中，传承社会主义核心价值观成为他们共同的情感表达，这种共同的文化基因同样也是推动海外华人由分散个体走向社群联合的动力。不仅如此，倘若缺少了对社会主义核心价值观的传承与弘扬，也就难以形成所谓的华人社会。除了传统以地缘性、血缘性、业缘性、文（学）缘和以宗教社团、秘密会社等形成组成的华人社群之外，社会主义核心价值观在更大程度上包容了不同类型的华人华侨。这种包容性主要体现在以下几个方面。

一是形成更大力量的华人社群，维护自身权益。随着中国影响力的日渐扩大和“一带一路”倡议深入落实，社会主义核心价值观也被更多的华人华侨所熟知，并逐渐同血缘、地缘、商缘等因素一同成为华人华侨增强内部聚合力的推力，而区别于血缘、地缘、商缘这些因素，社会主义核心价值观中“爱国、诚信、友善”等内容可以被绝大部分华人华侨所认同。有了对母籍国社会主义核心价值观的共同信仰和追求，海外华人华侨社群超越了血缘、宗教信仰、地缘等因素的限制，他们对合理权益的诉求也使得所在国不得不开始重视该群体。二是便于华人社群内部之间的交流与联系，形成更加稳定的华人社会结构。社会主义核心价值观不仅是中国现代发展理念的真实写照，同样也包含中国优秀传统文化基因。作为生活在异国他乡的海外华人社群，社会主义核心价值观在一定程度上充当了华人社会内部道德行为规范，成为华人社群之间理解沟通的桥梁。无论是华文学校、华人商会、华文媒体等机构或组织，它们的章程和制度都或多或少地吸收了社会主义核心价值观的成分。三是向所在国传递真实的中国社会和华人社会状况。潘玥、肖琴认为，东南亚是多文化多宗教的社会，其社会内部文化存在一定的分化与割裂。东南亚华人文化，尤其是其中的中华文化元素，往往被权威阶层刻意地与政治挂钩。这种“华人文化被政治化”的行径显然并非社会主义核心价值观所传递的思想，其卑劣行径的背后是炒作“中国威胁论”，极大地损害了当地华人和中国政府的形象。华人社群通过弘扬社会主义核心价值观，可以让所在国了解一个真实的中国社会和华人社会。

4. 文化角度

海外华人华侨身处异国，社会环境、文化环境与国内大相径庭，但因其与中国民众“使用相同的文化符号、遵循共同的文化理念、秉承共有的思维方式和行为规范”，所以海外华人华侨对中国本土文化具有一种亲近感和归属感，进而对中国文化具有强烈的文化认同感。因此，中华文化是维系海外华侨华人的纽带，是海外华侨华人的精神支柱，海外华侨华人是中华文化和中国现代价值观的“活载体”，赋能社会主义核心价值观海外传播。

海外华人华侨具有中华文化和社会主义核心价值观海外传播的自觉性和主动性。海外同胞在其社会生活中所形成的“华人文化”虽独具特色，与中国本土文化有所差异，但仍是同根同源，究其文化内核就是中华文化。同时，中国素来奉行“中庸之道”，中华文化更是具有海纳百川的胸怀，所以广大海外华人华侨在长期的实践中不断将海外先进文明注入中华文化，突破政治性儒家文化的束缚，形成既能展现中华文化核心内涵又符合西方思维逻辑的特色文化，极大地促进了中华文化和中国现代价值观对外传播效果。与此同时，海外华人华侨不断进行弘扬中华文化实践活动，主要分为三个方面：一是展现中国传统文化，海外华人华侨利用华人社团自发组织中国古典舞、中文歌曲街头表演，利用华人报纸、华人媒体以及国外社交平台进行中国古典文化宣传，甚至推动汉语语音融入西方语言体系，例如“jiaozi（饺子）”“kungfu（功夫）”“tofu（豆腐）”等等；二是通过展示中国瓷器、春联、绣花等器物文化；三是通过海外华人华侨自身所展现出的社会主义核心价值观。

海外华人华侨具有推动中华文化和社会主义核心价值观海外传播的可能性。首先，随着我国正在不断加大对华人社团的扶持力度，特别是以孔子学院为载体的文化交流平台的建立为海外华侨华人构建文化交流平台，极大地拓宽了文化交流途径。其次，海外华人社群还可以利用自身优势，发挥华文报纸、华文电视、华文社交软件等媒体优势积极传播社会主义核心价值观。

海外华人华侨因其重商主义对其所在国经济发展起到了一定推动作用，并随着经济地位的提高逐渐参与政治工作，海外华侨华人在海外的政治地位反映其社会影响力，其社会影响力的强弱决定其传播效果。海外华人华侨和华文媒体政治地位的提高反映出西方受众对海外华人华侨的认可度、信任度增强，加之海外华人华侨具有分散广、人数多等特点，华人社群必将成为中华文化和社会主义核心价值观对外传播的重要力量。

五、华人社群在所在国的政治经济地位及其相关社会关系分析

华人社群作为具有某种特殊符号的群体，一直是重点关注的对象，由于各国政权组织形式、意识形态、宗教文化等存在差异性，华人社群在所在国的政治经济地位不尽相同，社会关系也呈现出不同特征。整体而言，由于种族隔阂等因素，华人社群在国外政治经济上享有的权利或多或少与本地族群存在落差，有的甚至被边缘化。但随着社会不断发展，尤其是我国国际地位的不断提升，相较之前，当下华人华社全球范围内的政治和经济意识更进一步觉醒，更多人主动争取在所在国的各项权利地位，尽力融入当地族群和政治社会生活，争取更多的生存权利和群体利益。马来西亚是"一带一路"倡议的重要节点，历来是华人群体的重要聚集地和活跃地，本章主要聚焦马来西亚华人华社在所在国的政治经济地位和社会关系情况展开分析。

（一）华人社群在所在国的政治地位分析

1. 华人社群在所在国的政治地位现状分析

（1）历史演进：华人社群政治地位的边缘化窘境

从 1957 年独立到 2018 年大选之前，由代表不同族群的民族主义政党（代表马来族的巫统、代表华人的马华公会和民政党、代表印度人的国大党，以及代表东马各少数民族的政党）联合组成的执政联盟——国阵，在社会契约的共识下共同执政超过 60 年。马来族承认华人和其他非马来族的公民权利，成为马来西亚公民的一分子，享有保留本身母语教育和文化的权利；作为交换条件，非马来族接受马来族的特权地位、马来语作为官方语言和伊斯

兰教作为国教的地位，并受到宪法的保障。然而，自独立以来，马来西亚的华人政治权力逐年下滑，至今已处于被边缘化的窘境。国阵内的两个华人族群政党——马华公会和民政党执政一甲子，政治影响力日渐式微，只能转向以“服务选区”的政治策略来延续政治生命①。马来至上主义的政治氛围，加上华人与马来人之间由来已久的矛盾，导致华人选民，尤其是城市华人趋向把选票投给反对党，马华公会和民政党因失去华人社群支持而节节败退。华社并没有变得更好，反而陷入两头不着岸的窘境，更因此让华人在政治上自陷困局。马华和其他华基政党在执政政府的话语权和力量被削弱，面对很多影响华人社群的重要政策有心无力，导致华社利益受损。

2018 年大选后，国阵政权被推翻，马华和民政党变成反对党。另一个在野华人政党——民主行动党以大胜姿态，与公正党、土团党和诚信党组成新的执政联盟——希望联盟。然而，华人与马来人之间微妙的种族政治紧张关系并未因此消除。相反地，马来伊斯兰至上主义强势抬头。一方面，由第七任首相马哈蒂尔主导的土团党延续国阵时期的马来优先政策，而被视为代表华人权益的行动党、公正党等盟友也为了争取马来选民支持选择妥协，导致希望联盟政府延续国阵时期的种族政策。另一方面，由巫统和伊斯兰党联盟的全民共识在多场补选中大获全胜，也促使希望联盟走向种族政治的竞争行列，加剧了马来至上主义的势头。2020 年 2 月，马哈蒂尔辞职和土团党的出走，终结希望联盟 20 多个月的短暂政权。2020 年 3 月 1 日，慕尤丁成为第八任首相，组成一个由土团党、巫统和伊斯兰党为主的马来中心化民族主义政府，为马来伊斯兰至上主义提供更有利的条件。马来伊斯兰至上主义在 2021 年巫统重新掌控中央政府大权后仍得以延续。

华人社群在政治上的边缘化，也让华人文化传播面对越来越严峻的考验。若在“讲好中国故事”这一块拿捏得不恰当，最终马来西亚华社在推广中国价值观的努力可能会适得其反、弄巧成拙，挑起本土的民族身份认同的危机。面对马来西亚的政治现实问题，靠华人政党和华社单方面捍卫、推广中华文化和社会主义核心价值观并不足够。我们必须获得其他族群的尊重、认同和

① James Chin, Malaysian Chinese politics in the 21st century: Fear, service and Marginalisation. Asian Journal of Political Science, 2001: 9 (2), 78-94.

支持，以全民力量作为强大后盾，才能事半功倍。

（2）环境改善：国家制度完善下的政治地位提升

马来西亚成立之后秉承的政策是“马来人保持政治上的优势，华人维持经济上的优势”，尽管在政治地位方面，华人族群始终处于“二等公民”的地位，但是相对于其他国家华人族群在当地的状态，马来西亚华人族群所处的环境相对较为宽松。受国际大环境及国内情况影响，近年来，马来西亚政府强调“一个马来西亚”的观念，这在一定程度上淡化了种族意识，华人华社的平等感有所提升。与此同时，由于马来西亚长年推行的经济政策奏效，马来人的经济水平得以大幅改善，和华人族群之间的贫富差距逐渐缩小，不同族群之间的矛盾趋于缓和，有了更充裕的缓冲区，当地政府的涉华政策也由此有了更多宽松空间。经济方面，华人族群在马来西亚的多个行业领域持续占据主导地位，是支撑当地经济社会发展的重要力量，而经济基础决定上层建筑，由于华人华族的经济优势地位，使得华文教育在屡遭危机的情况下始终得以延续和发展，也使得华人华团在进行政治参与和争取政治权益中拥有更多的话语权。华文教育方面，随着中国的国际影响力逐步提升和“一带一路”建设的顺利推进，中国同沿线国家的交流日益增多，与此同时，华语的作用也得到明显提升，原本在马来西亚就有相当基础的华文教育得到更多的重视，越来越多的非华族子弟进入华文学校接受华文教育。华文教育的深入推进，也在中马的深入交流和马来西亚的社会发展中发挥越来越重要的作用，为双方加强沟通消除隔阂提供了更多一层保障。基于我国“一带一路”建设推进，马来西亚华人在中马深度合作共谋发展过程中将发挥重要的积极作用，成为中马合作伙伴关系建设的桥梁和纽带，因为在施行代议民主制的马来西亚政治环境下，人口基数庞大的华人在政治行为过程中拥有一定的话语权，无论是执政党还是在野党，在竞选过程中都不得不关注华人的利益诉求，华人选票的投向对选举结果有着重要影响。2013 年 5 月大选中 80% 以上华人支持反对党，致使国民阵线仅以微弱优势获胜就强有力地说明这一点①。总体来看，尽管马来西亚对于华人华社在政治地位上的限制较多，但是相比于东南

① 梅枚、许开轶：《当代马来西亚华人的政治参与》，《长江论坛》2014 年第 2 期，第 5 页。

亚其他国家，政策包容性较强，而且随着主观政治参与意愿及外部环境有利因素的影响，华人华社的政治参与将有更好的发展。

（3）特点分析：华人社群参政的不同国家差异性

21世纪以来，海外华人参政意愿增强，总体呈现上升趋势，按照区域特征，可以大致将全球分为四大中心，即亚洲的东南亚，北美的加拿大和美国，欧洲的英国、法国、德国和意大利，大洋洲的澳大利亚和新西兰。同时，这种趋势还在向发展中国家扩展，但在不同国家和地区仍存在一定差异。美国和加拿大华人参政蒸蒸日上，影响力显著上升；欧洲华人参政开始发展，尤其是在英、法、德、意等已蔚然成风；其他亚非拉发展中国家的华人参政也比以往有很大进步。海外华人参政日益多元化，早期以参与非选举政治为主、参与选举政治为辅，现在呈现出两种方式齐头并进的局面。相比于老一代华人，中青年一代华人政治热情更高，政治参与的愿望也更加强烈。

东南亚由于区域和历史关系，各国华人参政相对更加成熟，对当地社会的影响巨大。东南亚十国中，各国之间的国情差异较大，华人参与所在国政治生活的形态也多种多样，根据各国华人对政治生活的参与程度和在居住国政治生活中的地位与影响，可将东南亚十国分为五类：一是文莱，作为一个实行绝对君主制的国家，华人在政治生活中几乎没有任何影响力；二是新加坡，这是海外华人在中国以外建立的唯一以华族为主体的国家，华人作为主体民族在该国政治生活中占主导地位；三是菲律宾和泰国，这两个国家的华人与当地民族融合的程度相当高，华人参与国家政治生活几乎没有受到任何限制；四是柬埔寨、老挝、缅甸、越南，这四国都是20世纪90年代中期以后才先后加入东盟的，他们在经济社会统计和华人政治参与方面具有许多共同特征；五是马来西亚和印度尼西亚，这两个国家华人参政的积极性和参与程度比较高，但由于受到宗教、民族和人口等因素的限制，华人在国家政治生活中的地位与影响受到一定程度阻碍①。

如前文所述，相对而言马来西亚政治开放程度较高，但是由于马来族在政治上拥有至高无上的特权，马来族和华族之间仍然不可避免存在矛盾和隔

① 曹云华、冯悦：《东南亚华人政治参与的现状、特点与趋势》，《东南亚研究》2020年第6期，第122–139页，第157–158页。

阂，华人虽然在过去的很长一段时间内不断提出自身政治诉求，并主动积极参与当地政治选举，尽管取得一些局部改变，但是华人在当地作为“二等公民”的政治现实始终没有改变。

2. 华人社群在所在国的政治地位影响因素分析

（1）受国际宏观政治局势变化情况影响

世界政治局势和国际关系的变化，会通过影响马来西亚国内政治局势，进而对马来西亚华人华社的政治参与和政治地位产生影响。历史上看，马来西亚先后沦为葡萄牙、英国和日本的殖民地。沦为英国殖民地期间，分而治之的政策让马来人通过各种特权进行统治，从这时开始马来族和华族之间萌生了嫌隙，族群界限加上交往不够增加了种族之间的猜疑。日本的统治继续了这样的政策，安排大量的马来人到政府部门中任职。随着抗日战争的到来，华人内心认同与祖籍国中国的内在关系，尽力组织抗日，并成立了马来亚共产党与之对抗，马来人由于在英日的支持下获取的政策更为优待，自然选择了站在华人的对立面。在两族冲突面前，华人华社在马来西亚的处境较为艰难。二战结束之后，世界分化成以美国为首的资本主义阵营和以苏联为首的社会主义阵营，东南亚是两大阵营争夺的重要区域，而马来西亚分布着大量的海外华人，被两大阵营你争我夺，华人华社在马的政治参与环境也随之受到波动影响。国际势力的较量影响到国家对外政策的制定，由于东南亚地区是海外华人重要的集散地，因而其对华人在海外生存、与当地民族之间的关系也造成了重要影响。随着苏联解体，冷战结束，世界向多极化发展，马来西亚的对外关系也随之发生调整，中国和马来西亚的交流沟通增加，一定程度上促进了华人的生存发展。近年来，随着中国的发展，中国的国际影响力不断增强，中马关系进入历史最佳时期，中国提出的“一带一路”倡议在全世界范围内得到积极响应，诸多沿线国家纷纷加入，为华人华社的政治参与创造了良好的外部环境。

从东南亚区域视角来看，区域内部之间的国际关系，也影响着国家政策的制定和华人政策的走向。东盟的成立是东南亚区域政治的里程碑事件，使得东南亚地区的合作步入了一个崭新阶段，随着时间不断推移，东盟之间的合作也更加深入化制度化。东盟内部国与国之间，对马来西亚华人社群政治参与影响较大的当属新加坡和马来西亚关系、印尼和马来西亚关系以及泰国和马来西亚关系。比如新加坡和马来西亚，两国因“分家”问题严重影响到两国关系，由于华人在新加坡占据主导地位，两国关系的恶化引发马来人对华人产生不好印象，这种不好印象正好被政客利用挑起种族矛盾。以上可以看出，国际关系的重大变化，深刻影响着处于发展变化中的国家，马来西亚华人华社的政治参与和政治地位与国际“大气候”不无关联。

（2）受所在国与祖籍国的关系情况影响

华人华社在马来西亚的政治地位，与中马之间的外交政治关系密不可分。中马之间的外交和政治关系，大致上可以分成三个阶段。第一阶段是中马外交和政治关系的“冰河时期”，处于马来西亚独立初期（1957 年至 1970 年初）。由于第一任首相东姑阿都拉曼的“亲西方”立场，以及“反共产主义、反马来亚共产党”的政治意识形态，其在任期间（1957 年至 1970 年）马来（西）亚拒绝与中国建立外交关系，政治意识形态上更是采取“敌意和抗拒”的姿态①。第二阶段是中马外交和政治的“破冰时期”，在 20 世纪 70 年代至 20 世纪 90 年代。第二任首相拉萨在任期间（1970－1976 年）打破僵局，在 1974 年与中国正式建交，开启中马两国之间的外交和政治交流。尽管如此，两国间的关系仍受内外因素的影响，包括美国与苏联的冷战、美军与越南共产党的越战，及马来亚共产党持续对马来西亚安全和稳定构成威胁，促使这段时间中马外交和政治关系存在很多的猜忌和怀疑②。第三阶段是中马外交和政治关系的“正常化时期”，时间从 20 世纪 90 年代持续至今。1981 年出任第四任首相的马哈蒂尔，自 20 世纪 90 年代开始对中国的外交和政治意识形态出现明显转变，加强与中国的外交和政治关系，让两国的关系走向正常化。其原因是马哈蒂尔“反西方主义”的政治立场和意识形态，以及其大力推动向东学习的政策。这一对华的外交和政治政策一直延续到第五任首相阿都拉和第六任首相纳吉，中马之间的关系更为亲密，尤其是纳吉时代，中马关系

---

① Abu Bakar & Ibrahim, Malaysian Perceptions of China. Historia Actual Online, 2005: 93－105.

② Abdul Razak Baginda, “Malaysian Perceptions of China: From Hostility to Cordiality”, in Herbert Yee and Ian Storey, eds, The China Threat: Perceptions, Myths and Reality, London: Routledge Curzon, 2002.

更是升华至历史高点。实际上，这三任首相在不同公开场合都曾表达他们的政治立场，即马来西亚并未将中国视为一种威胁，而且他们在任期间没有任何一个政策是孤立或对抗中国的，反而更趋向与中国保持更密切的互动交流与合作①。

虽然这期间中马两国难免偶有摩擦，但马来西亚政府向中国表达不满或批评相对更为温和，更多时候是以两国友谊为优先考量，尽量大事化小，小事化无。即使马哈蒂尔二次拜相，在2018年出任第七任首相时，中马外交关系曾因“一带一路”重要大型项目喊停而一度陷入僵局。不过，随着马哈蒂尔在2019年4月访华，重新启动这些“一带一路”项目，并正式宣布支持“一带一路”倡议后，中马外交和政治关系回到“正常化”轨道，而中国也对此作出正面积极的回应，承诺提供更多经济资源，协助马哈蒂尔实现本国的社会经济发展议程，兑现两国长期和战略合作关系的承诺②。总的来说，马来西亚对华外交政策和政治意识形态，从存在敌意和充满猜忌的关系，转向正常化的战略合作伙伴关系，主要来自：（一）马共在1989年解散，消除马来西亚政治威胁；（二）马来西亚政治领袖秉持经济现实主义，希望从中国经济发展红利中分一杯羹；（三）马哈蒂尔向东亚学习政策和建立与东亚更密切的政治经济合作关系等，改变马来西亚政治精英对中国的观感和政治意识形态③。华人华社的政治参与和政治地位自然也受此环境影响。

（3）受华人自我政治意识与华人族群凝聚力情况影响

探究华人政治地位的根源有很多种，从本身政治意识出发，是从主观方面突破问题的关键。意识的形成受思维能力、环境、信息、价值取向等多方面因素影响，不同的因素对意识的影响程度也有深有浅，相对之下更易朝着大势所趋的方向发生偏倚。华侨华人长期居于海外，以谋求经济发展为目标，对于政治没有高度重视和期望，明显缺乏对政治的了解、热情和积极性，政

① Cheng-Chwee K., Making Sense of Malaysia's China Policy: Asymmetry, Proximity, and Elite's Domestic Authority. Chinese Journal of International Politics, 2013 (4): 429-467.

② Lye Liang Fook, "China-Malaysia Relations Back on Track?". Yusof Ishak Institute, Perspective, Issue 2019, No 38.

③ Kuik, C. C., The Essence of Hedging Malaysia and Singapore's Response to a Rising China. Contemporary Southeast Asia, 2008: 30 (2).

治意识相对薄弱。这与中华传统文化、习俗、语言、价值观等因素息息相关①。

儒家思想深刻影响华人的政治意识。儒家认为，道德是处理政治问题的首要方面，参政的基本顺序先是“修身、齐家”而后“治国、平天下”，这在一定程度上透露政治参与的消极思想，潜移默化中对华人自我政治意识形态的塑造产生影响。所以想要改变部分华人的保守政治意识仍然需要较长时间。除此之外，有些华人深受“落叶归根”传统思想的洗礼，年轻时在异国他乡打拼，年老后满载而归于祖国度过晚年，这种思想更使他们注重于眼前经济利益所得，而对当地政治不闻不问。还有一些华人则持有“小富即安”的思想状态，对于现行生活知足常乐，从而极度缺失自身本该具备的政治意识。

对此，缅甸侨领徐四民曾总结说，“远离当地政治是一百多年来华侨在海外为求生存而养成的一种本能和良好传统。”虽然大部分华侨已经相继入籍成为居住国公民，但“在商言商”的传统政治意识仍然深刻影响华人的政治态度和政治行为②。因此，从侨民到公民的法律身份的转变并未说明华人的政治意识就立即发生变化，“在商言商”、以政治地位维护经济利益依然是华人最基本的政治意识和政治角色。对于曾因政治冲突遭受过排华、反华事件的华人群体来说，他们的经历和历史伤痛反而会更进一步强化他们恪守这种弱化的政治意识。所以当华人自身对政治都提不起兴趣时，就更不要指望居住国政府会采取合法手段保护和实现华人的合法权益与地位。

同时，华人族群的凝聚力也直接影响其政治地位。华人族群的不团结与分裂，是影响华人政治地位的另一个严重障碍，同时也削弱其政治权利③。如印尼华人内部政治派别林立、分歧严重，严重削弱了其在政治上的整合力和凝聚力，导致印尼华人在居住国的政治地位一直处于边缘化状态。此外，菲

① 鲍文君：《后苏哈托时代印尼华人政治地位的变迁》，《西昌学院学报（社会科学版）》2015 年第 4 期，第 37-40 页。

② 范宏伟：《缅甸华人的政治地位及其前景》，《国际关系学院学报》2009 年第 2 期，第 25-29 页。

③ 曹云华、冯悦：《东南亚华人政治参与的现状、特点与趋势》，《东南亚研究》2020 年第 6 期，第 122-139 页，第 157-158 页。

律宾华人内部社群也是政见不一，存在对立、宗亲地域相互斗争、新老华人冲突等问题，这导致在每次大选中，菲律宾华人因各执己见而投票分散。正是因为华人族群中政治意见无法协调一致，导致华人无法引起土著政治家的重视，华人支持的候选人也因此丧失竞选实力①。由此得出，华人自我政治意识的强弱与华人族群凝聚力的情况都或多或少对华人社群所在国的政治地位产生影响。

（4）受华人与当地民族的融合度情况影响

一般而言，移民群体和当地民族的融合程度越低，他们的政治参与度就越低，政治地位也越低，反之亦然。因此，在东南亚地区，华人和当地的融合程度决定了当地政治对华人的开放程度，进而决定了华人在当地的政治地位②。

族群融合度决定当地政治开放度。以马来西亚为例，马来西亚是一个多族群国家，种族性是其社会长期存在的突出特征，并且贯穿于国家的方方面面。在政治生活中，马来西亚所有政党都是以族群为基础建立起来的，政党所表现的行为举止都有明确的种族性倾向；在经济生活中，华人一直秉持对马来人的相对经济优势，反而在“5·13”事件发生后，马来西亚政府当局施行了一系列限制华人经济优势的政策，明显倾向于维护马来人族群的利益；在文化教育方面，马来西亚的多元文化是以族群关系为纽带的，每个族群都有各自比较完整的母语学校。因此，马来西亚各族群之间是在相互冲突、相互融合中决定了马来西亚政治对华人的开放程度，也影响了华人在马来西亚政治的地位。

当地政治开放度决定华人政治地位。在历史和现实因素的影响下马华两大民族之间仍然存在较大隔阂③。这导致华人在马来西亚的政治地位较马来族而言较低，与其经济地位相比尤显不足。这一现象是由多种因素造成的。在明朝，由于古代海上丝绸之路的兴盛和发展，大量中国人迁入马来西亚定居，

---

① 庄国土：《菲律宾华人政治地位的变化》，《当代亚太》2004 年第 2 期，第 12-17 页。

② 赵儒南：《新地区主义视角下的中国与新加坡合作模式研究》，《世界经济与政治论坛》2020 年第 3 期，第 67-94 页。

③ 陈戎轩、傅聪聪：《马来西亚社会转型与马来族群政党分裂——基于社会分裂结构理论视角》，《东南亚研究》2021 年第 3 期，第 1-28 页，第 154 页。

短时间内在马华人数量大幅度增长，但马来人与华人社群之间一直保持着“井水不犯河水”的状态①。在经济方面，马来人主要以第一产业为主，以优越的气候条件带动农业的发展；华人主要从事工商业，以灵活的头脑和勤快的四肢积累了大量资金，出现了马华种族群体之间的经济差距，导致马来人对华人产生了怀疑与不满的情绪，一定程度上加剧了族群间的不信任和敌对，导致族群融合度和政治开放度呈现较差趋势。随着日本入侵马来西亚后，日方强迫华人从事农业劳动，这无可避免在种植田地的占用上与马来人产生利益冲突。与此同时，日本公然挑拨马来人与华人之间的关系，利用马来人组成了一支日伪军，以此来对抗华人组成的抗日武装部队，导致马来人与华人在直接武装力量的对抗下造成不必要的惨痛伤亡，加剧了双方族群间的矛盾，族群融合度和政治开放度在此阶段处于分离状态。二战结束后，英国扶持亲英的马来人主持国家政局，并给予了华人在马来西亚的公民身份，这一政策直接奠定了华人在马来西亚的政治地位。

相较于东南亚其他国家的华人族群关系状态，马来西亚华人族群所处的环境相对优越。近年来，马来西亚政府当局始终坚持“一个马来西亚”的理念，目的就是淡化种族意识，从而提升华人族群与马来人族群之间的民族融合度。随着中国与马来西亚之间的往来日益增多，旅游业带动了马来西亚的经济发展，使得马来人与华人族群之间的贫富差距逐渐缩小，两族之间的矛盾也有所缓和，形成了相对安定的政治环境，因此马来西亚高层领导开始重视华人的政治地位，在政策上赋予了华人政治参与的能力，华人感受到自己被赋予了政治权力，参政意识与意愿也随着政治地位的提升有所增强。

3. 华人社群在所在国的政治地位趋势分析

华人社群在所在国的政治地位受到不同因素影响后，他们作出的反应直接关系到政治地位的趋势走向。当涉及生存利益时，政治地位的高低会驱使华人社群参政意识的觉醒，并在此基础上提高参政意愿；当环境结构得以优化时，华人社群参与政治的条件会促使其参政水平和参政能力的提升和增强；

① 蒋炳庆：《“一带一路”战略视阈下的马来西亚华人社会探析》，《学术探索》2015年第9期，第17-23页。

当中国实力不断增强，伴随“一带一路”建设的推动，华人国际地位也随之提升。由于马来西亚国情的复杂性和不同时期国际形势的变化，马来西亚华人政治地位的变迁总体上呈现“U”形趋势，从逐步改善到稳步提升，在各个时期又表现为一定的跌宕起伏①。

（1）生存利益驱使下的参政意愿和参政意识的提高和觉醒

马来西亚执政党联盟国民阵线作为维护马来人利益政党，始终奉行马来人优先政策，在政治、经济、文化、社会福利等多方面侵蚀华人的公平权利。21世纪以来，巫统领导人不断发表各种偏激的言论，导致“种族输赢论”“土著股权告”“华人寄居论”等错误性导向课题屡见不鲜②。20世纪90年代，虽然华人和巫统在经济合作上越发密切，但由于政府的排华政策，导致马来人愈发排斥歧视华人。而随着执政党马华公会在国家政策的制定及国家事务的管理上一味地向巫统妥协，导致其逐渐忽略了华人的政治需求和政治呼声③，直接影响到华人的生存利益问题，致使越来越多的华人选择走向街头参与游行示威来支持反对党。在时刻经历生存利益的威胁后，公民对当前生活水平、社会地位等现状表现出极度不满的情绪，他们对居住国的政治信任感大幅度降低，华人认为国家领导人腐败无能，政府当局更不能为国家和人民谋福利，导致他们希望通过政治参与来达到改变自己命运的目的，在此基础上参政意愿得以提升，参政意识也被动觉醒。

同时，印尼发生的五月暴乱事件引起了全世界的广泛关注。民族分裂、社会动荡导致社会矛盾不断加深，此次反华暴乱使得当地华人华侨的生命财产损失严重，这中间既包括历史原因，又包括社会贫富差距悬殊等经济政治因素。这场暴乱使得数万印尼华人失去生命，遭到了前所未有的惨痛打击，也正是因为残酷的历史教训将华人从安逸的梦中唤醒，明确地意识到在政治、经济、文化等领域争取到一定的地位和相关的权利才能在纷乱的社会环境中

① 鲍文君：《后苏哈托时代印尼华人政治地位的变迁》，《西昌学院学报（社会科学版）》2015年第4期，第37-40页。

② 廖小健：《马来西亚政局突变的混沌学解读》，《东南亚研究》2008年第5期，第46-52页。

③ 梅玫、许开轶：《当代马来西亚华人的政治参与》，《长江论坛》2014年第2期。第77-81页。

顽强生存下去。那些具备先进思想的华人为了达到参与政治的目的，纷纷组织起华人社团，其中包括文艺团体、青年团体、文化团体、综合性团体等。由于形势发展的需要，他们组织一大批华人政党开展维权运动，有效维护了当地华人华侨的合法利益①。

所以，生存的安全和利益的获得是引起社会成员参政意识提高的主要因素。华人社会的经济发展在新经济政策实施以后受到了限制和约束，导致华人在第二产业的就业率大幅下降，失业率相对提高；同时，华文教育也受到文化政策的压迫，部分优秀华人学生被剥夺了在马来西亚接受高等教育的权利，只能选择出国留学。虽然华人公会经济的快速发展使得华人社群的生活水平和社会地位有所提高，但是华人社群仍需要真正的民主政策与平等的公民权。受过高等教育的新一代华人在参政意识上表现得更为强烈，许多本土华人在了解到居住国政治对华人社群前途的重要性后，积极主动参加居住国的政治活动，从过去的只经商不问政改为如今的积极参政议政，在政治上的投入与参与能为华人带来当地民族的认可和接受，这是保障华人基本生存条件与提高利益获得的渠道，也是华人真正融入当地社会生活的标志。随着参政意识的提高，华人融入社会的步伐也迅速加快，这种融入不是抹去自己的族群特性，而是对居住国抱有更高的责任感，履行义务并尊重其他民族的传统文化，同时将自己的创造成果反馈给当地社会，在交往中加深各民族之间的了解，共同为居住国家的繁荣而进步奋斗。

（2）环境结构优化下的参政水平和参政能力的提升和增强

马来西亚政治局势的变化使得当地华人在马来西亚社会中的参政意识逐渐增强，参政活动逐渐增多，参政水平逐渐科学化规范化。在 1969 年之前代表华人族群利益的马华公会出席当地华人华侨的参政活动，但由于其参政水平受限于形式，无法切实维护华人族群的权益；1969 年之后，马来西亚政府颁布扶持马来土著人的政策，迫使马来西亚华人参政水平增强，以此来取得

① 鲍文君：《后苏哈托时代印尼华人政治地位的变迁》，《西昌学院学报（社会科学版）》2015 年第 4 期，第 37-40 页。

参政中的比较优势①。80 年代华社开展政治自觉运动，华社民主政治得以启蒙，华团和知识分子开始提升参政水平，目的在于更好地维护和争取华人族群的利益。进入 21 世纪后，华人族群通过加深他们对政治体系的认识程度、增加参政的次数、改变参政的方式以及获取政治方面信息的能力使得参政水平普遍提高，政治能力也显著增强。在环境结构不断优化下，华人期望通过选票改善马来西亚社会所面临的政治和经济困境，以此来提升自己的参政能力。

从 20 世纪 60 年代末期至 90 年代初期，国际政治力量不断发生变化以及国际战略格局演变，使得各国相应地调整了外交政策。在此期间，在国际层面上，第三世界的崛起和冷战的演变与结束对东盟的形成与发展、中马关系的变化和马来西亚华人社群参政次数产生了重要影响②。当地华人华侨的参政水平在这一时期主要呈现出两个特点：一是广度，二是强度。这一时期当地华人华侨的参政水平呈现出制度化的趋势，其中最重要的原因是当地华人已逐渐融入所在国社会生活，开始关心马来西亚的政治局势变化。同时，由于马来西亚华人社团积极组织动员，使得越来越多的华人华侨参政议政。后来，当地华人华侨发生内部分化，特别是反对党——民主行动党的存在，让更多华人华侨有了自己维护自己权益的代表，民主行动党作为压力集团开始向马来西亚政府施加压力以此来修正政策上的偏差。

和平与发展仍然是当今时期世界的主题。苏哈托政权的垮台使得印尼的专制时期也随之结束，印尼从此进入了民主时代。而随着民主进程的一步步发展，当地华人华侨的基本权利得到保障，正是在这样的历史背景和社会环境下，印尼华人华侨政策的调整与实施有了坚实稳固的政治基础，印尼华人华侨参政水平与参政能力也得到进一步提高和增强③。从中马两国之间的合作关系来讲，两国之间相对和谐友好的关系加深了两国之间的理解与信任，中

---

① 陈戎轩、傅聪聪：《马来西亚社会转型与马来族群政党分裂——基于社会分裂结构理论视角》，《东南亚研究》2021 年第 3 期，第 1-28 页，第 154 页。

② 张英姣、孙启军：《马来西亚和东盟存在合作与分歧之原因探析》，《山东教育学院学报》2010 年第 3 期，第 103-106 页。

③ 鲍文君：《后苏哈托时代印尼华人政策调整与影响因素》，《淮阴工学院学报》2015 年第 6 期，第 31-34 页。

国落实好发展的规划与国内基础设施的建设，在实现互利共赢的社会环境下促进华人在马来西亚获取相应的政治权利与政治地位，以此提升华人的政治参与感，积极融入马来西亚社会，通过提高参政水平与能力进一步推动马来西亚社会的可持续发展。

（3）中国发展与“一带一路”推动下的华人国际地位提升

中国的发展对马来西亚华人国际地位的提升是影响深远的。随着时代的推进，中国与马来西亚两国之间的经贸合作领域不断扩大，在经济上得以携手共同促进发展；教育领域的重视，加强了两国之间的文化友好往来，加深了马来西亚人对我国文化以及文化软实力的清晰认识。尤其是我国“一带一路”倡议落实、亚投行成立并投入运转后，两国之间的交流合作日趋紧密，在你来我往的过程中，实际成就与他国获得感使华人所发挥的作用得以展现，因此华人国际地位得到重视，随后在各领域发挥的关键作用既是华人能力的突显也是其国际地位得到认可并得以提升的表现。

在世界多极化发展的潮流中，马来西亚华人政治地位的提升既有机遇也有挑战。政治地位的改变并非一个孤立的议题，涉及国际国内多方面的影响，因此马来西亚华人的政治地位提高是一个艰难而且漫长的过程①。马来西亚是海上丝绸之路的重要枢纽，也是中国在“一带一路”建设中的重要合作伙伴，中马双方的密切合作为在马华人带来了新的发展机遇。中国国际地位的提升，扩大了中国在世界的影响力，提高了海外华人华侨的自信心和自豪感，客观上也提高了其他民族对华人群体的认同感和尊重②。随着“一带一路”建设的推进与中马双方合作的深入，马来西亚华人以其独特的优势成为中国和马来西亚建立友好关系的桥梁。因此在马来西亚实行代议民主制的政治环境下，华人在政治上拥有一定的话语权，在竞选过程中华人的投票对结果有举足轻重的作用，无论是执政党还是在野党，都必须关注华人社群的利益诉求，以求获得华人的选票。在 2013 年 5 月的大选中，80%以上华人支持反对党，导

① 张弛：《“一带一路”背景下的东北亚区域合作——基于对复合地区主义的再思考》，《东北亚论坛》2020 年第 2 期，第 111-126 页，第 128 页。

② 曾少聪、陈慧萍：《海外华人传播中国形象的理论探析与实践启示》，《学术探索》2021 年第 9 期，第 118-127 页。

致国民阵线以微弱优势获胜，强有力地凸显出华人作为马来西亚公民的主人翁角色。该事件被国民阵线领导人称为“华人政治海啸”①。这种类似事件带来的影响，对马来西亚华人政治效能感的改变积淀越来越多的积极因素，有利于提升华人社群的政治地位，提高华人社群的国际影响力。

长期而言，随着马来西亚本国经济的不断发展，政治环境呈现持续稳定状态的情况下，族群之间贫富差距会不断缩小，文化鸿沟也因为加强沟通得以进一步填补。在未来一段时期内，华人的政治地位与国际影响力或仍会在中国的发展与“一带一路”建设的推动下得以提升。在“一带一路”建设过程中，马来西亚作为海上丝绸之路的重要节点，机遇与挑战并存，而华人华侨显然以其沟通双方的独特优势，为马来西亚经济的长期发展做出贡献。只有积极应对重重挑战才能切实提升华人国际地位，紧跟时代步伐，尤其是紧跟“一带一路”倡议深入推进的历史契机，提升华人教育水平，培养具备国际视野和专业技术能力的多元化人才，在人才培养、产业开发、领域拓展等方面走在时代前列。

（二）华人社群在所在国的经济地位分析

1. 华人社群在所在国经济活动的历史演进

当今的华人社群在所在国经济活动十分活跃，尤其以东南亚地区为主，根据印尼经济观察家斯蒂安托·威比梭的调查，华人社群的经济实力已经远超印尼原住民经济实力，两者的比例大约为 2.5：1，其中更有资料显示，印尼 25 个最大商业组织中，有 17 个由华人所控制。华人社群在所在国经济占有高比例并不是一蹴而就，而是经过了大约 500 年的历史才形成了华人社群在所在国经济重要地位。最早由 10 世纪华人社群经济开始在所在国萌芽，到了 14 世纪华人社群经济开始在所在国飞速发展，而 20 世纪后的华人社群经济活动已经逐步形成以中国市场为圆心，半径内包含日本、东南亚等地区的以华人社群经济为主的经济圈。

---

① 蒋炳庆：《“一带一路”战略视阈下的马来西亚华人社会探析》，《学术探索》2015 年第 9 期，第 17-23 页。

（1）10 世纪：华人社群经济开始在所在国萌芽

华人社群在所在国经济活动最初发展与10 世纪（宋朝）开始海上贸易密切相关。虽然在汉唐时期就与南洋区域进行朝贡活动，但是受制于当时南洋区域经济发展情况，只能将其看作中国丝绸黄金与奇珍异宝的交互往来，并不能作为贸易往来进行看待。而到了 10 世纪后，尤其是 12 世纪，宋代的经济中心临安（南宋都城，今杭州）更靠近南方沿海地区，因此促使此地对外贸易得到重视。同时，除了区位优势，宋元时期的政治也为华人社群的对外贸易打下基础。宋朝的主要经济来源之一就是海上贸易，因此，宋朝十分鼓励海外贸易，并提出了相应的措施：一方面吸引海外商人来华进行贸易，另一方面鼓励华人出海贸易。相比秦汉唐时代，一方面宋朝原本的奢侈品如瓷器、丝绸等在手工业发展的同时获得量产，由原本奢侈品交互变为进出口贸易的主要商品之一；另一方面生产力的解放和发展让部分劳动力从原有农业与手工业向商业、造船业与航运业转换，造船业的迅猛发展衍生出规模庞大的船舶数量，为华人社群的海外贸易提供了物资支撑与交通便利。同时，航海史上划时代的发明——指南针已经可以普遍应用于海上航行，使跨洋航行成为可能。同时因为宋朝领土的锐减，北方人进入闽粤等地，促使当地人口负担持续加重、就业环境急剧恶化，华人海外贸易为当地居民提供了新的谋生渠道。多种因素的刺激下，华人纷纷赴洋谋求生路，其中部分华人因为经商、被雇佣等需要长期居住国外而逐渐留居南洋，这些人都成为最初居于东南亚的华侨，移民的不断产生也又促进了海外贸易的再发展。根据明初史料记载“爪哇的杜板、新村、苏鲁把益等地皆有华人聚居”①，宋元时期的华人已经在东南亚形成相对稳定的活动范围，为华人社群经济萌芽打下基础。

（2）14 世纪：华人社群经济开始在所在国进一步发展

14 世纪，明朝所推行的高度集权对海上贸易造成了巨大的破坏，华人社群为躲避无妄之灾开始较少与国内进行贸易往来，而是选择在所在地进行经济活动，与此同时，荷兰、葡萄牙等西方商人在本国政府的支持下开始在海上进行“扩展”活动，使得即将在东南亚地区站稳脚跟的华人社群经济受到

① 庄国土、刘文正：《东亚华人社会的形成和发展华商网络、移民与一体化趋势》，厦门大学出版社 2009 年版。

新一轮冲击。随着清政府的建立，对于海上贸易的封锁基本解除，不再限制移民与海外的华人社群，这就使得东南亚地区的华人数量迎来了新一轮增长，开始形成颇具规模的以华人社区为表征的华人社群，并开始从贸易领域向种植业、矿业、生产领域渗透，使华人社群在增强自身经济实力的同时也促进了所在国经济的发展，从而促进了双方的贸易发展。16 世纪末 17 世纪初，欧洲人的势力大举入侵东南亚，华人社群由于自身身份的特殊性，开始充当所在地国民与欧洲人之间的买办人与贸易代表，在夹缝中得到了喘息与发展，随着所在国的殖民者的不断交替，此时的华人社群经济重心逐渐由东南亚沿海向内地渗入，使得华人社群经济仍能凭借不断扩大的华人社群区域而存在。19 世纪开始以英国为首的欧洲大资本控制了东南亚的主要商业，而贸易代表制度开始盛行于马来西亚与新加坡等国，其经济结构由三层金字塔组成，位于顶层的是欧洲大资本商人们，他们向所在国输入西方的工业产品，并向本国出口东南亚的特色产品与工业产品原材料；而位于金字塔中层的华人社群负责向所在国国民推销西方的产品以及购买、寻找东南亚的特产以输往欧洲；金字塔最底层的就是所在国的商人，他们携带本土的特产找到所在地华人社群进行商品贸易。这种稳定的金字塔型商业贸易形式成为以马来西亚为首的东南亚地区经济结构的形式。在当时的东南亚地区，华人社群经济是不可或缺的一个重要环节，如果没有华人社群发挥作用，一方面所在国的商业贸易将严重受阻，另一方面西方的工业产品无法有效输入、分散销售，因此在当时华人社群经济是维系所在国与殖民国的重要经济枢纽。

（3）20 世纪后的华人社群经济活动

随着华人社群经济活动的日益活跃，华人社群所占据的产业领域也不断扩展，而两次世界大战的开始也对华人社群经济造成了一定的冲击。在第一次世界大战期间，占据东南亚地区的西方企业纷纷将资源输送回本国进行战争资本的积累，而华人社群精准抓住空白期，大力投资新兴产业。20 世纪 30 年代，华人社群经济已经成为一种不可忽视的重要资本，不但在商品流通行业占重要地位，在航运、交通、采矿、橡胶、农产品加工和金融银行业也有一席之地。然而就华人社群经济的地位而言，并未发生本质性变化，依然属于西方资本的中间商。二战结束后，东南亚各国纷纷独立，都不同程度采取了排斥或限制华人社群经济的政策。20 世纪 50 年代至 60 年代，东南亚华人社群不得不进行新一轮的转型，以应对当地民族主义政权在经济方面对华人社群的限制。20 世纪 70 年代至 80 年代，东亚经济和东南亚各国随着工业化的飞速发展与政策的缓和共同为调整后的华人社群经济发展提供了前所未有的发展机遇，开启了华人社群经济的快速积累时代。而在 21 世纪的今天，很多国家的华人社群经济不仅仅是当地生产和流通的重要力量，更是所在国经济的中坚力量。在马来西亚，华人社群所掌握的中小型企业占马来西亚中小型企业总体的 80%。据新加坡 1999 年统计数据得知，新加坡华人社群掌握中小型企业数为 102750 家，占新加坡中小型企业总数的 89. 4%，吸纳就业人数为 61. 8 万，占新加坡居民就业总数的 51. 7%。新加坡中小企业在 1999 年录得 296. 86 亿新元的增加值，是全部国民生产增加值的 30. 4%①。

从以上对马来西亚等东南亚国家的华人社群经济活动形成与发展的讨论中可以看出，华人社群与马来西亚等东南亚国家的经济发展有着密切的关系。华人社群经济活动促进了所在国经济的飞速提高，特别是华人社群与其他国家之间的经贸交流，促进了所在国经济体系的建立。随着中国经济的发展和“一带一路”倡议的提出等因素的综合影响，华人社群经济活动的比重与类型不断变化，已经成为所在国经济发展的决定因素。

2. 华人社群在所在国的经济地位及其具体贡献

（1）华人社群促进了所在国战后经济的快速复苏

第二次世界大战对全球经济造成了极大的破坏，恢复与改革成为战后世界经济的主题，华人社群对所在国战后经济的快速复苏做出了重大贡献。他们将自己的才能、经验和技术贡献给所在国，与所在国人民一起开发当地经济，发展所在国社会的生产、国内贸易和对外贸易，在不同程度上对所在国内部交流和对外经济交往起着积极的推动作用。华人在所在国战后的经济活动中扮演了重要角色，是当地民族经济的重要组成部分。

第二次世界大战后，华人经济是所在国经济发展的动力之一。从 20 世纪

---

① 原晶晶、庄国土：《非洲华商概况分榭》，《侨务工作研究》2011 年第 2 期，第 31-33 页。

50 年代至 70 年代初期，发达国家大部分进入经济高速发展时期，在此期间海外华人华侨企业完成了人才方面的新老交接，新一代华人企业家代替老一代走上了重要岗位，以其新视角为企业的发展注入了新动能。早年创业的老一代华人文化程度不高，因此他们都很注重对下一代的培养，他们的子女大都接受过高等教育，多数毕业于欧美的著名学府，并受过现代化企业管理方面的专业训练。因此在新一代华人企业家接班后更加注重运用有效的管理方法，引进一流的科学技术以及采取多样化的经营模式，由此来激发华人企业的新活力，使得战后华人资本在所在国地位稳步提升。还有，华人企业为了加速发展，大部分都是通过上市、募股、与本地资本合作以及与外商进行合资等方式，广泛地筹集资金。1970 年，在西马 895 家产值 10 万元或超过 10 万元的建筑企业中，华商拥有其中的 797 家，外国人经营 73 家，马来人则只经营 25 家，华人企业在西马建筑业方面占支配地位①。

第二次世界大战后，华人企业在发展规模、经营范围、组织方式等方面所发生了巨大变化。在发展规模上，由势单力薄的小型经营，向财雄势大的大规模形式经营转化。在经营范围上，从原来所经营的单一商品、单一类别、单一行业，向多元化产品、综合门类、跨行业的经营过渡。第二次世界大战之前，海外华侨华人大多数都是小商贩、手工业者和工匠，所谓以“三把刀”起家（菜刀、剪刀、理发刀）②。通过战后的迅速发展，华人的经营模式已经逐渐多样化并且进行了改造升级，他们所经营的业务已经进入农业、工商业、保险、服务、批发、进出口贸易、房地产等多个领域，适应了现代资本的变化趋势。在组织形式上，由家庭企业向股份公司、公众企业转化。在经过 20 世纪 60 年代起步和 20 世纪 90 年代的发展壮大之后，形成了一批批大型企业集团，在集团化的同时，华人也将企业的经营领域跨越多国，如马来西亚华商郭鹤年的郭氏产业，二战以前主要经营船务，在二战结束之后，郭鹤年和家人共同成立了郭氏兄弟公司。20 世纪 60 年代初期，郭氏集团逐步从传统贸

---

① Bruce Gale, Politics and Business: A Study of Multi-purpose Holdings Berhad. Kuala Lumpur: Eastern Universities Press, 1985: P. 50.

② 蔡新生：《浅谈海外华侨华人发展的新特点》，《东南学》1998 年第 6 期，第 114-115 页。

易转向经营其他与所在国国民生活息息相关的行业，例如，郭鹤年所创办的面粉厂占领了马来西亚大约40%的面粉市场。到20世纪70年代末郭氏发展成为拥有多家分公司且涉及领域多样化的企业集团。1970年郭氏开始把资本投向国外，在20世纪70年代初期将重点投向新加坡，后期又在香港、泰国、印尼、法国、斐济等多国进行投资，投资的重点领域分别是酒店业、房地产业、对外贸易和航运业。到20世纪90年代中期，郭氏兄弟集团成为马来西亚最大的跨国公司，有力推动了马来西亚当地的经济发展①。

第二次世界大战之后，东南亚国家逐步走上独立道路，在战后新的环境和机遇之下，华人经济如雨后春笋，成为所在国的重要族群，为所在国战后经济复苏做出了卓越的贡献。

（2）华人社群在所在国经济贸易网络构架中发挥重要作用

据联合国发布的最新数据显示，目前海外华侨华人的人数已达8000多万，遍布全世界190多个国家。在8000多万的海外华人中，有将近70%的华人分布在东南亚，比如马来西亚、新加坡、泰国和越南等国家，华人的足迹不但横跨所有行业领域，从中创造巨大财富或享有丰厚收入，也为马来西亚的城市化发展和现代化经济做出了非常大的贡献。自二战结束以后，尤其是从20世纪60年代开始，在世界经济走向全球化的大环境下，随着世界各国政府对华人政策的松动，再加上华人企业自身的努力奋进，世界各地华人经济得到快速发展。

从21世纪以来，世界经济逐渐步入全球化时代，世界各国经济发展相互依存、相互融合、互利共赢，共同发展和相互竞争已成为世界经济的主要潮流。当前华人华侨作为世界经济舞台中极为活跃的力量，其广泛分布和文化上的凝聚力使之构成一种因共同利益等形成的相对稳定的华人经济贸易网络。首先，世界华人华侨所办产业大幅提高了所在国人民的就业。其中餐饮业是海外华人族群经济的基石和命脉，华人餐饮业就业率之高，不但形成了所在国政府安全、稳固的经济税源，也节约了政府失业救助等公共费用，而且还对于安定地方经济蓬勃发展、社会生活水平起到了积极作用②。其次，世界华

① 郭梁：《东南亚华侨华人经济简史》，经济科学出版社1998年版。

② 谢康俊：《海外华人经济发展轨迹》，《大众标准化》2003年第4期，第16-17页。

人华侨所办产业为促进全球经济一体化发挥了特殊贡献。华人华侨族群经济的蓬勃发展，就产业历史发展的过程而言，是从种植业、手工业生产逐步发展到商业、制造业、金融业等领域的。最后，海外华人社群经济具有天然的国际网络性。海外华人以亲缘、地缘、神缘、业缘和物缘等方言群与“儒家”“天下大同”“四海为家”的思想构成了包容且和睦的跨国界全球华人华侨经济网络①，其中金融网络是现在海外华人经济的核心，华人华侨金融业的多元化发展和国际化经营也在建设新加坡等地国际金融和贸易中心中充当关键角色。

海外华人华侨的原有资本与智力支持与所在国的经济紧密联系在一起，开始在全球范围内流动，有些已在世界舞台中占有了一席之地。以东南亚各个国家为例，由华人掌控经济大局的国家，除了新加坡，还有马来西亚、泰国等。东南亚华人企业能够迅速发展起来，与华人的原有资本密不可分，有些华人甚至控制了当地经济命脉。在马来西亚，排名前10位的富豪中有8位华人，前50位富豪中有38位华人，他们占据马来西亚的战略行业：棕榈油、木材、银行、房地产等。华人企业集团资本约占20%的比例，促使马来西亚华人资本经济实力明显提高，马来西亚华人资本已成为马来西亚民族资本中的重要组成部分。到20世纪90年代中叶，马来西亚的华人企业和跨国投资都有了飞速的发展，其中在马来西亚拥有3亿美元以上资金规模的华人集团约有30家，对推动马来西亚的经济发展起着积极作用。

随着2010年中国—东盟自由贸易区的正式建立，海外华人经济在其中起到重要作用，为中国与所在国之间的友好往来搭建桥梁。华人华侨与各自所在国的经济贸易往来日趋紧密，华人族群经济成为所在国国民经济和世界经济的重要组成部分。

（3）华人社群推动了所在国与其他国家的国际贸易活动

经济全球化背景下，海外华人经济集团化和国际化的趋势逐渐增强，面对国际贸易的不确定性和不稳定性，华人华侨成为所在国与其他国家之间进行贸易合作的重要“推手”，为中国、所在国以及世界的贸易发展做出了重要

① 林其锬：《五缘文化与海外华商经贸网络，集雨窖文丛——中国经济思想史学会成立20周年纪念文集》，北京大学出版社2000年版，第636页。

贡献。

当前，华人社群正在融入所在国经济领域的道路上大放光芒，他们活跃在工业、服务业、制造业、建筑业、餐饮业等各种行业中，经过自身的长期积累，并通过引进国外先进技术以及与其他华人企业合营，为所在国的发展贡献着重要的作用。随着华人社群与所在国之间的经济往来日益密切，所在国政府对华人社群的关注度开始提高，逐渐认可华人华侨对所在国社会和经济发展做出的重大贡献。华人积极地融入当地社会，其中最重要的成果之一就是加速所在国与其他国家之间的进出口贸易，对所在国与世界之间的经济往来起到了一定的推动作用。第二次世界大战结束之后，华人社群顺应时势，掌控经济发展的机遇，探索出了一套自己的商业策略，为当地提供了大量劳动力，有效推动所在国经济的发展。据不完全统计，全世界华人企业的总资产约为 3.7 万亿美元，亚洲地区（除中国大陆之外）的华人企业总资产约为 3.2 万亿美元，其中总营业额突破了 1 万亿美元。除此之外，华人在长期的贸易活动中构建了强大的华人社群体系，加速了所在国与其他国家的进出口交易，其中移民信息机制是华人社群促进国家之间出口交易额增长的主要机制，移民网络和通信技术都能够使信息的传递更加便利，从而降低中间额外的交易成本，同时华人社群会利用移民信息机制和移民偏好机制促进差异化商品和低资本商品的进出口贸易增长，起到促进国家之间贸易的作用。遍布东亚、东南亚以及南亚的华人社群对所在国与其他国家之间的影响最为明显，有调查表明，东南亚华人社群网络使得东南亚内部和其他国家之间的双边贸易量提高了 60%①。

海外华人遍及世界各个角落，他们既熟悉所在国的各项政策、法律规定，又掌握着海外市场信号和海外项目资源，因此不但能够帮助所在国企业引进其他国家的技术、资金和人才，还能够大幅降低所在国商品出口的市场准入门槛，在推动所在国企业国际化方面有着巨大的优势。由此可见，海外华人华侨作为联系所在国与世界各国经贸往来的重要社交桥梁，成为推动所在国乃至全球经济发展的重要力量。2013 年，习近平总书记提出“一带一路”倡

① 梁双陆、王壬玚、顾北辰：《东南亚华人网络及其贸易创造效应》，《云南社会科学》2020 年第 6 期，第 84-92 页，第 184 页。

议，而分布于海上丝绸之路沿线国家的华商与中华民族血脉相连，是21世纪海上丝绸之路的助推者和建设者。海外华商不仅通晓两个国家的贸易规则和政策，而且还具有传统贸易渠道和强大经济实力的优势，根据国侨办所调查的数据显示，全球华人企业资产所占经济总资产超过5万亿美元，其中“一带一路”覆盖区域的华人企业经济实力占世界华人经济的60%以上，全球华人500强企业中约30%的企业集中于东盟国家，华人企业已成为所在国经济的重要支柱①。他们能够直接带动中国对海外华人所在国出口贸易额的增长，提升中国在所在国家的地位，海外华人华侨还间接促进了其所在国与其他国家之间出口贸易规模的扩大，有力推动了“一带一路”沿线国家的工业化进程，维护了全球自由贸易体系和开放型世界经济。

海外华商之间构建的合作网络是影响国家之间进出口贸易的重要因素，可以带动劳动力、资金、技术等生产要素在国际间的快速流动，促进所在国与其他各国之间的出口贸易增长，从而为加速所在国进出口贸易、推动互利互赢合作做出不可磨灭的贡献。

3. 华人社群在所在国中经济活动的发展趋势

（1）从抵制打压到决定性因素

华人社群在所在国中的经济活动并非一帆风顺，他们在很长一段时间内一直受到诸多因素的桎梏。在早期华人社群被当地土著、管理者与西方殖民政府共同压迫，连基本的公民权利都被剥夺，华人社群在所在国的经济活动中主要以买办与中间人的姿态出现，必然在西方资本的压迫与本土人员的排挤下艰难生存，但华人社群凭借吃苦耐劳的精神、善于抓住机遇的眼光，仍然在农业、畜牧业、矿石产业留有一席之地。19世纪末20世纪初期拥有先进技术与丰富经验的西方大资本“入场”，由华人社群所经营的种植园与矿山只能被迫兼并或强制倒闭。如，在19世纪中期的韦尔斯利，其蔗糖提炼系列产业均由潮州人所管理，但是截至1861年，西方资本所占比例达到3/4，而潮州人不足1/4。同时期的马来西亚的铝矿产业一直由华人社群所管理，但是随

① 刘益梅：《华人经济在海上丝绸之路建设中的助推作用探讨》，《丽水学院学报》2017年第1期，第9-16页。

着西方大资本“入场”，在金钱、政治、武力的多维度压迫下使华人社群管理的铝矿产业“伤亡惨重”，最后于1929年被以欧洲为代表的西方大资本彻底取代。然而，日本开始全面执政马来西亚等国时期才是真正意义上的华人社群在所在国经济发展的黑暗时期。据相关文献记载，在日本执政的三年内，华人社群所占有的经济比重压缩，资本由3亿锐减到1亿左右，而日本执政者在马来西亚等国对华人社群所奉行的政策可以将其视为日本帝国主义对华政策的延续，实行“武力胁迫”与“利益诱导”并行做法，并通过所谓的“大检政”和交纳“奉纳金”等手段，最大限度地剥夺华人社群的财产，最终导致份额本就岌岌可危的华人社群经济受到严重打击。

随着第二次世界大战的结束与新中国的发展，华人社群在所在国的经济位置逐步恢复，虽然也发生过类似于马来西亚因种族经济发展不平衡所引发的“5·13”事件，但是所在国都积极推行相关政策来协调外来人群与本国人群。而到了21世纪的今天，华人社群在所在国的经济活动已经成为不可或缺的决定性部分，如2008年国侨办中新社相关课题组发布了《2007年世界华商发展报告》，该报告依托《亚洲周刊》每年发布的《全球华商1000排行榜》中华商上市公司平均的股票市值作为用于计算的原始数据，它所估算的结论是“全球华商（包括港澳台）的总资产约为3.7万亿美元；除中国大陆以外的亚洲地区华商企业总资产约3.2万亿美元、总营业额突破1万亿美元”①。而这1万亿美元基本占据了所在国经济的“半壁江山”。随着中国经济的持续稳定攀升以及中国“一带一路”等相关贸易合作的不断加深，华人社群在所在国的经济活动必然会再创新高，持续向好向强发展。

（2）从“独霸零售”到全方位发展

华人社群在所在国中经济活动的发展趋势正在从“独霸零售”逐步趋向于全方位发展，根据《福布斯》相关数据，在20世纪末，华人社群的收入普遍高于原所在国家居民，以发展中国家尤为突出，而在华人社群在移民后主要从事餐饮业、中小型企制造业以及最为突出的批发零售业。19世纪末南非

① 《美国华裔人口近500万家庭平均收入7万美元》，观察者网，https：//www.guancha.cn/america/2017_04_28_405856.shtml。

华侨华人约30万，约一半人从事中小型的批发零售业，其他则多数从事餐饮业①。位于非洲东南部的莱索托，据统计莱索托其中8个城市中，仅福清籍华人就有2000多人开超市谋生，基本垄断莱索托的零售业。而在拉丁美洲，则是以中餐馆为重点的形式。截至2013年，阿根廷华人社群所拥有的超市就有超过10000家，占阿根廷超市业的79.8%；根据阿根廷商业和服务业雇员联合服务工会的统计，三分之一的基本消费品是在华人超市售出的。在非洲、中西亚和大洋洲，华侨华人基本上也是从事商贸零售业与餐饮业，其收入水平远超所在国国民。华人社群的收入远超当地人可以归纳为两方面原因：一方面是华人社群中所展现的勤劳与刻苦的精神，在零售业中薄利多销是唯一的捷径，而华人社群所展现的勤劳与刻苦，就体现在远超所在国经营时间与货品诚信度，部分华人社群所涉及的零售业几乎无节假日无周末休息，更容易受到所在国民众的青睐；另一方面是华人社群内部之间的资源互通，中国自古以来便有“他乡遇故知”的情感，能在语言不通的异国他乡碰到一个人或一个社群，会产生巨大的归属感与荣誉感，而在这两者的加持下，社群内部的华人就会主动进行资源共享、信息互通，而在这种互通中，无意间加速了资本的累积，提高了华人的收入。

进入21世纪以后，华人社群在所在国整体经济实力的提升呈加速之势，不仅传统上的华人社群富豪的财富增长，新加入华人社群的小商贩的数量与实力也在加速增长。尤其是行业分布，不再仅仅局限于零售业与餐饮业，而是向其他领域快速拓展。华人社群从沿海批发零售业逐步进入制造业和现代交通航运业，形成覆盖商贸零售、种植、制造、冶金、房产、交通航运业、金融业等的多维度资本。据一家国际知名咨询公司估算，中国富豪在海外的资产约4500亿美元，但在之后3年内会翻番。学者庄国土认为“如果我们2008年估算的包括港澳台在内的全球海外华商资产有5万亿美元，到2017年海外华商资产至少已经翻倍”②。我们就此可以推断华人社群所拥有的企业已

① 庄国土：《21世纪前期海外华商经济实力评估》，《南洋问题研究》2020年第3期，第95-110页。

② 庄国土：《21世纪前期海外华商经济实力评估》，《南洋问题研究》2020年第3期，第95-110页。

经从最初小规模的零售成长为大规模，并占有多维度的经济决定性因素，多数华人社群企业的转型与资本的扩张不同程度地受惠于与中国的商贸合作，华人社群企业不仅为所在国现代化进程做出了巨大的贡献，也是中国进行“一带一路”等合作倡议最重要和最可靠的国际商贸伙伴。

（3）从家族企业到现代化管理

华人社群在所在国经济中从家族企业发展到现代化管理，可以将其理解为从“故步自封”变为“开放包容”。早期华人社群经济可以概括为“家族性企业”，最早是由共同的血缘关系与地缘关系构成一个“家族”，而在“家族”的内部往往呈现出极强的凝聚力与向心力，这对华人社群在所在国经济发展的初期而言无疑是捷径。大部分漂泊海外的华人并没有充足的资金，而资金匮乏引发了融入当地社会的门槛提高的问题，因此“抱团取暖”成为最优解，根据调查显示，部分华人社群企业最开始都是夫妻店、兄弟店、父子店，随着店铺的迭代，便开始拉动亲朋好友、宗亲乡里一起加入，雇佣的工人一般较少、工资较低，甚至有部分家庭作坊式的小微型企业直接将家庭成员作为员工试用，而这种家族企业很适合小微企业的快速发展，企业的运作效率极高，管理成本由血缘关系支持，同时家族企业一般由本身具有威望或有能力的人担任领导核心，将经营与管理高度融合，使企业高度集权，领导层呈现薄层化、扁平化、高弹性化。从管理学角度出发，这样能使信息流转速度加快，便于市场的迅速反应。同时，家族企业之间由于存在血缘亲缘关系，削弱人际关系的负面影响，便于企业成员对出现的问题进行根源性修正。

但是，随着国际生产力的发展与企业的走向现代化、国际化，家族企业越来越不能满足华人社群在所在国经济发展的作用，其在创业之初所表现出来的“亮点”成为企业迈向转型与发展的桎梏，华人社群中家族企业的管理模式正面临经济全球化浪潮下的巨大挑战，如：高度集权的家族企业虽然能对于环境改变进行快速决策，但是过分依赖“家族”的经验和权威，这将导致企业的民主化决策与科学化管理束之高阁，同时随着时代的更迭，一旦决策人对于行业风向的把控出现失准，将极易引发决策失误。还有，部分华人社群的家族企业只保留自身的经验与工艺，忽略了技术更新和产品研究与开发投入，结果有可能落入只能充当中介角色和只能在经济的边缘领域里发展的老套。因此，华人社群企业发展壮大的过程也是华人社群企业不懈深入探索、企业经营向民主化与科学化的进程。以马来西亚华人企业集团为例，部分在马华人社群企业为了解决快速成长过程中资金短缺的问题，积极引入股份制，部分华人社群企业也通过上市方式在资本市场筹集资金。毫无疑问，上市公司的发展给企业带来了巨大的融资便利，同时也面临着被他人收购的风险。因此，华人社群企业为了规避风险、确保对企业的控制，在马来西亚上市的公司只是少数与家族企业生存无关的企业。中央集团或控股公司，通常是私营企业，通过持有全部或大部分股份并逐步控制家族企业，对家族企业实施重大控制。在人事管理方面，马来西亚的中国企业集团也开始学习西方先进的管理模式，吸引国际高管参与管理，西方先进管理理念的引入也为华人社群企业的发展注入了新的活力。

（三）华人社群在所在国的社会关系分析

1. 华人社群内部社会关系网络分析

（1）地缘——华人社群内部社会关系的主要纽带

地缘是中国农业社会发展的产物，也是中国传统文化之一。邓伟志在《社会学辞典》中指出，地缘关系是指在一定区域内的群体以居住关系为基础构成的邻里社会关系，地缘群体就是以地缘关系为纽带而形成的社会群体，如部落、村落、现代城市公寓、居民新村等①。地缘是联系华人社群内部社会关系的重要纽带。早期华人移居海外后，受“落叶归根”思想的影响，他们只想在海外谋生，只要赚到足够的钱就“荣归故里”，但随着时局和思想观念的变化，他们由“落叶归根”转为“落地生根”。因此，他们在定居海外后，将祖籍国的亲朋好友带到了居住国，形成一种“连锁移民”的现象。久而久之，就产生了同一宗族聚集移民海外，海外地缘关系也由此形成。

首先，地缘影响了海外华人的住宿地点和工作性质。任何人确定移民后，最先要解决的就是住宿问题和工作问题，华人也不例外。一般情况下，确定移民的华人会依靠地缘关系同早期移民者产生联系，并在早期移民者的帮助

① 邓伟志：《社会学辞典》，上海辞书出版社 2009 年版，第 267 页。

下解决他们目前遇到的住宿和工作问题。受地缘关系的影响，同一祖籍地华人在居住国形成集聚，并且在工作方面有着高度相似性。比如在马来西亚流传着一个闽南话顺口溜：“福建人，种树梠（胶）；广府人，开锡米（矿）；海南人，卖羔胚（咖啡）；潮洲人，卖虾米（干）。兴化人（福建莆田、仙游人），卖什么？脚车梠（自行车轮胎）、风车梠（汽车轮胎）。”①

其次，地缘影响了海外华人创业合伙人的选择。海外华人华侨在独立创业时，受到地缘关系的影响，大都是选择同一祖籍的宗亲和乡亲作为创业合伙人，这些宗亲和乡亲普遍为企业管理层或中层骨干，这与他们来自同一祖籍有着密切关联。例如在1949年成立的马来西亚著名华人企业——郭氏兄弟有限公司，是由来自福州的郭鹤年与他的母亲郑格如、兄长郭鹤举，还有郭鹤青、郭鹤尧、郭鹤景、郭鹤新及郭鹤瑞等堂兄弟一起组建的。在海外华人华侨居住国中，许多华人企业创始初期都是由以地缘关系为纽带的宗亲和乡亲联合创建发展的。

最后，地缘关系还影响了海外华人的人脉交际圈。以地缘关系为基础建立的华人社团是由来自同一祖籍华人华侨组成的社团，一般称为地缘性社团。地缘性社团大都以社团成员祖籍地所在省级、县级、乡级等行政区域为划分单位，例如在马来西亚，以省级为单位组建的马来西亚广东会馆，以府级为单位组建的马来西亚温州会馆，以县一级为单位组建的马来西亚惠安同乡会、马来西亚福建同乡会、番禺（县）会馆等等。初到海外的中国移民通过参加各种各样的地缘性社团来结识乡亲朋友，从而初步扩大交际范围，在地缘性社团中组建自己的人脉交际圈。

以地缘关系为基础建立的华人企业和地缘性社团，以其历史悠久、影响范围广、组织机构和管理体制健全等优势，在连接海外华人华侨社群内部关系中起着主要作用，同时也在政治、经济、生活等方面维护华人社群的内部利益。

（2）神缘——华人社群内部社会关系的重要因素

海外华人华侨在移居国外的过程中，把家乡的传统文化和生活方式带到

---

① 黄英湖：《地缘血缘观念与海外华侨华人》，《亚太经济》2012年第6期，第123-125页。

了海外，也把在家乡信仰供奉的神祇一并带到了海外，继续在移居国信仰供奉。而移居海外后，移民大多以地缘关系为主要纽带，紧密联结在一起组织参与各种活动，因此在地缘群体中，一起供奉信仰的神祇则显得格外有意义。海外华人华侨通常认为供奉的神祇可以给自己带来好运，保佑自己及家人的平安，给予他们心灵上的精神力量。因此从中可以看出，华人华侨对神祇的信仰供奉，不是为了别的目的，只是出于求得保佑家人平安的寄托，出于对之前在家乡生活的怀念，而这种寄托和怀念促使他们在海外努力奋斗，一路向前。海外华人华侨供奉神祇一般是通过建造各种庙宇来祭祀，在庙宇跪拜敬神作为华人社群内部的共同活动，有助于在活动中产生对华人身份的认同感。即使有时一起去祭祀的人不认识，但在祭祀的过程中通过供奉同样的神祇，增进了人们之间的了解，进一步沟通了感情。这种通过信仰神祇拉近关系的通常称为神缘关系。

海外华人华侨在居住国建造各种各样的庙宇，这些庙宇不仅是华人华侨供奉神祇的地方，还是神缘社团解决问题的地方，宗教类活动以及社会类活动的组织使得庙宇成为华人社群聚集的标志。而神缘关系是基于地缘关系而产生的社会关系，是华人社群内部社会关系中的重要因素，对华人华侨的生活产生了巨大的影响。

海外华人华侨供奉的神祇大多都是华人从祖籍地带过去的，共同供奉这些神祇把同祖籍的华人华侨紧密联结在一起，使其因为共同的信仰而始终保持联系。这种同祖籍的地缘关系进一步发展为神缘关系，而神缘关系反过来使地缘关系更加亲密。

（3）业缘——华人社群内部社会关系的重要支柱

业缘是指人们因为参与职业或者行业的活动而形成的社会关系，业缘关系不是人类社会天生天化的，而是人们基于血缘、地缘关系在社会分工中形成的复杂的社会关系。林其锬和吕良弼在《五缘文化概论》中阐述了业缘的概念，认为业缘就是以职业和学业为纽带的同行、同学关系①。随着经济的快速发展，社会对于职业的分化越来越精细，因此以职业分工而形成的业缘关

① 林其锬、吕良弼：《五缘文化概论》，福建人民出版社2003年版，第306页。

系在社会关系中显得越发重要，人们能够在业缘关系中获得理解和支持，有利于增进人际关系的交往。海外华人华侨移居海外后，在人生地不熟的环境中急需对自身价值的认同，因此业缘就成为华人社群内部社会关系的重要支柱。

海外华人华侨就是基于业缘建立了业缘社团。最常见的业缘社团是同业公会，其以谋求自身的经济发展为目的，进而推动所在国政治、经济、文化等方面的快速发展，对社会产生了巨大的影响。例如在马来西亚，由各同业公会联合成立了综合性的业缘社团——中华总商会，中华总商会不仅协助各同业公会开展经济活动，积极维护华人华侨的利益，还可以协调华人社群内部社会关系的矛盾，是马来西亚业缘社团中影响最大的社团。除此之外，还有以促进马来西亚各地华人工商会、商业公司经济发展而建立的马来西亚中华工商联合会，有以促进全国各民族菜农联系与合作而建立的马来西亚菜农总会，以及利用自身的影响力向政府反映华商的意见，积极维护华人在政治、经济、文化等方面平等地位的峇株巴辖中华商会等等。马来西亚的华人业缘社团是马来西亚华人社群内部的重要支柱，以发展经济为主要目的，促进了华人在政治、文化等方面的发展，维护了华人社群的利益，并积极引领华人华侨融入当地生活，大力推动华文教育的发展，弘扬和传播中华传统文化。

海外华人华侨参加业缘社团，除了亲朋好友的社会关系以外，可以认识更多同职业和同行业的华人同胞，扩大自己的社会关系网络，并通过业缘社团联络各祖籍地华人华侨的情谊，增强华人社群内部的凝聚力，解决华人内部的问题，形成一个团结奋斗的华人社群。

2. 华人社群同所在国族群的社会关系分析

英国著名学者理查德·D·刘易斯在其著作《文化的冲突与共融》中这样说："我们可以在一个晚上，一次聚会或吃一顿饭时做一回法国人或希腊人；也可以和日本人坐在榻榻米上；或在一群阿拉伯人中间，用一只手吃烤羊腿，但我们头脑中的东西依然如故。我们可以为别人而作秀，但遵循的是自己内心深处的东西。"由此可知，华人社群要融入所在国社会，还需要时间去磨合，需要同所在国社会进行双向适应，完成良性互动。以马来西亚为例，在这种双向适应、良性互动的过程中，语言、族际通婚、日常生活表现等方面都表现得尤为明显。

（1）族际通婚——华人社群融入当地社会的重要渠道

族际之间的基本差异深深地植根于本群体中，因此族际通婚历来被认为是不同族群之间相互融合最有效和最彻底的形式。海外华人与当地人之间的通婚比例一定程度上反映了华人社群与当地社会的融合程度，同时也代表了华人社群对当地文化的认同程度，毕竟只有两个人在情感和心理上都可以接受对方的文化，感到十分亲近的时候，才会考虑与对方结婚①。东南亚华人与当地人通婚的历史可以追溯至古代。沈玲在《东南亚汉语传播的国别比较研究》的课题中调查表明：在东南亚国家中，新生代华裔能够接受族际通婚的比例从高到低分别是泰国、菲律宾、印尼和马来西亚（见表 2）②。其中，泰国政府鼓励华人和非华人之间的族际通婚；菲律宾华人与当地居民融合的时间早、程度高；印尼和马来西亚受宗教信仰的束缚，对于族际通婚的接受度相对而言没有其他东南亚国家高。华人与当地族群通婚后的混血后裔族群被统称为东南亚土生华人族群，在不同的国家则有不同的称谓，比如在印尼他们被称为"帕拉纳坎"（Paranakan），在菲律宾则称为"梅斯蒂索"（Sangley Mestizo & Chinese Mestizo）。东南亚土生华人族群其实一定程度上代表了华人族群与当地社会的融合关系。

表 2　新生代华裔对族际通婚的态度

	当然，会和非华裔通婚（%）	当然不会，只与华裔\通婚（%）	有可能，不好说（%）
印尼新生代华裔	16.85	17.29	66.58
泰国新生代华裔	31.48	16.67	51.86
菲律宾新生代华裔	26.68	27.39	45.94
马来西亚新生代华裔	12.06	42	43

资料来源：沈玲《东南亚新生代华裔文化认同的国别比较研究》民族教育研究

① 马戎：《民族社会学》，北京大学出版社 2004 年版，第 436-437 页。

② 沈玲：《东南亚新生代华裔文化认同的国别比较研究》，《民族教育研究》2017 年第 6 期，第 124-129 页。

在东南亚民族国家意识尚未觉醒的时候，华族和马来族相互适应，长期通婚，形成了一个独特的群体——“峇峇娘惹”族群。在这个族群中男性被称为Baba（峇峇），是马来人对华人的尊称；女性被称为Nyonya（娘惹），是小姐和夫人的意思。这个族群代表了华马两族文化融合与碰撞的结果，他们在语言、服饰、饮食、习俗等方面都吸收了马华两族的特征，如：他们的语言中出现了同闽南语和马来语借词的现象；他们最传统的服饰可峇雅，既吸收了马来风味又借鉴了中式设计等。后来随着西方殖民入侵，东南亚国家民族意识觉醒，在政府和宗教双重压力下，马来人和华人通婚的比例缩小。马来人一生下来就信奉伊斯兰教。伊斯兰教规定禁止穆斯林和非穆斯林通婚。这也意味着，华人和马来人通婚就必须放弃自己的姓名，信仰伊斯兰教。因此，宗教信仰的差异成为华人和马来人通婚的重要阻碍因素，但并不是绝对因素。在生活中，马来西亚华人发现只是获得马来西亚国籍，并不能改变华人在马来西亚受压制和排斥的现状。在马来西亚政府颁布的“新经济政策”影响下，华人发现只有与马来人通婚，放弃原有的文化信仰，改信仰伊斯兰教，才能获得与当地土著同样的权力。因此，有不少马来西亚华人为了生活，选择了加入伊斯兰教，与当地土著通婚繁衍。

（2）语言——华人社群与当地社会双向适应的重要象征

语言是人类特有的符号系统，语言是文化的重要组成部分，也是文化的重要载体，通过语言文化才得以传承、传播、交流①。马来西亚是一个由马来族、华族、印度族以及其他少数民族组成的多族群国家，不同民族有不同的语言。1967年《国语法案》明确规定马来语是马来西亚的唯一官方语言。因此，从国家层面上讲，马来西亚是单语言国家，但在实际各个族群生活的过程中会发现马来西亚是一个双语言甚至是多语言汇聚的国家，不同族群在相互交流的过程中产生了语言词汇的借用现象。

在马来西亚各大族群语言交流中，语言借词现象在马来族和华族表现得最为突出。早在1963年，梅井就发现了华语和马来语相互交流的现象②；

---

① 曹云华：《从文化适应的角度看东南亚华人与当地民族的关系》，暨南大学，2001年。

② Mei Jing, Pengaliran Antara Bahasa Melayu dan Bahasa Tionghua. Dewan Bahasa, 1963 (12): 536-544.

1974年，亚都拉提出了马来语向华语借词的现象①。马来西亚的借词现象主要分为三种类型。第一，华语借用马来语。由于马来人占马来西亚总人口的绝大多数，且宪法规定马来西亚的国语为马来语，华人想要在马来西亚生存和发展，就必须融入马来西亚社会，并且熟练掌握马来语。因此在华人和马来人相互交流的过程中产生了华语借用马来语的现象，如 laksa（叻沙）、Pinang（槟榔）、parang（帕兰刀）、paku（巴菇菜）、rambutan（红毛丹）、reformasi（烈火莫熄）、Nasi Lemak（椰浆饭）、nasi（米饭）、lemak（椰浆）等。第二，马来语借用华语。2002年，在对马来西亚权威字典的调查统计中发现，有224个马来西亚词汇收录并注明了是从华语词汇中借来的，值得注意的是一些马来词汇并未注明来源，但能一眼识别出是借用于华语，这说明一些华语和马来语在使用过程中已经完全交融了，如马来语中的 teh、cawan、tauhu 、gongsi、singse、mi、bacang、kuaci、kungfu、taiji、loteng、longkang 等词汇。第三，华语与马来语相互结合。在华语和马来语交流的过程中除了语言借用，还存在一种将两种语言相互结合的形式，即将常见词汇进行结构改造，或通过意译、音译等方式保留双语的成分②。例如，马来语中的 Kongsigelap 是指“黑社会或私会党”，其中 kongsi 来自闽南话“机构”，gelap 来自马来语“黑暗”；而闽南语中的 mataliu“警察局”，其中 mata 来自马来语“mata-mata”，指“警察”，liu 来自闽南话“寮”。

华语和马来语相互借词的现象体现了华人文化和马来文化相互融合的趋势，也表明了马来西亚华人正在受到当地土著居民的语言环境的影响，意味着马来西亚华人正在逐步融入当地社会。

（3）日常生活——华人社群融入当地社会的重要表现

生活方式是指人们在日常生活中所遵循的各种行为方式，包括饮食方式、起居方式、日常生活安排、娱乐方式以及参与社会活动等。人们的日常生活方式并不是一成不变的，在社会的变迁和与其他族群的交往中会不自觉地改

① Abdullah Hassan, Pertembungan Bahasa danKesannya Terhadap Bahasa Melayu. Dewan Bahasa, 1974 (5): 216-236.

② 洪丽芬、黄曼凌：《马来西亚华人语言混用原因——以华语与粤语为例》，《八桂侨刊》2019年第4期，第18-27页。

变，以适应当地社会，东南亚华人也不例外。与其他生活方式相比较，东南亚华人日常生活方面的本土化程度较高，以下以马来西亚为例进行说明。

在姓名方面，马来西亚华人通常有两个姓名，一个是正式场合使用的官方姓名，另一个是在华人社群中常用的华文姓名。官方姓名的结构有“华文姓的拼写形式+华文名拼写形式”“教名+华文姓的拼写形式+华文名的拼写形式”“华文姓的拼写形式+华文名的拼写形式+教名”等多种形式。华文姓名则是以“单姓+双名”的结构居多。一般情况下，华人的华文姓名与官方姓名呈现对应性，例如李忠杰（LEE JUNG KIET），当然也有不对称的情况存在，但比较少见。在饮食方面，马来西亚华人一方面保留了从母籍国沿袭或带来的饮食习惯，另一方面也受到马来西亚当地饮食文化的影响，做出了一定的改变。例如，陈氏家族的蜜蜂窝、梁氏家族的“联发加央角”，都是在将祖籍元素和马来饮食元素结合的基础上产生的。陈志明指出：“分布于世界各地的华人饮食传统的改变，是中国文化适应当地环境的结果，这其中也包括对当地生态以及自然资源的利用，与当地食物资源（食材等）和食品备制非中式文化准则接触，结果导致了文化借用和文化创新。”① 在服饰方面，土生华人女子非常喜爱的 Nyonya Kebaya（娘惹卡峇雅）就是中国文化和马来文化融合的产物——一种峇迪纱笼或中国丝绸作为下半身长裙。受马来元素的影响，纱笼上的图案是峇迪蜡染传统艺术，同时又结合了中国传统手工刺绣和镂空技术，以及具有中国传统韵味的花卉、动物等带有吉祥意味的图案。

总之，生活在多元文化环境下，马来西亚华族在潜移默化中已经将其他民族的生活习惯同本民族相结合了。姓名、饮食、服饰等日常生活的细节在一定意义上反映了马来西亚华族融入当地社会的程度。

3. 华人社群的刻板形象及其原因分析

（1）经济特征——华人社群最本质特性

历史上，马来西亚华人族群在推动国家现代化和城市化发展过程中，扮演非常关键的角色。从经济角度来看，华裔人口与城市化演进之间存在密不

---

① ［马］陈志明主编：《东南亚的华人饮食与全球化》，公维军、孙凤娟译，2017 年版，第 125 页。

可分的关系。早在英殖民时代，从大量中国客工南下讨生活开始，直到后期在马来西亚落地生根，华人族群一直是城市地区内最大，也是经济上最重要的社群，经营各类工商贸服务和城市工作。从开发锡矿和种植橡胶，到大规模商业化的农业活动乃至工业化时代的工业和服务业，华人的足迹不但横跨所有经济领域，从中创造巨大财富或享有丰厚收入，而且也为马来西亚的城市化发展和现代化经济做出重大贡献。第四任首相马哈蒂尔在 2002 年发表的言论就验证了这一说法：“如果我们不计算华人及他们所发展和拥有的一切，马来西亚将不会有任何大小城市的存在，没有商业和工业、没有资金来援助、支持和协助马来人。”

马来西亚当地人和其他族裔也把华人称为“东方犹太人”，认为华人与犹太人在各个方面的相似度极高。例如华人和犹太人一样有着强烈的民族意识，即使定居在国外，也始终遵循华人的生活习惯，不愿真正融入当地社会；是天生的物质主义者，对工作极具野心；有着强烈的经商意识和利润观念，在经商方面极具天赋。因此“东方犹太人”这一称呼反映了马来西亚人对华人鄙视的态度。

马来西亚人对于华人经济的刻板印象就是华人掌握着马来西亚的经济命脉，使得当地人担心会失去对国家的控制。但实际情况并不是如此，华人经济只是在私人领域占据优势，在马来西亚的总体国民经济中，控制经济命脉的仍然是国家和政府。马来西亚通过建立国有企业直接参与经济的发展，华人经济并不具备主导国家经济的地位，但马来西亚的当权者和相关利益集团总是利用“华人掌握经济”来维持自己的政治和经济利益，将经济问题转化为华人华侨与马来西亚人的利益问题，激化双方的矛盾。此外，华人华侨具有吃苦耐劳、敢拼敢闯的优秀品质，并且靠着商人天生敏锐的嗅觉嗅到商机，抓住机遇大力发展，才有了今天雄厚的经济实力，而马来西亚人并没有看到华人为此付出的努力，反而认为是华人垄断经济市场，抢走了他们的饭碗，使得华人常常在马来西亚受到不公正的待遇。

马来西亚在大力扶持马来西亚人发展经济的同时，也给华人经济留有一定的发展空间，但随着马来西亚政治和经济的发展变化，华人的经济发展将迎来十分严峻的形势，对于华人社群来说，既是挑战，也是契机，要学会在一个多元社会中，与其他族群和平相处，共建繁荣。因此，马来西亚华人社群必须在城市化的进程中，重新寻找自己的定位，确保华人族群继续在经济、文化、教育等各方面处于领先地位，同时确保自身的利益受到保障。

（2）政治冷漠——华人社群的典型特征

很多人认为，海外华人华侨虽然有着雄厚的经济实力，但政治参与度并不高，对居住国的政治问题缺乏关心，极少参加政治活动，不表达自己的政治意愿，因此“政治冷漠”被认为是海外华人社群的典型特征。许多学者认为华人不愿意参与政治是受儒家中庸政治文化的影响，或受到居住国的歧视以至于没有政治地位，再者处于一个陌生的国家，仍需为生存条件而奋斗，没有时间和机会参与政治活动等等。但其实海外华人华侨在不同的历史时期，一直以自己的方式积极参与政治，只不过因为多种因素，导致他人认为海外华人华侨只专注经济发展，而对“政治冷漠”。

马来西亚华人的人口占比较高，早年华人能占到马来西亚总人口的四分之一，在一人一票制下，积极参政议政的华人能够对马来西亚人的政治权利地位造成威胁，但由于经济社会发展等因素，华人在马来西亚总人口的占比持续下降，华人将很难在国家政治活动中发挥作用。其次从马来西亚的就业结构来看，华人族群就业人口主要从事制造业、建筑业，以及服务业相关工作，相比之下，华裔劳动人口在公共服务领域和官联公司垄断行业内的就业比例相对偏低。而马来族则对公共服务领域造成垄断，这也是导致马来至上主义的种族政策层出不穷的原因之一。公共领域缺乏华人族群，因此导致马来族缺乏对华人文化和事务的敏感度，经常出现华人族群在国家政策上被忽略的情况。

长期以来，马来至上的民族主义是阻碍华人参与马来西亚政治的主要障碍。在马来西亚，由于华人与马来人之间长期以来的矛盾，导致华人选民，尤其是城市华人趋向把选票投给反对党，马华公会和民政党因失去华人社群支持而节节败退。马华和其他华基政党在执政政府的话语权和力量被削弱，面对很多影响华人社群的重要政策有心无力，导致华社利益受损。而马来人至上主义的观念更是进一步使华人在政治、经济、文化等方面受到制约，要服从于马来人优先的理念和政策，导致华人在政治活动上参与度较低，在政治上处于边缘化状态。

在马来西亚历史上，排华事件屡见不鲜，“5·13”事件、“9·17”马来西亚反华游行等排华事件的发生，使得华人的生命安全受到了极大的威胁。随着马来人特权条例的增多，华人也面对越来越严峻的考验。马来西亚华人仅仅依靠财富是不能保证安全的，只有更积极地参与居住国的政治生活，主动参与能影响国家和政府决策的政治活动，与马来人一起促进马来西亚的发展，才能更好地保护华人社群的安全。

(3) 华校“小中国”——华人社群文化传承的重要阵地

华校是马来西亚华文学校的统称。20世纪70年代，马哈蒂尔在《马来人的困境》一书中将华校称为“小中国”，一个个华文学校，俨然就是一个个“小中国”①。

造成华校在马来西亚发展风雨飘摇、困难重重，并形成“华校是一个个的小中国”刻板印象的原因主要有三个。第一，英日殖民政府的打压。华文教育在马来西亚的发展之所以举步艰难，和西方殖民主义有莫大的关系。1824年，马来西亚沦为英国的殖民地，英国进行了长达一百多年的殖民统治。1919年，马来西亚华文学校受中国五四运动的影响，将所学课程进行现代化整改，并大力宣传中国反殖民主义的思想，这一系列改革引起了英国殖民政府的不满。于是英国殖民政府在1920年颁布了《学校注册法令》，规定所有开办学校的机构必须要在殖民政府完成注册，并且学校教学内容和教学设施等均要获得殖民政府批准。这一法令直接收紧了华校的办学条件，仅从1925-1928年就有315所华校倒闭。1941年，日本发动侵略战争，并迅速占领马来西亚。因华校支持抗日活动，日本殖民政府不断杀害华人，关闭华人学校，华文教育进入“黑暗时期”。1950年，英国重返马来西亚，并支持了与之共同抗共的马来族，这导致当马来西亚独立时，马来族被赋予了更多的政治权力，为后来华校教育的地位奠定了基调。第二，马来人统治下政府的干预。1957年，马来西亚独立。马来西亚政府为了巩固马来人的统治地位，改变华人“人在曹营心在汉”的政治效忠态度，力求将华族这个外来民族完全同化，

① [马] 马哈蒂尔：《马来人的困境》，叶钟铃译，新加坡皇冠出版公司1981年版，第40页。

于是开始了一系列的教育改革。1960 年，马来西亚政府颁布《达立报告书》，明确提出马来西亚只有两种学校：一种是政府全额补贴的国民中学和国民型中学，主要以马来文和英文为主要教学语言；另一种是不受政府补贴的独立中学，主要以华文为教学语言，这一政策使华校失去了大量的办学资金。1961 年，马来西亚政府取消以华文为媒介的中学公共考试。1969 年"5·13"事件爆发后，马来西亚政府开始了"马来人优先"的"新经济政策"，华文教育处于停滞状态。直到 20 世纪 90 年代，马来西亚经济不断发展，国内各民族经济差距不断缩小，政府开始提倡在"马来人优先"的原则下，各族群共同发展，华文教育才得到显著发展。第三，华校本身比较特殊。华校作为不受马来西亚政府补贴的独立中学，有其独特的考试机制。一般情况下，独立中学的学生可以参加政府考试，如初中评估考试（PMR）、马来西亚教育文凭考试（SPM）等，还必须参加马来西亚华文独立中学统一考试（UEC），简称统考。但统考一直未被马来西亚政府承认。马来人认为，统考会削弱马来文作为官方语言和教育文凭考试优先级的资格，与"马来人优先"的原则相违背，因此在华校就读的学生不能在马来西亚本地的国立大学学习，这反映了马来西亚教育体制中的"种族歧视"。

华校作为华人社群传承文化的重要场所，促成了马来西亚成为世界范围内传承华文的典范。马来西亚华人教育在本国族群地位不完全平等且各族群之间存在偏见和矛盾的大环境下，还能取得这样的教育成就，这背后有着旁人难以想象的艰辛。

六、华人社群对所在国多数族群社会价值观的态度及其身份认同

（一）华人社群所在国内部政治意识形态差异

在双边经贸合作上，中马关系看似水乳交融，实则中马两地社会的整体互动和交流不够深入，这体现在两个层面：其一，国与国（政府与政府、央企与国企之间）的高层次交流合作；其二，马来西亚华人与中国之间的交流合作。中国过去多年的民间经贸和交流往来，主要以马来西亚华人为对象，与马来族群的互动交流可以说是少之又少。马来西亚社会是一个相对复杂的多元化结构性社会，多元种族、文化、宗教的社会背景促使马来西亚社会对中国发展和社会主义核心价值观的认知与观感出现很大差异。虽然马来西亚华人普遍上被视为中马关系的润滑剂，是中国与马来族以及其他族群社会之间的枢纽，能够建立双方的认知与共识，然而，中马关系并非如想象中融洽，在马来西亚最大族群——马来族社会，以及其他族群，对社会主义核心价值观或中国的认知可以说是一片空白。这也恰恰反映出，马来西亚华社作为中国面向马来族和其他族群的桥梁，介绍和宣传中国政策、社会主义核心价值观及“一带一路”倡议等方面还有很大的进步空间。

马来西亚社会结构复杂，多元种族、文化和宗教背景将这个社会分化成不同类别的阶层和群体，对中国发展所产生的影响也不尽相同。实际上，在这样的社会结构下，马来西亚人对“中国观”的印象和反应也受到本土政治、世代交接与政府对公共话语控制的影响。因此，马来西亚人对当代中国发展的印象就像马来西亚社会状况一样复杂，而经由主流媒体发布的官方政府政

策和公共舆论也无法真正反映出马来西亚社会对中国的观感①。马来西亚统计局资料显示，以马来人穆斯林为主的土著社群，占马来西亚总人口比例的69.3%②。马来族群在政治上处于主导地位，是内阁政府的核心人员，掌握着最重要和最敏感的政府部门，是政府部门运作上的支撑力量（超过90%公务员是马来族群）。历史上，马来族群对中国的认知与观感是建立在“共产主义威胁”的中国观基础之上的。马来亚共产党和“中国威胁论”不仅是马来西亚独立前后时期的敏感议题，多年后也时常在不同的政治选举和种族主义课题下被重新挑起，这对马来族群所认知的“中国观”产生固化影响。第一任首相东姑阿都拉曼倾向于“亲西方”和“反共产主义以及反对马来亚共产党”的政治意识形态，在任期间（1957年至1970年）拒绝与中国建立任何外交关系，反而更趋向于亲近印度③。在美苏冷战的背景下，以东姑阿都拉曼领导的马来亚政府对中国共产党领导的新中国采取了敌视和敌对的政治立场，这不仅仅是对共产主义的意识形态不认同，更大程度上是敌视在东南亚不断发展的共产党④。当时以马来贵族和马来技术官僚为首的政党，加上受英文教育的华人与印度人领袖所领导的政党组成的联盟政府，将中国视为对国家安全和内政的一大威胁。由此中国被贴上“一个巨大的外来力量，尝试通过其代理人（在东南亚的共产党组织）扩张其在东南亚地区的势力和影响力”的标签，被认为对东南亚的国家安全和区域稳定构成威胁。马来西亚政治精英所采取的策略就是和西方列强联盟来对抗中国的威胁。东姑阿都拉曼在执政期间的一系列动作，包括与英国签署《英马防务协定》、采取反共产党和反中国的外交政策等，很明显是对中国采取敌视的政治态度与外交政策。在本国

① Emile Kok-Kheng Yeoh, Malaysia: Perception of Contemporary China and Its Economic, Political and Societal Determinants, The Pacific Review, 2019: 32 (3), 395-418.

② Current Population Estimates, Malaysia, 2018-2019. Department of Statistics Malaysia Official Portal, https://www.dosm.gov.my/v1/index.php?r=column/cthemeByCat&cat=155&bul_id=aWJZRkJ4UEdKcUZpT2tVT090Snpydz09&menu_id=L0pheU43NWJwRWVSZklWdzQ4TlhUUT09.

③ Abu Bakar & Ibrahim, Malaysian Perceptions of China. Historia Actual Online, 2005: 93-105.

④ Jay Taylor, China and Southeast Asia: Peking's Relations with Revolutionary Movements. New York: Praeger, 1976.

内政上，马来亚政府也针对本土华人族群采取了孤立的政策，包括禁止传入中国刊物，限制往返中国旅行，甚至勒令中国银行关闭在马来亚的分行。

虽然第二任首相拉萨在任期间（1970-1976年）打破僵局，马来西亚在1974年与中国正式建交，但两国之间的关系仍持续受国内外共产主义相关因素的困扰，包括美国与苏联的冷战、美军与越南共产党的越战等，这就导致在20世纪70年代至20世纪90年代这20年间，中马两国关系一直存在猜忌和怀疑①。从第二任首相拉萨到第三任首相胡先翁，乃至第四任首相马哈蒂尔（前半段执政期间），这三任首相在任期间都一直对中国持有怀疑和猜忌的态度。这主要是因为马来西亚政府对中国采取的“双轨政策”，即把政府与政府（中国与马来西亚）的关系，以及政党与政党（中国共产党与其他海外共产党，包括马来亚共产党）的关系分割开来，形成双轨并行政策。此外，马来西亚的政治精英也对中国把马来西亚华人视为“归国海外华侨”的这一政治立场而感到不适。从马来西亚政府的角度来看，中国将马来西亚华人（马来西亚公民）当作自己国家的子民等于干涉了内政问题，甚至侵犯了马来西亚的国家主权。

1990年，即后冷战时代，中马两国关系出现大转弯，从相互猜忌怀疑转变成彼此和睦合作。政治上，双边政府和政党维持良好关系；外交上，两国建立战略合作伙伴关系，并在双边高级官员层次建立起制度化的咨询沟通机制；经济上，中国自2009年以来连续12年成为马来西亚的最大贸易伙伴国，同时马来西亚也是中国在东盟的最大贸易伙伴国之一；民心相通上，两国之间的双边旅游和教育往来日益密切。但对很多研究国际关系学的学者来说，马来西亚在后冷战时代的对华政策令人费解。若按照主流的新现实主义的论述，马来西亚作为一个小国，有足够多的理由去“平衡”一个大国新势力的发展。一派权力平衡理论认为，类似马来西亚这样的小国在面对大国发展时会选择寻找盟友来对抗或平衡这股势力；另一派权力平衡理论则认为，马来西亚作为弱国，不会去平衡或制衡更强大的势力，而是将之视为威胁者。

① Abdul Razak Baginda, “Malaysian Perceptions of China: From Hostility to Cordiality”, in Herbert Yee and Ian Storey, eds, The China Threat: Perceptions, Myths and Reality, London: Routledge Curzon, 2002.

学者在1990年至2012年间对马来西亚国家领袖发表过的文告和实际政策进行了观察研究，发现马来西亚将中国视为威胁的概率很低。这一观感不仅是在第一任首相期间，而是在整整三任首相期间都保持一致的立场。从第四任首相马哈蒂尔、第五任首相阿都拉到第六任首相纳吉，这三位国家领导在公众场合一再重申“马来西亚没有将中国视为一种威胁”。此外，在这期间实行的政策也没有丝毫“孤立或对抗中国”的元素。相反，三位国家领导人在经济和外交关系上选择与中国建立互动与合作的关系。虽然马来西亚与美国以及其他西方国家一直保持密切的军事合作关系，但这些关系早在冷战时期就已建立。因此，马来西亚的军事行动在本质上不存在对中国采取权力平衡的策略。

第四任首相马哈蒂尔在1990年开始加强与中国之间的外交关系，背后原因主要是其反西方主义的政治立场和向东学习政策。与中国交好的动作，一方面可以降低西方国家对马来西亚的影响，另一方面可以实现加强东亚政治与经济合作的目标，让马来西亚的外交政策更显独立与灵活。到了第五任首相阿都拉和第六任首相纳吉执政时期，两任首相选择与中国建立更为密切的合作关系，尤其是纳吉时代，中马关系更是升华至历史高点。当然，这也不意味着马来西亚会对中国采取绝对的likely从政策。相反，马来西亚选择与中国建立密切的经济关系并维持友好的外交互动关系，更多是现实层面的利益考量，即和中国打交道可以从商业和外交政策上获得利益，而不是臣服于中国的势力之下。实际上，用“对冲”来形容马来西亚对中国的政治和外交策略其实更为贴切。这里所指的对冲策略并非一些学者诠释的“中立立场，避免选边站，靠向任何一方势力”以保障其利益，把从强国势力可获得的短期利益最大化或把长期风险降至最低。传统上，对冲策略涵盖两个部分，即“回报最大化”和“风险应变”。前者是指如何通过与发展壮大的强国建立正面关系，从政策上实现经济、外交等利益的最大化；后者是指应对风险的措施。马来西亚在中马双边关系和对华政策的“对冲策略”主要建立在以下三个策略的基础之上：经济实用主义，有约束力的协议，以及有限度的likely从政策，即如何将短期经济、外交和地缘政治回报和利益最大化。但是马来西亚对国家主权具有高度敏感性，又因种族结构复杂多样，这让马来西亚同时采取了三种应变风险的措施，以便降低其长期风险。

马来西亚对中国的政治意识形态从20世纪70年代之前的“敌意和排斥”到20世纪70年代至90年代的“有所保留的外交关系”，乃至20世纪90年代到2018年之前升华至“友好与密切”的伙伴关系。中马关系在2018年大选前后经历了一段动荡低潮期，最后顺利走出谷底，恢复正常关系。无论如何，如果要与马来西亚打好交道，并在马来西亚本土“讲好中国故事”，中国必须对马来西亚的种族、宗教和政治事务保持谨慎且高度的敏感，毕竟反华情绪曾被利用在马来西亚挑起社会不安与暴力事件（无论是与中国有关，或者纯粹是本土政治因素）①。从社会层面来看，占大多数人口的马来族对中国的观感和政治意识形态，很多时候都受到政策选择的显著影响，同时也受到本国错综复杂的族群关系的影响②。马来西亚对国家主权的高度敏感性，加上占大多数人口的马来人与占少数人口的华人之间的复杂关系，对中马两国的伙伴关系发展带来一定局限性。值得注意的是，马来族政治意识形态包括对中国的政治观，主要掌握在政治精英身上。历届国家决策者对中国实行的政策一定程度上取决于本身族群政治的情况需要③。由于中马两国之间在政治意识形态、社会结构和文化差异上都有很大的差距，所以在宣传社会主义核心价值观时，中马必须从求同存异的思维角度出发。我们必须厘清哪些事情是马来西亚非常关注或持敏感态度的，然后在这些事情上建立双方的信任与共识，从而推动社会主义核心价值观的对外传播。

新加坡智库针对学者智库、工商界、区域或国际组织、公民社会组织和媒体等受访者进行的调研报告显示，东盟国家对于“中国将会做正确的事，为全球和平、安全、繁荣和治理方面做出贡献”这个课题，在2019年的调研结果中有超过半数（51.5%）受访者表示没有或只有一丁点信心；到了2021

① Lye Liang Fook, “China -Malaysia Relations Back on Track?” . Yusof Ishak Institute, Perspective, Issue 2019, No 38, 2019.

② Emile Kok-Kheng Yeoh, Malaysia: Perception of Contemporary China and Its Economic, Political and Societal Determinants, The Pacific Review, 2019: 32 (3), 395-418.

③ Mustafa Izzuddin, Ethnic Politics and Malaysia' s China Policy From Tun Abdul Razak to Abdullah Ahmad Badawi: A Neoclassical Realist Interpretation. The London School of Economics and Political Science, 2014.

年这一数字提高至63%。相比之下，2019年有19.6%的受访者有信心或非常有信心中国将会做出正确的事，但这一数字在2021年降至16.5%。其中，在2019年有45.8%的马来西亚受访者对中国没有信心或只有一点信心；到了2021年，这一数字提高至58.1%。相比之下，2019年有四分之一（25%）的受访者对中国有信心或非常有信心，这一数字在2021年并未得到改善，只有25.6%受访者认同①②。相关调研报告中另一个值得关注的课题是东盟国家对中国感到不信任的原因。调研结果显示，超过一半的东盟国家受访者担心中国的经济和军事力量可能威胁本国的利益和主权。所以这份调研报告的结果基本能反映出整体社会层面对中国认知的缺乏和信心不足，尤其是面向占绝大多数人口的非华人族群时，这种态势对社会主义核心价值观的传播和推广将带来一定的难度。

另一个值得注意的是，新加坡智库的调研结果也显示，马来西亚对中国的最大顾虑来自担心中国的经济和军事力量是否会介入与威胁马来西亚的利益与主权③。在不威胁国家主权和利益的大前提下，马来西亚更希望看到中国能够担当大国的义务责任，将其庞大的经济资源和强大的政治意愿用在领导全球上。调研结果也显示，马来西亚和东盟的普遍地缘政治观点是中国正逐步取代美国成为本区域的领导者，而且视中国为一股“修正主义力量”，有意将东南亚纳入其影响势力范围，而持上述观念的受访者超过75%。从马来西亚的受访者角度来看，如果中国加大对马来西亚的经济主导权和扩大政治影响力，将导致马来西亚对中国的好感减少。这恰恰反映出两个问题：其一是马来西亚，尤其是马来人社会对国家主权和利益的高度敏感；其二，马来政治精英在“中国威胁论”这套论述的话语权和诠释方式中对马来社会的刻板印象和既有观念产生一定程度的影响。

虽然中国不断发展、全球化和中华文化普及的大格局为社会主义核心价

① The State of Southeast Asia：2019 Survey Report. https：//www. iseas. edu. sg/wp-content/uploads/pdfs/TheStateofSEASurveyReport_ 2019. pdf.

② The State of Southeast Asia：2021 Survey Report. https：//www. iseas. edu. sg/wp-content/uploads/2021/01/The-State-of-SEA-2021-v2. pdf.

③ The State of Southeast Asia：2021 Survey Report. https：//www. iseas. edu. sg/wp-content/uploads/2021/01/The-State-of-SEA-2021-v2. pdf.

值观的输出带来新的机遇，但是海外地区如马来西亚受政治意识形态和种族政策等因素的阻力影响，即便有马来西亚华人为社会主义核心价值观的推广提供助力，仍需面对内在与外在的挑战。马来西亚社会是一个复杂且多元的结构，不同种族、教育、文化、宗教和经济背景的群体对中国发展的观感和看法南辕北辙。因此，我们无法单纯从族群、年龄层或政治意识形态的角度来剖析马来西亚人对中国的观感。有关马来西亚人对中国发展的观感，很大程度上取决于马来西亚本土政治权力、跨年代因素和政府对公共舆论的操控等各种错综复杂因素之间的交叉影响。

我们看到公共经济利益和安全问题对具有影响力的社会领袖的政治立场产生不同影响；我们看到新一代的意识形态和社会公正的主导意识对中国发展产生截然不同的观感；我们看到中马两国的执政党可以抛开政治意识形态的不同为共同的政治利益找到新的共识；我们看到中国的强大，让捍卫中华文化和华文教育的群体感到无比自豪。简单来说，马来西亚人对中国发展的观感就像马来西亚多元社会一样错综复杂，当中包含了中马两地的国家、社会与族群的文化习俗和价值观的相互碰撞与磨合。塞缪尔·亨廷顿指出，“软实力”让一个国家的文化和意识形态变得深具魅力，让其他人更心甘情愿地跟随其步伐①。他强调，软实力之所以能散发魅力，是因为建立在实质成就和影响力的硬基础上。这里指的“硬实力”包括经济实力和国际影响力，只有提升硬实力才会让自身的文化和意识形态受到其他人的敬仰和崇拜。中国发展背后的经济硬实力以及倡导全球化所带来的国际影响力，为中国软实力的传播和影响力的扩大创造有利条件。中国应该以开放心态加强跨族群之间软文化的深度交流与相互认同，这是未来的大势所趋，也是社会主义核心价值观进行有效传播的重要基础。

（二）华人社群所在国多数族群对中国的认知

正如前文所言，马来西亚社会多元结构复杂，不同种族、文化、宗教背景的多元社会对中国发展和社会主义核心价值观的认知与观感存在很大差异。

---

① Huntington, Samuel P., The Clash of Civilizations and the Remaking of World Order. New York: Simon & Schuster, 1996.

一方面，中国过去多年的民间交流往来主要以马来西亚华人为主，与马来西亚最大族群——马来族之间的互动交流可以说是少之又少。中国与马来族的交流更多是两国政府和政治精英之间的事。另一方面，马来社会对中国的认知也非常匮乏。传统上，马来社会对中国的观感和了解主要掌握在政治精英和主流媒体身上。例如，原马华总会长廖中莱表示，马来族群对中国不了解，源于传统思维上存有成见，对共产主义感到担忧。中国与马来社会因语言沟通和文化差异等障碍普遍存在严重缺乏沟通交流的问题。马来社会普遍上依然对共产党和共产主义有所保留，并且担心中国的到来会让马来族失去主权。这一观感很大程度上来自于马来民族主义极端者（包括政治人物和社团领袖），以及媒体（主流和网络媒体）对中国的主观叙述和标签。因此，马来西亚人，尤其是马来社会对中国发展和社会主义核心价值观的印象就像马来西亚社会一样复杂，经由主流媒体发布的官方政府政策和公共舆论并不能真正反映出马来西亚社会对中国的观感①。

实际上，媒体情绪是影响公众观感的主要因素之一，而马来西亚大部分主流媒体是受到政府的严格监管的，对特定课题所展现的媒体情绪很大程度上反映出马来西亚政府的态度。因此，马来西亚的媒体情绪直接受到政治因素，包括外交关系的左右②。以森林城市项目为例，这一中国大型项目因牵扯到马来西亚全国大选的政治矛盾而被政治化，因而受到媒体的高度关注。在民族主义情绪高涨的背景下，当森林城市被揭露在已出售的住宅单位中中国买家占近三分之二，而且拥有配送永久居民的权利时，马来西亚媒体表达了强烈的反对情绪，将森林城市打上“威胁马来西亚的主权”的标签③。因为主流媒体受政府的监管，公众无法从主流媒体上看到与政府不一样的观点。换句话说，非华人群体对中国的认知，受到政治因素和媒体情绪的影响。

---

① Emile Kok-Kheng Yeoh, Malaysia: Perception of Contemporary China and Its Economic, Political and Societal Determinants, The Pacific Review, 2019: 32 (3), 395-418.

② Wang, Y. and Reagan, J., Media Sentiment Towards Chinese Investments in Malaysia: An Examination of the Forest City Project. Asian Journal for Public Opinion Research, Center for Asian Public Opinion Research & Collaboration Initiative, 2020: 8 (3), 197 - 221. doi: 10. 15206/AJPOR. 2020. 8. 3. 197.

③ Moser, S., Forest City, Malaysia, and Chinese expansionism. Urban Geography, 2018: 39 (6), 935-943. https://doi.org/10.1080/02723638.2017.1405691.

我们在2020年针对623名马来西亚人开展了一项名为“讲好中国故事”的民间调研工作，在此过程中试图了解马来西亚的非华人群体，尤其是马来族对中国相关课题的了解和观点。这项调研的受访对象是非华人群体，主要是以马来人为主（占总受访人数的89.2%），大部分处于年轻年龄层（18岁至44岁的受访者占91.1%），并且学历在大专或以上（占受访者总人数的92.9%）。这项调研结果显示，马来西亚的非华人群体，尤其是马来族，对中国认知的信息获取渠道主要来自传统主流媒体和网络媒体，分别占50.6%和78%。这意味着主流媒体和网络媒体对中国课题的新闻报道角度和媒体情绪将给马来族对中国的认知和观感带来直接的影响。正如上文所述，媒体对中国课题的新闻立场和媒体情绪受到政治因素的影响。当民族主义色彩浓厚的政治人物利用主流或网络媒体挑起中国课题来达到激起民愤情绪的目的时，这无疑将影响公众对中国的认知和观点。比如说，马哈蒂尔在2018年大选前挑起“拆除关丹马中产业园的万里长城”和“森林城市出卖国土”等明显标签“中国威胁马来西亚主权”的课题来获得网络媒体的大幅度报道，而且在新闻报道内容中流露出对中国的负面情绪。通过政治人物的渲染和网络媒体的课题设置以及负面媒体情绪的影响，中国威胁马来西亚主权的课题挑起公众对中国的负面观感，并影响了2018年的全国大选成绩，让马哈蒂尔坐收渔翁之利①。

该调查结果还显示，朋友和同事（占42.9%）是非华人群体获取中国相关信息的第三大渠道，非华人群体也通过各种与中国相关的活动（占28.4%）获得有关中国的信息。这一结果反映出另一个核心问题，即马来西亚华人作为马来族（和其他非华人群体）与中国之间的桥梁，在向马来族传播社会主义核心价值观和建构中国观认知方面，是否发挥了他们真正且有效的作用。

首先，我们从马来西亚各族关系来剖析。虽然马来西亚的多元族群生活在同一片国土上，但未能形成各族真正融合为一体的社会，很多时候各族趋

① Wang, Y. and Reagan, J., Media Sentiment Towards Chinese Investments in Malaysia: An Examination of the Forest City Project. Asian Journal for Public Opinion Research, Center for Asian Public Opinion Research & Collaboration Initiative, 2020: 8 (3), 197 - 221. doi: 10.15206/AJPOR.2020.8.3.197.

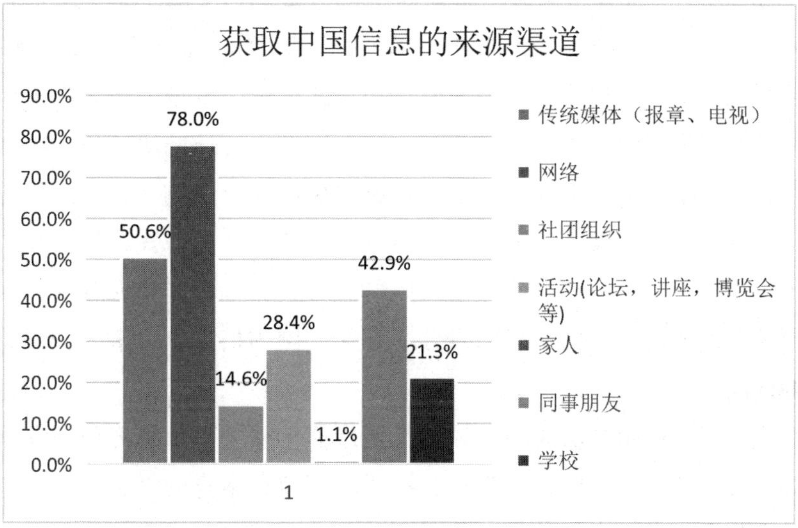

图 1 获取中国信息的来源渠道情况

向于和同族人群居，按各自的生活习惯、文化习俗生活在一起，更多以各自的母语为主要沟通语言。英殖民政府对马来亚半岛各族群采取分而治之的分化政策，以及按经济功能划分各族群的社会结构，造成独立后的马来西亚面临种族分化的问题，而这道裂痕至今仍存在于各族之间。一项针对马来西亚中学的三大族群学生互动交流的调研报告结果显示，虽然三大族群学生在同一所中学一起上课，但各族学生之间仍然存在民族中心主义的问题，即个别族群学生更趋向于和同一族学生一起学习与社交①。该调研报告显示，单一族群的学生在面对问题需要协助时，大多数趋向于向同族学生寻求帮助。比如，有 65.1%的马来学生会寻求同族学生的帮助，而高达 70.4%的马来学生从来不曾或甚少向华人和印度学生寻求帮助。同样，有高达 72.9%的华人学生从来不曾或甚少向马来学生寻求帮助，而 77.5%的华人学生经常或不时向同族学生寻求帮助。另一方面，各族学生也趋向于选择与自己同族人一起学习与讨论功课。他们一般甚少与其他族群学生一同学习或讨论。比如，有高达

① Najeemah, M. Y. , Patterns of social interaction between different ethnic groups in Malaysian Secondary Schools. Jurnal Pendidik dan Pendidikan, 2006 (21): 149-165. Retrieved from http: //web. usm. my/apjee/APJEE_ 21_ 2006/10%20najeemah (149-165) . pdf.

74.3%的马来学生选择与同族学生一起学习，而61.1%的华人学生选择与同族学生一起学习。此外，各族群对在学校进行社交的观点也存在很大的差异，包括从国民型小学（以马来学生为主）和华文小学（以华人学生为主）升入同一中学的学生之间也存在社交沟通的差异问题。这一调研结果反映出一个问题，就是从小到大，不同族群已习惯各自生活在自己圈子，以至于各族之间缺乏交流沟通，对彼此的文化认知也缺乏了解与认同。在这样的社会背景下，很多华人不会主动与其他非华人族群交心交流，而非华人族群也因缺乏认知与了解，即使华人朋友或同事分享有关中国的信息，也未必获得非华人族群的认同。

其次，华人社团在面向马来族和其他族群传播中国信息方面，没有真正发挥好桥梁角色。这主要是因为华人社团还停留在本身的舒适圈，没有真正走入马来社会去讲好中国故事。华团大部分活动的参与者以华人居多，很少看到大量马来族参与华团的活动。这种情况的出现，主要是因为华团传统上举办的活动，包括讲座会、对接会、文化艺术活动等，“华人色彩”过于浓厚，给马来族的感觉就像这是“华人”的事，与马来族或其他族群没有关系。因此，华团在传播和讲好中国故事时，其受众群体依然是以华人族群为主。此外，目前大部分华人社团在讲好中国故事的过程中，所采用的方法和手段较为沉闷，或模式单一化。比如华团举办的表演、展览或讲座活动，很多都是单向宣传形式，缺乏交流互动。这类活动没有办法引起共鸣，无法吸引普罗大众，尤其是马来族的兴趣。此外，很多华团活动还是以传统方式进行推广，没有善用网络科技的力量。这导致华团活动的影响力仅限于出席线下活动的受众群。若相关活动缺乏新意或沉闷无聊，吸引力和出席人数更是大打折扣。由于现代人日常工作和生活的大部分时间都花在智能手机和电脑上，华团的宣介或推广活动少了线上宣传推广这一块，就大幅削弱了其传播力和影响力。

实际上，我们的调查报告结果也显示，超过三分之二（66.6%）的受访者从来没有接触或参与过华人社团举办关于介绍中国或“一带一路”的活动。此外，有接近三分之二（66.2%）的非华人族群受访者表示，曾经在与华人社群的接触中至少听过一些对中国不友好的信息或态度。这在某种程度上也反映出，华团并没有扮演好中国与非华人群体之间的沟通桥梁这个角色。大部分非华裔族群认为，华团在介绍现代中国制度、文化、价值观，包括重要政策，如“一带一路”倡议、扶贫等过程中，主要的问题在于“华人色彩太重”让友族不自在，且缺乏专门针对友族设计的宣讲介绍活动，或没有针对友族感兴趣的内容进行设计，以及马来族群对中国存在一些隔阂，影响对宣讲介绍的接受度。尽管如此，绝大部分非华人群体（89%）认同华人社团应该充当中国和马来西亚的桥梁，对其他族群了解中国起着积极作用（64.7%），而且更能接受和认可由华人社团来介绍中国（79%），而不是直接从中国获得信息。

上述调研结果表明，华人社团在讲好中国故事方面虽然具备不少有利的客观条件，但是没有真正建立起有影响力的“讲好中国故事”的品牌，从而无法对马来族产生实际和深入的影响。比如，有越来越多马来族父母把孩子送到华文小学上课学习中文。根据马来西亚教育部的数据，2010 年非华裔学生占华小学生人数的 11.84%，到了 2020 年，非华裔学生的比例提高至 19.75%。这显示华小的办学获得非华裔家长的青睐，吸引越来越多友族同胞把孩子送往华小就读①。这些马来族学生在六年华小教育和中华文化传承的耳濡目染之下，对中国的观感和态度相对更为亲善。比较可惜的是，过去多年，华团并没有善加利用这一资源。同样地，近年来有不少马来族青年到中国留学，亲身体验了中国的文化、了解中国的制度和发展，学习了中国人的思维。此外，前往中国进修短期课程的马来西亚人逐年增加，尤其选择进修短期汉语课程的人数增长最为可观，绝大部分来自非华人群体，主要是由企业或政府公费委派。这些在中国留学或参加短期进修课程的马来族是面向马来族推广讲好中国故事最理想品牌的代言人。这方面，华团并未经营好这个品牌，没有善用这些对中国友好的马来青年在马来社会多加推广和传播有关中国的正能量。所以由上述可知，中国与马来西亚华团在联合推动面向马来社会的

① 《2010-2021 华小数目和学生人数演变概况》，教总官方网站，https：//jiaozong.org.my/v3/index.php/%E6%95%99%E6%80%BB%E8%B0%83%E6%9F%A5%E6%8A%A5%E5%91%8A/7773-2010-2021%E5%B9%B4%E5%8D%8E%E5%B0%8F%E6%95%B0%E7%9B%AE%E5%92%8C%E5%AD%A6%E7%94%9F%E4%BA%BA%E6%95%B0%E6%BC%94%E5%8F%98%E6%A6%82%E5%86%B5。

活动方面，可以善用在华小、独立中学，或者在中国留学的马来族学生以及他们的家人作为活动品牌的亲善大使、分享嘉宾。在宣传上，可以把他们的中国故事（比如在华小或中国求学的生活点滴）以生动有趣的方式制作成宣传内容，通过网络进行传播，让马来族自己讲好中国故事。

除此之外，马来西亚华社普遍存在资源分配不均的问题。普遍上，以华人子弟为主的独立中学（下文简称“独中”）获得华团华商的大力支持，让其拥有足够的资源举办活动，但受众群依然停留在华人群众。相比之下，马来族占多数的国民中学内那些华人学生组织的文化团体如华文协会往往被华社所忽略，长期面临缺乏教师和财务资源的困境，以至于这些华裔青年在推广和传承中华文化方面问题重重。事实上，许多学术研究已经证明，教育在建立良好族群关系上扮演非常重要的角色，因为教育体系提供一个平台让学生之间进行交流互动，从而共同建立共识，相互谅解与忍让①。基本上，学校就像是一个大熔炉，是让不同文化背景的学生初次接触、共同度过学习生活的地方。不同族群之间的交流互动很多时候都是从他们的学生时代启蒙的，通过学校建立共同学习成长的环境，比如团队比赛、课外活动、学生团体活动等，让来自不同族群的学生们可以相互交流互动与合作，从而建立和谐、互信的关系。总的来说，以多元族群学生为背景的学习成长环境有更多的机会培养跨族群的认知、了解与认同，对促进跨族群的正面社交活动与心态有显著的帮助②。因此，若在跨族群的活动上给予足够的资源和支持，鼓励华人学生与马来学生交流学习，建立信任与了解，那么在向马来族讲好中国故事方面可以起到事半功倍的效果。因此，华团华商在传播“讲好中国故事”方面，应该给以马来族为主的国民中学内的华裔学生组织，以及为与马来青年社会互动多的华裔青年组织提供充足资源，协助他们在马来社会尤其是青少年这一板块做好推广工作。华团方面，若所在地区的独中资源充足，应当把

---

① Hashim, Talib & Abu Bakar, Noor & Mamat, Nordin & Razali, Abdul, Social Interactions among Multi - Ethnic Students. Asian Social Science, 2016: 12 (7) 47, 10.5539/ass.v12n7p47.

② Munniksma, A., & Juvonen, J., Cross-ethnic friendships and sense of social-emotional safety in a multiethnic middle school: An Exploratory Study. Merrill-Palmer Quarterly, 2012: 58 (4), 489-506. http://dx.doi.org/10.1353/mpq.2012.0023.

资源更公平导向于这些身在国民中学的华裔学生中，支持他们在国民中学举办活动，更好地向马来学生讲好中国故事和传播社会主义核心价值观，从他们年轻时代就建立起对中国的友好观感。

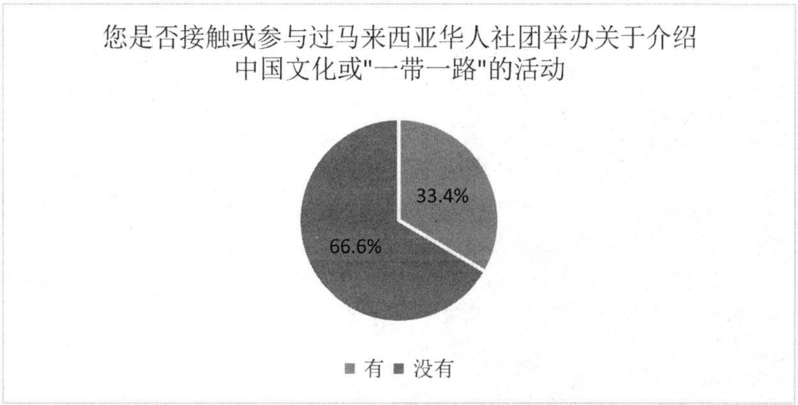

图 2　接触或参与马来西亚华人社团举办关于介绍中国文化或“一带一路”的活动情况

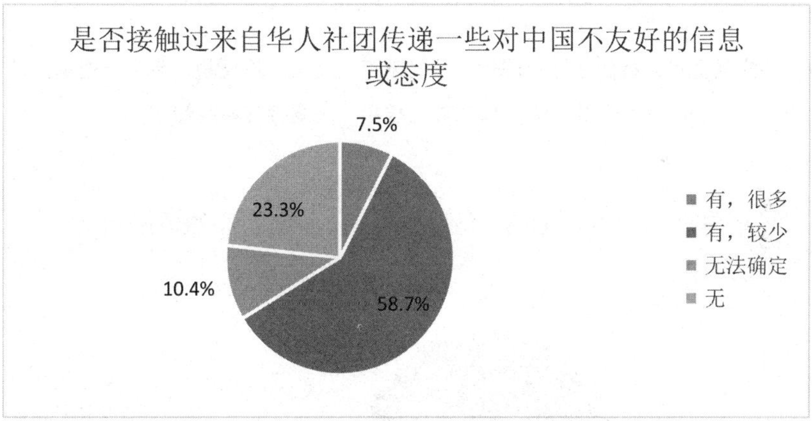

图 3　接触来自华人社团传递一些对中国不友好的信息或态度情况

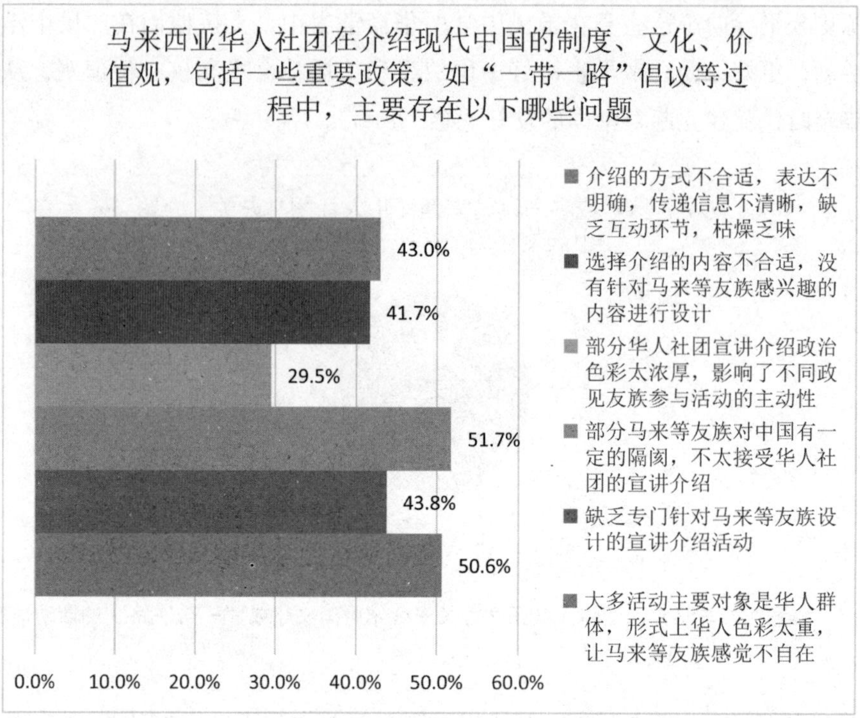

图 4　马来西亚华人社团在介绍现代中国的制度、文化、价值观，包括一些重要政策，如“一带一路”倡议等过程中，主要存在问题情况

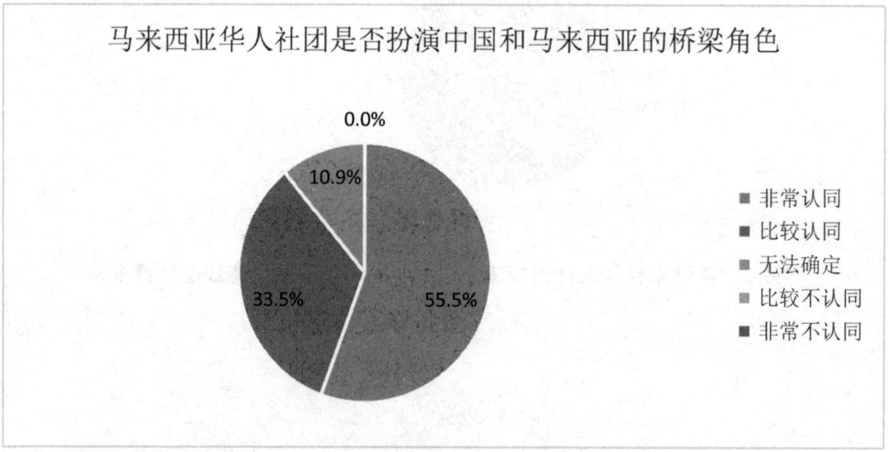

图 5　马来西亚华人社团扮演中国和马来西亚的桥梁角色认同情况

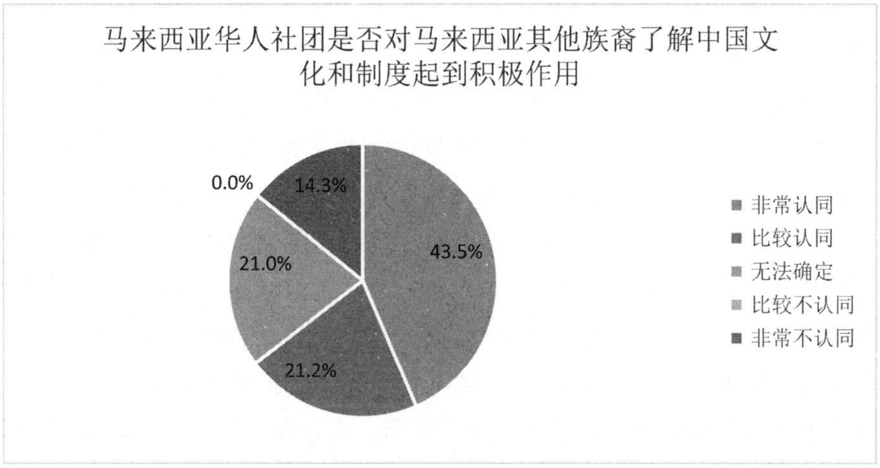

图 6　马来西亚华人社团对马来西亚其他族裔了解中国文化和制度起到积极作用认同情况

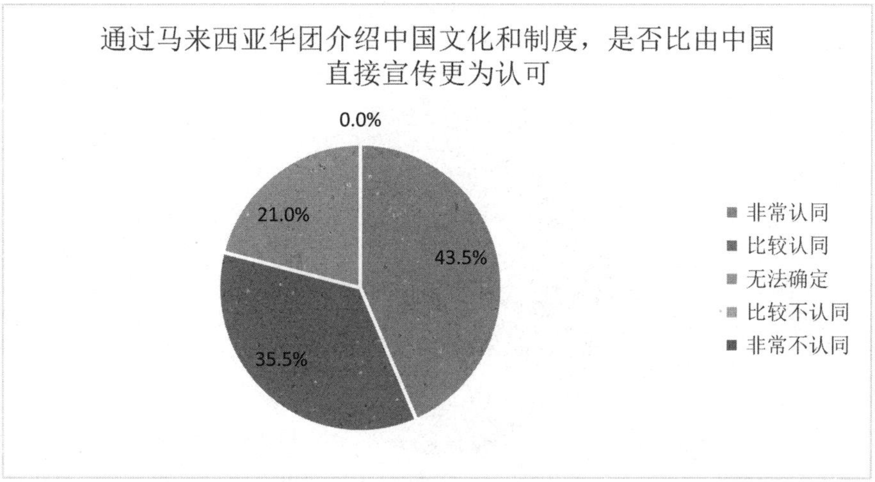

图 7　通过马来西亚华团介绍中国文化和制度比由中国直接宣传更为认可的认同情况

总体而言，我们的调研结果显示，非华裔族群（尤其是马来族）整体上对中国还是保持积极态度（79%），对于“一带一路”能够让马来西亚从中受惠这一观点也给予正面肯定（71.4%）。这一调研结果与新加坡智库《东南亚国家：2019 年调研报告》内的民调结果相符。该民调显示，39.2%的马来西亚人认为“一带一路”有利于区域经济发展并加强东盟与中国关系；42%的马来西亚人认为“一带一路”可以为区域国家提供所需的基建融资，而51.8%的马来西亚人认为“一带一路”将让东盟国家更向中国靠拢。相比之下，只有18.9%的马来西亚人认为“一带一路”不会成功，因为当地社会没有受惠①。

调研数据显示，有接近一半非华裔族群（49.9%）不清楚华人社团是否有积极推动“一带一路”的作用，反映出非华裔族群对华人社团举办的“一带一路”相关活动参与度不高。但无论如何，大部分非华裔族群（79.3%）认为，如果有适当的机会，比如有适合他们或他们感兴趣的活动，他们也愿意积极参与华人社团举办的活动，从而进一步了解中国。从这一角度出发，若华人社团能跳出传统框架，举办一些吸引广大群众兴趣或者引起各族共鸣的活动，在传播社会主义核心价值观和讲好中国故事方面，将有利于扩大受众群和影响力。比如，马来族熟悉的马来史记中，有不少和中国古代王朝之间的故事，可以通过更生动有趣和互动性高的宣传方式来增加马来族对中国的正面观感。

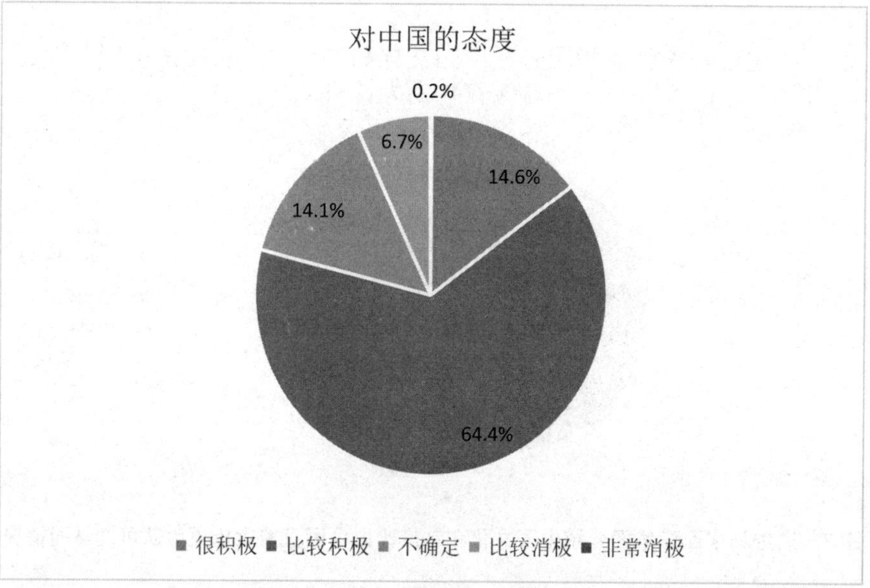

图8 对中国的态度情况

① The State of Southeast Asia：2019 Survey Report. https：//www. iseas. edu. sg/wp-content/uploads/pdfs/TheStateofSEASurveyReport_ 2019. pdf.

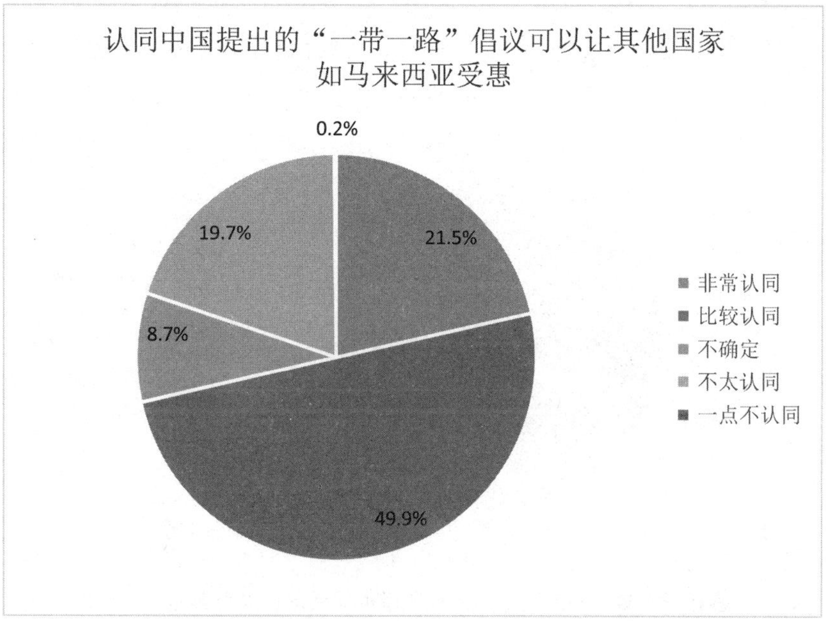

图 9　认同中国提出“一带一路”倡议可以让其他国家受惠情况

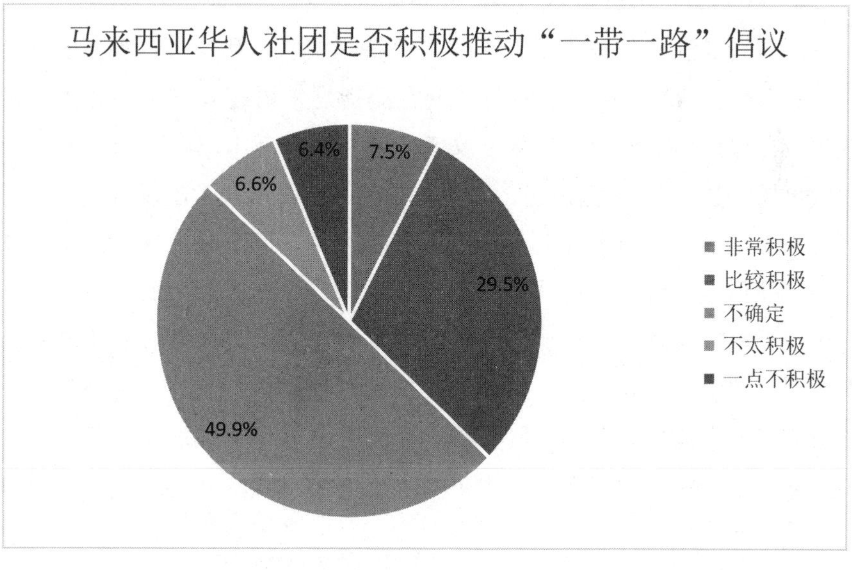

图 10　马来西亚华人社团积极推动“一带一路”倡议情况

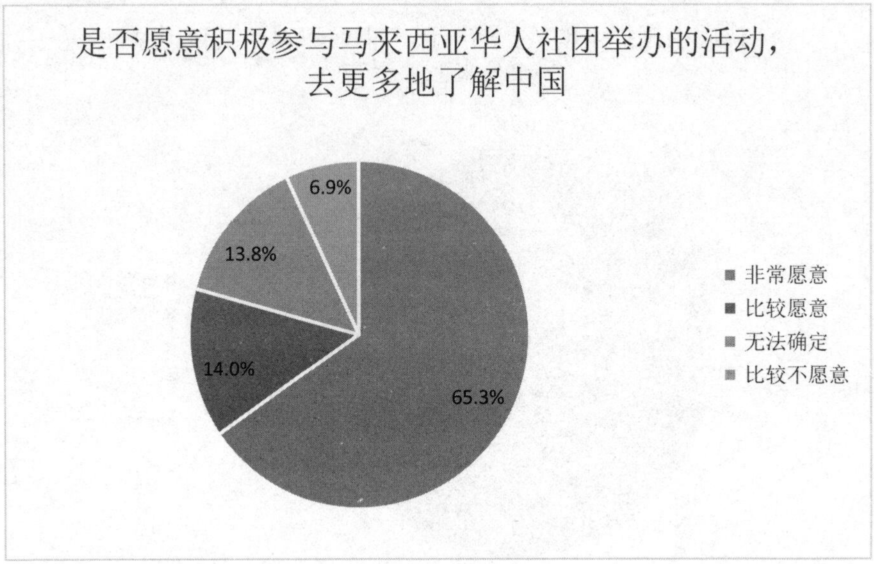

图 11 愿意积极参与马来西亚华人社团举办的活动，去更多地了解中国情况

（三）华人社群的身份认同演变与当前价值观

中国与马来世界/马来群岛之间的联系源远流长，历史可追溯至公元 4 世纪①。一开始中国人来到马来群岛（现在泛指马来语言和马来文化通行的东南亚国家，包括马来西亚、印尼、文莱、新加坡和泰国南部）是为了经商、学习或传播宗教。自 18 世纪起，尤其是在英国殖民期间，出现大规模中国人南下到马来群岛（或称作南洋）找生计的现象②。那个时候这些南下讨生活的中国人被称为华侨，身份认同上仍是中国人，希望有朝一日落叶归根。这与今天在马来群岛落地生根，已经历经至少两三代人开枝散叶的本地华人社群有着很大的身份认同差异。从落叶归根到落地生根，海外华人身份的重大转变形成了一个独特的身份认同思维：今天的海外华人在国家身份认同上把本身所在国视为祖国，而中国则是祖籍国，但在文化（包括中华文化传承、

① Wang, Gungwu, China and the Chinese Overseas. Singapore: Times Academic Press, 1991.

② Lee, Yok Fee, Kajian tentang identiti orang Cina di Malaysia dari segi epistemologi: Ulasan. SARI: Jurnal Alam dan Tamadun Melayu, 2009 (27): 167-183. ISSN 0127-2721.

血缘、籍贯、语言、民间风俗习惯等）的身份认同上把自己视为中华民族的一部分，并以此为傲。

王赓武将东南亚华人的身份认同归纳为两大类的七种认同：第一类是政治类认同，包括中国民族国家认同、当地民族国家认同、华人社区认同和强调法律政治权力的种族认同；第二类是文化类认同，包括中华历史认同、中华文化认同和文化族群认同①。庄国土则把东南亚华人的身份认同分类为政治（国家）认同和族群认同两类。政治认同上，绝大部分华人已经加入居住国国籍，到20世纪70年代末，东南亚华人基本上已完成国家认同的转向。族群认同通常由两方面因素决定，一是种族特点，二是族群文化。前者指的是种族遗传带来的体形、肤色和某些心理素质，而后者是指族群文化意识，这种文化意识是族群的群体行为特性的概括，高度表现为自我的“华人意识”。庄国土指出，马来西亚华人的族群认同意识强烈，不但表现为个人作为华人的意识更明确，而且表现为华人社会内部的组织机构较为健全，华人个人和团体活跃参与各种社会事务，尤其是政治事务、维护华人文化和华文教育权利。近年来，马来西亚华人由于与中国的经济互动密切，其经济地位进一步得到提升，华人意识也得到增强。如无特别变故，马来西亚华人的族群意识将长期稳固，并可能因国际华人互动关系的发展而增强②。

华人开始大规模移居马来半岛，大约是在19世纪末至20世纪初。光绪十年（公元1884年），清政府在甲午战争中战败，被迫和日本签下《马关条约》，割让辽东半岛、台湾及澎湖列岛，并支付二亿两白银给日本，同时也需放弃朝鲜国的宗主权。自此以后，西方列强入侵中国，清政府的军事力量薄弱，财力匮乏，百姓民不聊生。面对动荡的时局，广东及福建沿海的居民为了求生，便迁徙至地广人稀、物资丰饶的南洋。彼时，英国殖民政府急需大量劳工协助开垦马来亚，便到人口众多的中国招募华工，以替补非洲黑奴贸易废止后的劳动力短缺。华人主要以“猪仔贸易”的形式来到南洋，而劳动力的供应、运输和销售都被中国的秘密会社天地会的海外分支——南洋华人

① Wang，Gungwu，China and the Chinese Overseas. Singapore：Times Academic Press，1991.

② 庄国土：《略论东南亚华族的族群认同及其发展趋势》，《厦门大学学报（哲学社会科学版）》2002年第3期，第63-71页。

会党所掌控，其中以新加坡和槟榔屿为最大的华工转运市场①。华工来到马来半岛，从事锡矿开采、橡胶种植等经济活动，后来大多数人都在当地落地生根。另一批移民则是抗日战争前因中国境内政治局势变化而南来的文人，如许杰、林参天、郁达夫、胡愈之等，他们大多在华文媒体中任职，主要向马来亚侨民传播中国境内的资讯，亦间接开启了马来（西）亚华文文学的发展历程。大量的华人到达南洋后，为了保障各自的权益和维系宗族间情感等种种因素，各种华人社群组织也就应运而生。

自1945年起，华侨这个概念出现重要转变。在南洋生活的中国华侨不再把自己视为旅居者，萌生出想要在马来亚（独立前的马来西亚通称）落地生根的念头。因此，他们开始自我定义为华裔②。马来亚的独立，让这些南洋华人从当初的华侨（对中国效忠，视中国为祖国）过渡到拥有有限法定公民权的移民，再到后来在马来西亚土生土长的第三代和以后的本土华人，今天的马来西亚华人在身份认同上早已将马来西亚视为落地生根的祖国，标榜自己是“马来西亚人”③。虽然马来西亚华人在文化身份认同上，始终贯彻中华民族的身份认同，至今仍坚持保存、传承和发扬中华文化，但同时也受到马来文化和西方文化的影响，与既有的传统中华文化相互融合。因此，今天马来西亚华人已发展出一套独特且具包容性、以中华文化为主的多元性质文化。这种特有文化体现在语言、文化艺术和日常生活上。早期在马来亚的中国华侨面对很多问题，尤其是在婚姻方面。华人传统习俗等因素限制女性出国，促使中国侨民与本地女性通婚，在马来亚形成了独特的峇峇娘惹文化④。与此同时，不少在马来亚出生的华人子弟被送到英校求学，长期受西方文化的影响和熏陶，因此也更容易接受西方文化价值观和习俗。马来西亚的另外两大

① 邱格屏：《19世纪南洋华人会党与“猪仔”贸易的关系》，《青海社会科学》1999年第3期，第82-85页。

② Wang, Gungwu, Among non-Chinese. Dlm. Tu Wei-Ming.（ed.）. The living tree the changing meaning of being Chinese today. Standford: Standford University Press, 1994.

③ Sharmani Patricia Gabriel, “After the break”: re-conceptualizing ethnicity, national identity and “Malaysian-Chinese” identities, Ethnic and Racial Studies, 2014（37）: 7, 1211-1224.

④ Lee, Yok Fee, Chinese Education and Chinese Identity in Malaysia. International Journal of History Education, 2009, Vol. X, No. 2.

族群，马来族群和印度族群的文化也与华人文化相互融合，形成以各自文化为轴心的多元性质文化，具体体现在语言、文化艺术和日常生活上。

第二次世界大战后，绝大部分马来亚华人趋向于定居在马来亚，他们愿意在国家身份认同上放弃传统的中国人身份，以马来亚民族身份取而代之，但同时他们也建立起一个鲜明的华社群体身份，在马来亚争取华社族群的权益。马华公会就是在这样的背景下诞生的。马华公会的出现顺应当时社会的需要，解决当时留在马来亚的华人的一个重要问题：身份认同。当时的华人普遍上还是停留在“落叶归根”的意识形态，以同祖同宗的中国作为首要的身份认同。以马华公会创党人之一的陈祯禄为首的华人领袖们深知一个道理，当时生活在马来亚的华人必须通过适当的政治途径参与独立和建国，否则华人在这片土地上只能是一个“外来者”。因此，他主张华人应该在文化上“落叶归根”，但在政治意识形态上必须对本土效忠，成为真正意义上的“公民”。正因为陈祯禄提倡的政治斗争路线，让作为开拓者的华人最终获得法定的公民身份，成为这个国家的一分子。从第一代和第二代背井离乡来马来亚讨生活的海外华侨，到今天土生土长的第三代或以后的华人，“马来西亚人”这个国民身份认同已经根深蒂固地烙印在马来西亚华人的心上，虽然在情感和文化的身份认同上，大部分华人依然对祖籍国——中国怀有一份难以磨灭的中国情结。

黄大志将马来西亚华人分成三大类：第一类是最早期华人移民后代的峇峇娘惹阶层，也包括后期华人移民中的英校生及其后代；第二类是坚守华校传统和文化的华人群体；第三类是本土化层次最低的方言华人群体①。其中，第一类华人的特征是受英文教育，虽然是华人血统，但对中国的认知存在巨大鸿沟和疏离感，反而对本土化身份认同的接受度高。随着20世纪70年代马来西亚政府将所有英校关闭后，大部分英校生的孩子只能选择到华文小学或国民小学读书。对经济能力强的家庭，还是会选择以英语为主的国际学校。后期因国家政策，马来西亚政府部门完全以马来文取代英文，加上华文的国际地位日趋重要，英校精英的优越感已不复存在。第二类华人是中华文化和

① 黄大志：《华人本土化与身份认同》，东方日报，https：//www.orientaldaily.com.my/news/lunjian/2020/06/15/346254。

华文教育的中坚支持者，坚守传统文化和华教，中华情结浓，普遍上与华人社团联系密切，非常关心中国的发展和成就，但本土化身份认同程度就比第一类华人低些。随着中国改革开放成功，这类华人也共同捍卫华教、华人平等权益，争取政府承认统考等。不管来自什么阶层，受教育多寡，这一类华人的身份认同统一性很高，目的性非常相似。第三类华人是本土化认同层次最低的方言华人群体，多住在乡村、华人新村或小城镇，村镇里一般有先辈建立的华文小学，他们与友族的来往较少，传统华人文化习俗保存得比大城市更完整。这一类华人社群在东马砂拉越和沙巴更具有代表性。自 1963 年加入马来西亚后，东马华人普遍接受中国政府鼓励加入当地国籍、效忠马来西亚政府。经过数十年的蜕变，新一代东马华人对中国还有身份认同意识者几乎已经消失，基本都融入马来西亚的多元文化社会。

与其他东南亚华人华侨一样，今天绝大部分马来西亚华人的身份认同，首先是对本土国家的认同，但思想上保持华人意识①，而所谓的华人意识或者华人性可以理解为一种“文化基因”，除了语言之外，主要是由重要的价值观及习俗（包括民间信仰等）组成。马来西亚华人的根是中华民族，虽然在政治上效忠所在国，但在民族心理与文化上有对中华民族的身份认同特征，他们除了具有华人的血统，还在文化上保留了许多华人特色的文化习俗、语言等。华社领袖在文化上保持对传统中华民族的身份认同，并在马来西亚独立的过程中，争取将中华文化正式作为这个国家的国民身份认同的一部分②③，其中一个最具代表性的身份认同象征就是华教和华语地位。马来西亚华人把华语视为保存和传承中华文化与身份认同的重要媒介，因此从独立至今，华社始终坚持为华教和母语的发展出钱出力。今天马来西亚被视为除大中华区以外将中华文化保存和传播发扬光大的国家，这主要归功于华人政党、华团和华教对母语教育和中华文化的守护与无私奉献。然而，华文教育也一直被英殖民政府（独立前）和马来民族主义者诠释为国家团结与国民身份认同的

① 庄国土：《略论东南亚华族的族群认同及其发展趋势》，《厦门大学学报（哲学社会科学版）》2002 年第 3 期，第 63-71 页。

② Wang, Gungwu, China and the Chinese Overseas. Singapore: Times Academic Press, 1991.

③ Lee, Yok Fee, Chinese Education and Chinese Identity in Malaysia. International Journal of History Education, 2009, Vol. X, No. 2.

绊脚石。正因为马来西亚拥有这样一个多元文化的社会结构，多元文化的百花齐放一方面成为这个国家的独特资产，但另一方面也对马来西亚华人的民族身份认同与文化摩擦带来一定的挑战。

身为中华民族后裔，马来西亚华人普遍被视为“中国通”，因具备语言和文化互通的先天优势，他们对中国价值观和中华文化的了解程度和接受度远比马来西亚其他族群更高。正因如此，马来西亚华人传统上被赋予“接轨中马的桥梁角色”，在推广中国相关政策、文化和价值观等方面，发挥其独特的作用。尽管同属东盟国家，印尼和新加坡华人的“华人因素”身份并未成为中国与这两个国家建立密切关系的催化剂，反而在某种程度上成为双边关系的绊脚石①。以新加坡为例，虽然华人占大多数，但新加坡是东盟创始国中最晚与中国建立邦交的国家，在1990年才正式建立外交关系。这主要是因为新加坡政治精英不想以华人族群占大多数的新加坡，在冷战时期因“华人身份”的色彩太浓而被视为“亲中”或“小中国”②。同样地，掌控经济命脉的印尼华人被视为支持共产主义，导致印尼政府在1967年宣布与中国断交，直到20世纪90年代苏哈托总统上台后才恢复邦交③。

反观马来西亚，虽然华人与最大族群——马来人之间存在微妙的种族政治紧张关系，但中马之间的关系，从首任首相东姑阿都拉曼的“亲西方和反共产主义”（1957年至1970年），到第二任首相拉萨的谨慎友好邦交，发展至第五任首相阿都拉和第六任首相纳吉的成熟伙伴关系。在这个过程中，“华人因素”没有成为中马关系的绊脚石，反而对促进两国合作关系带来积极的

① Mustafa Izzuddin, Ethnic Politics and Malaysia' s China Policy From Tun Abdul Razak to Abdullah Ahmad Badawi：A Neoclassical Realist Interpretation. The London School of Economics and Political Science, 2014.

② Ho, Khai Leong, Indonesia, Malaysia and Singapore' s Relations with China：A Comparison. In Yeoh, Kok-Kheng and Chung, Hou Kok, eds. China and Malaysia in a Globalizing World：Bilateral Relations, Regional Imperatives and Domestic Challenges. Malaysia：Institute of China Studies, University of Malaya, 2006：71-80.

③ Sukma, Rizal, Indonesia and China：the politics of a troubled relationship. London；New York：Routledge, 1999.

贡献①。然而，近年来马来西亚的马来伊斯兰至上主义强势抬头，形成一股锐不可当的趋势。巫统和伊斯兰党联盟的全民共识在多场补选中大获全胜，这让马来伊斯兰至上主义抬头。2020 年 3 月 1 日，慕尤丁宣誓成为马来西亚第八任首相，不仅终结希望联盟 20 多个月的短暂政权，更组成一个由土团党、巫统和伊斯兰党为主的马来中心化民族主义政府，为马来伊斯兰至上主义提供更有利的条件。马来伊斯兰至上主义在 2021 年巫统重新掌控中央政府大权后仍获得延续。此外，2021 年 12 月，曾任马来西亚两届首相的马哈蒂尔在推介其撰写的新书时，表示马来西亚华人因仍保留使用筷子用餐和说华语的习俗，所以无法很好地融入马来西亚社会。马来西亚华人的“族群身份认同”和“文化身份认同”正在面对越来越严峻的考验，若在“讲好中国故事”这一块拿捏得不恰当，最终马来西亚华社在推广社会主义核心价值观的努力可能会适得其反、弄巧成拙，挑起本土民族身份认同的危机。

我们在 2020 年针对 623 名马来西亚人开展的“讲好中国故事”民间调研结果也反映出这一现实问题。这项以年轻马来族为调研对象的报告中，其中有一个问题的调研结果显示，超过一半的非华裔族群（58.2%）承认，如果马来西亚华社团体过分积极地向他们传递中国信息，他们会对华团的身份认同及是否会捍卫祖国（马来西亚）的权益产生怀疑。在马来西亚，族群关系本身就是一个敏感课题，从英殖民时代一直延续到今天的马来西亚。虽然绝大部分马来西亚华人对中国发展带有正面的观感和期待，但他们内心的真实感受是复杂的，既想大张旗鼓张开双手欢迎中国，但同时又对此小心翼翼，背后原因来自本土马来人和华人之间的周期性紧张关系，让华人不得不多加顾虑友族的感受，因而陷入了“华人的困境”②。

---

① Mustafa Izzuddin, Ethnic Politics and Malaysia' s China Policy From Tun Abdul Razak to Abdullah Ahmad Badawi：A Neoclassical Realist Interpretation. The London School of Economics and Political Science, 2014.

② Chan, X. Y., China-Malaysia Relations：The Three Dilemmas of Malaysian Chinese.（RSIS Commentaries, No. 152）. RSIS Commentaries. Singapore：Nanyang Technological University. Retrieved from https：//dr. ntu. edu. sg/bitstream/10356/85097/1/CO17152% 20% 281% 29. pdf, 2017.

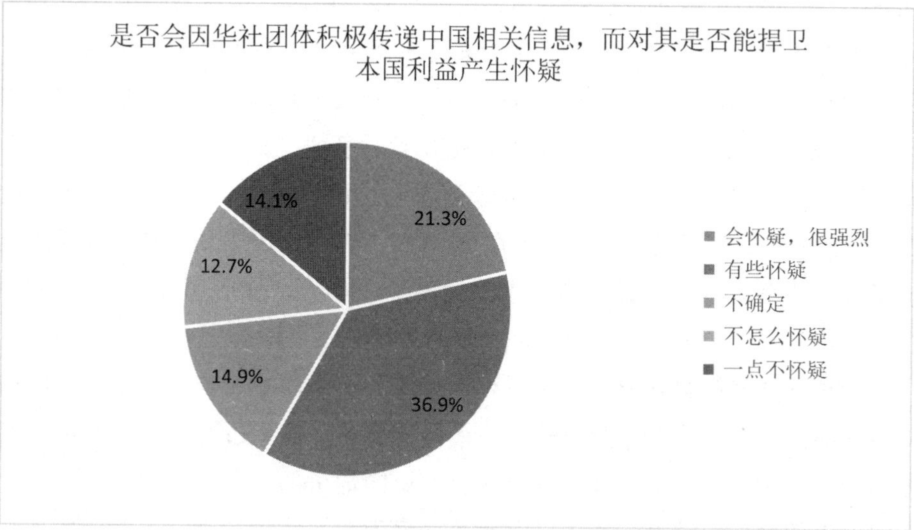

图 12　因华社团体积极传递中国相关信息，而对其是否能捍卫本国利益产生怀疑情况

比如，2015 年时任中国驻马来西亚大使的黄惠康到具有浓厚华人象征的吉隆坡茨厂街为本地华人站台，以此来表达“中国关心马来西亚海外华侨华人的权益”观点。黄惠康大使当时是针对当地马来民族主义组织“红衬军”在吉隆坡茨厂街游行示威抗议华人商家，对外喊话“中国反对一切针对特定族群的恐怖主义、种族主义和极端主义”，并表达“中国不会对侵犯中国国家利益的行为坐视不理”。虽然这一举动在中文媒体和华人圈子获得一片赞美好评，但后来这些谈话在马来民族主义分子炒作和马来媒体的报道下，演变成干预马来西亚内政问题①。一旦中国被打上“干预内政”的标签，而且故事背景涉及本地华人，那么这就很容易触及族群关系的敏感课题，最终可能适得其反，挑起本土华人对马来西亚身份认同的危机。

实际上，马来西亚华人和其他海外华侨华人都面临同样的“华人困境”，每当政治情况告急时，华人往往都会变成“替罪羔羊”。类似“外来者”“关

---

① Chan, X. Y., China-Malaysia Relations: The Three Dilemmas of Malaysian Chinese. (RSIS Commentaries, No. 152). RSIS Commentaries. Singapore: Nanyang Technological University. Retrieved from https://dr.ntu.edu.sg/bitstream/10356/85097/1/CO17152%20%281%29.pdf, 2017.

闭华小”等种族歧视言论就会层出不穷。比如，第四任首相马哈蒂尔在1999年全国大选前，因开除时任副首相的安瓦尔而引发“烈火莫熄”运动，为了保住政权争取华人选票，马哈蒂尔口头答应由华团提出的“1999年华团大选诉求”。然而在顺利保住政权后，马哈蒂尔秋后算账，把矛头指向华团以大选要挟政府就范接受“1999年华团大选诉求”，并将华团这一举动等同于极端分子。此外，第六任首相纳吉也曾在2013年大选后，因为华人把选票投给反对党导致执政党国阵失去很多议席，发表了“华人，你们还要什么?”的言论，并让“马来至上主义”重新回到政府的核心政策舞台。

由于族群关系的复杂性，在面对中国涉及马来西亚主权、内政等高度敏感课题时，华人要始终保持一种小心谨慎的姿态，避免过度激烈的亲中立场和反应，以防最后演变成族群冲突和身份认同危机的问题。在与马来西亚社会打交道的这一课题上，中国必须更小心谨慎，更具敏感度。若中国发展与“成为海外华人权益的保护者”画上等号，这可能会弄巧成拙：如果中国被打上干涉内政或国家主权的标签，在马来社会形成负面形象，当地华人就会因为族群敏感关系和身份认同问题而陷入一个左右为难的“华人困境”中。在马来西亚这样的多元社会里，人口占少数的华人必须学会如何与占多数人口的马来族和平相处，在求同存异的大原则下，建立互相信任、谅解与认同的共识，这样才能真正扮演好中国与马来西亚的桥梁角色，讲好中国故事。

七、华人社群从中国传统文化传播到社会主义核心价值观传播的转向

（一）华人社群文化与中华传统价值观的传播概况

马来西亚华人社群在传承中华母体文化的时候，重点在于如何保持其独特的“华人性”。马来西亚华人会馆在传承中华母体文化时发挥相当重要的作用，会首先侧重强调孝悌观念、寻根意识、忍耐、节俭、自强与尊重他族文化等①。可以看出，马来西亚华社绝大部分仍传承以儒家思想为首的思想与价值观。中华民族的传统道德观与价值观，可大致分成善、孝、礼、勤与新。这一思想传统纵贯整体中华文化传统，也包括远离中华文化母体的海外华人社群。② 马来西亚华社在很大程度上传承了“百善孝为先”的价值观，从事救助事业（善）、尊重他族文化（礼）、自强传承中华文化（新），并且工作与生活勤奋节俭（勤）。

虽然马来西亚华人社群有许多的民俗活动与节庆，但少有学者能依据其传播大马华人社群传统价值观的角色提出进一步的论述。从马来西亚华人社群的民俗文化来看，即使马来西亚的汉文化可能不及东亚或越南那么深与广，然而民众日用的生活习俗得以维系传播，并且通过这股生活习俗的“社会力”进而影响政治，使得即使持有单源流教育与语文政策的马来西亚政府，需要

---

① 何启良：《中华美德现代转化与传承——北京东方道德研究所成立二十周年座谈纪要》，《光明日报》2015 年 1 月 5 日第 16 版。

② 王永智：《中国传统道德价值观的核心理念》，人民网，http：//opinion. people. com. cn/n/2015/0523/c1003-27045165. html。

在某方面做出退让和支持①。马来西亚华社的生活习俗与节庆等有着更为“潜藏”的特色，在与政权抵抗之际也发挥社群凝聚力功能，而马来西亚华人社群更能从中传承华人文化。马来西亚华社的民俗文化也具有展演功能（如舞狮与二十四节令鼓等），而马来西亚华社价值观与文化可通过表演，在潜移默化中不仅让华人子弟发挥传承作用，还有利于传播给其他族群。

在陈述马来西亚华人社会对中华传统文化的传承与传播方面，除了华人会馆在传承华人传统价值观方面有着重要的地位之外，还有必要结合大马华人社群的另外两个臂膀——华文教学体系与华文媒体——一起讨论，并试图从中分析大马华人传统价值观在“华社三宝”中的实践与传播。马来西亚华社传承传统文化价值观的重点在于如何在强势政府下保持其独特的“华人性”上，而这些传统文化价值观的传承、传播与实践就是这种“华人性”的一环。然而这种“华人性”的体现也不单为继承中华文化母体的思想而已，而且也会因条件不同而有不同的实践，就如大马著名的二十四节令鼓表演也是将中国的节令文化和大马元素等结合而成。除此之外，有越来越多非华人社群子弟就读于华文学校，因此，这不仅有助于传播大马华人社群的传统价值观，还将为这些价值观带来更多的激荡空间，从中确保这些价值观得以成长。

1. 华人社团传播文化与传统价值观

马来西亚华人会馆，尤其是全国性质的会馆，承担统领马来西亚华人社群的意见领袖的作用，并且掌握传统华人价值观的传播和整合传播过程所需资源。综合来看，无论是全国性还是地方性的华人会馆组织，都在不同年代发挥了回应与协助大马华人社群需求的角色。马来西亚至今拥有超过 1 万个向政府注册的会馆组织，当中可分为 9 大类，即综合性（如中华大会堂）、地缘（福建公会等）、血缘（姓氏宗祠）、业缘（鲁班行）、文化教育（教师总会）、宗教（佛教团体）、体育联谊（精武体育会）、慈善福利（华人义山组织）与青年妇女（青年团）。

如此繁多的华人社团组织，除了展现出马来西亚华社的多样性活动以外，

① 廖文辉：《试论马来西亚作为华人文化圈的内涵和特色》，《华人研究国际学报》2017年，第 49-67 页。

还显示华人社群如何通过这些会馆来实践其特有的传统价值观。另外，全国性质的华人会馆组织也发挥了公民社会组织的角色。一些大型会馆团体除了专注于华人社群间的联谊之外，还会针对政府施政的各个方面建言，或在遭遇不公的族群与教育政策时，发挥组织与动员的作用，使用合法的渠道向政府进行抗议或提出诉求。值得一提的是，虽然各地的华人会馆长年都在进行大小不一的慈善活动，但他们在新冠疫情期间发挥了更大的援助作用。这些会馆组织的领袖除了例常捐出现金或物资援助以外，还呼吁马来西亚华社提高防疫意识及号召接种疫苗等。

华团又可分为两大社群，存在历时较久的是传统组织，即有血缘、地缘及业缘的会馆，与中华文化有着密切的关系。其领袖同时兼任几个会馆、公会的重要职位，通过个人连锁的关系及影响力，发起某个新运动，以期带动华人社会的发展。另一个则是非传统组织，如政党及校友会。传统社团以方言和华语为沟通语言，政党成员则多受英文教育，其思想往往和传统华人社团所捍卫的价值观相背离，彼此在政治、文化与道德的意见也存在分歧。文化由许多复杂的因子所构成，如信仰、知识、艺术、道德、法律、风俗等，但它们必须在一个共同的价值模式下平衡发展，互相配合，才能产生形式和谐而内容丰富的生活总体。马来西亚华人的传统文化，由于和发源地的文化隔离，又和周遭的现实脱节，于是造成长期的封闭，并逐渐形成逆退现象。

文化传统是海外移民互相团结的纽带，华人在域外对于中华文化的传承，使华人家族得以繁衍及壮大。而马来西亚华社由于大多数是中下阶层的劳动人员，因此许多传统民俗文化在这个相对封闭的社会环境下被完整地保留下来，比如按照中国礼俗和道德安排生活，以及处理人际关系。到目前为止，马来西亚华社大体上仍十分重视华人传统节日的庆祝，如华人新年、清明节、端午节、中秋节、冬至等，并且遵循传统的庆祝形式，如新年要吃团圆饭、耍舞龙狮、互相拜年；清明节扫墓；端午节吃粽子、赛龙舟；中秋赏月、吃月饼。

华团如果一成不变地抱残守缺，或变本加厉地退化，最终就会被淘汰，在时间的长河里沉没。所以只有通过文化改革，才能吸引新生代，并迎向新时代。1986 年，隆雪华堂和各地华团纷纷组成“华人礼俗革新工委会”，并制定多达61项的华人礼仪范例。1988年，华总、马华、商联会及其他华团也曾主办“马来西亚华人思想兴革大会”。1998年，作为马来西亚华人社会中最高领导组织，马来西亚中华大会堂总会开始推动“华人思想兴革运动”，并制定“聚会和宴会规范”。思想兴革委员会主席陈达真指出，“思想兴革运动”是马来西亚中华大会堂总会长年积极推进的移风易俗活动，以宣扬中华民族传统美德。其中一项很重要的改革，即在宴会守则中加入“吃清光方离席，有剩余则打包”，以此倡导光盘的餐桌新规范。她表示，马来西亚华社的聚会活动十分丰富，这固然是联络情谊的重要纽带，但长期以来存在一些不好的习俗，主人唯恐慢客，便准备过于丰盛的食物，而宾客们往往无法消化过多的食物，造成严重的餐桌浪费。除了光盘，思想兴革也提倡守时、嘉宾致辞简洁提高参会效率、采用公筷公匙等，试图在华社传统礼仪上提升文明的程度。①

华社在经历了茅草行动及“烈火莫熄”运动后，由雪兰莪中华大会堂、槟州华人中华大会堂、霹雳中华大会堂、森美兰中华大会堂、吉兰丹中华大会堂、登嘉楼中华大会堂、柔佛中华总会、砂拉越华人社团总会联合会、马来西亚华校董事联合会总会、马来西亚华校教师会总会、马六甲中华总商会、彭亨中华总商会、吉打中华总商会、玻璃市中华总商会、沙巴州中华商会联合会、马来西亚福建社团联合会、马来西亚广东会馆联合会、马来西亚广西总会、马来西亚潮州公会联合会、马来西亚琼州会馆联合会、马来西亚嘉属会馆联合会、马来西亚永春联合会、吉隆坡暨雪兰莪中华工商总会、马来西亚留台校友会联合总会、马来亚南洋大学校友会、柔佛中华商会联合会、沙巴州华文独立中学董事联合会总会共同发表了一份联合宣言——《马来西亚全国华团联合宣言（1985年）》。该宣言指出，马来西亚华社对种族极化的严重性深感不安，而主要原因是马来西亚政府“土著利益至上”的一些政策及行政偏差，造成其他种族在政治、经济、社会、文化、语言及教育领域的基本平等权利受损，自由及民主受到侵蚀，而种族政治也造成社会对于贫穷问题的忽略。因此提出七大宣言：

---

① 陈悦：《马来西亚“光盘”倡导者：以餐桌新规范“修身”弘扬中华传统文化》，https：//xq. rednet. cn/content/2020/12/15/8703142. html。

一、我们认为：政府的所有政策必须符合联邦宪法、国家原则及联合国宣言，以确保基本人权及民主权利不受侵害。

二、各种形式的歧视，尤其是政府基于单一种族利益的政策严重地侵犯基本人权，是国民团结的最大障碍。

三、我们谴责任何形式的沙文主义、种族主义及宗教狂热行为。

四、我们认为，平等的公民权利和政治权利是促进国民团结和国家进步的先决条件，唯有在自由、民主及平等的基础上，国民才能团结一致。

五、我们要求政府尊重人民在结社、集会、言论及出版等各方面的基本民主权利。

六、我们要求政府采取有效的方案，不分种族地消除贫穷及提高人民的生活水平。

七、我们吁请全国人民，尤其是我国各政党，支持我们的联合宣言。

其中，在文化议题上，华社坚决认为马来西亚是一个崇尚自由、平等及法治的民主国家，所以文化政策应该以联合国人权宣言、联邦宪法、国家原则、各族平等与民主的精神与原则为基础，确保各族人民继承与发展其民族文化的基本权利不受侵犯以及各族之间真正做到互相尊重彼此的文化传统。国家在传播国家文化时不应偏重马来文化，而忽略其他民族的文化。由此可知，华人传统文化在与近代民族国家体制兼容时遭到严重排斥。此后，以吉隆坡暨雪兰莪中华大会堂为首的华人社团，纷纷在 20 世纪 80 年代中期转型为公民组织，积极推动各种与民主人权相关的公民运动。原隆雪华青团长陈友信即立下“育我华青，民主为训”作为团训，并以此为组织的立足点。这也体现了华社新一代的价值，除了继承传统华团的族群本位意识，也认同民主人权普世价值，并主动参与民主实践和建构公民社会。学者曾维龙指出，两者之间的结合与张力，充分说明了华团在本土政治参与的特性①。

2. 华教传播文化与传统价值观

马来西亚华文教学体系是教导与传承华人传统价值观的重要渠道。总体

① 曾维龙：《论隆雪华青的组织定位和转型：从传统华团到公民组织的迈进》，《马来西亚人文与社会科学学报》，2018 年第 7 卷第 2 期，第 11-24 页。

而言，马来西亚华文教学体系指包含由政府与华社开设，并以华语作为主要教学用语的学校，当中可包括华文小学、独立华文中学及以华文作为主要教学媒介语的大专学院。除此之外，也有不少的华人家长基于不同理由将其孩子送往华语教学较少的国民型中学，因此也必须包含在马来西亚华文教学体系之内。马来西亚华文教学体系的历史可追溯至由槟城华人社群在1819年设立五福书院算起，自五福书院设立后各地就出现不少的私塾，实施深受中国影响的侨民教育，但在独立后因大环境的改变也逐渐成为国民教育。然而无论英殖民时期还是独立后时期，马来西亚的华文教学体系常遭到单向的国民教育体系对付，并且常被其他族群视为华人不融入马来西亚社会的理由。

马来西亚作为一个拥有多元种族、多元语文、多元宗教及多元文化的社会，按照宪法，各族人民应享有信仰自由、学习及使用母语，并保留各族生活方式的基本人权。然而在英殖民政府长期的统治下，教育成了国家治理的一种手段。1950年，马来亚联合邦政府邀请牛津大学的巴恩组成一个委员会，研究马来文教育问题，该委员会于1959年提出《巴恩报告书》，除了强调应该给马来人在马来亚该得到的地位之外，也主张联合邦政府建立一个国家教育体制，废止各族群的方言教育，提供以英语与马来语为教学媒介语的免费国民学校教育，以培养人民共同的国家意识。马来西亚华社因此展开了拯救华教行动。学者林开忠认为，马来西亚的华文教育运动并非凭空产生的，而是由许多的历史条件结合之下的产物。在历史上，华人社群试图采用华文教育作为传播华人意识的工作来建构传统中华文化的观念。他也认为，虽然中华文化在某种意义上已是不争的事实，但是由华教运动所带起的“传统中华文化”这样的观念是一个新颖的文化意识，它是在华人族群运动过程中逐渐形成的一种共识，也是在马来西亚国族错综复杂形成的建构产品①。1950年，华文教育受到压迫以及官方语言的排斥，全面激起华社的不满。1952年，为了反对教育政策及法令，教总和华校董事代表在马华公会的领导下成立了“马华中央教育咨询委员会”。然而在联盟执政后，林连玉所开出的条件有的被实现，有的则被拖延以至于不了了之。

---

① 林开忠：《建构中的“华人文化”：族群属性、国家与华教运动》，华社研究中心1999年版。

经历改制风波后，华文学校陷入办学困境，学生来源短缺，经营惨淡。1973 年，为了挽救母语教育，霹雳州发动一场华文独中复兴运动，把全国仅存的 60 所华文独中从灭亡边缘救活并发展起来。董教总于当年成立“董教总全国发展华文独立中学工作委员会”，并发起筹募全国独中发展基金，并提出将《华文独立中学建议书》作为独中今后发展的方向指导。董教总华文独中工委会的宗旨为：维护母语教育，发扬中华文化；维护与发展马来西亚华文独立中学；在贯彻《华文独立中学建议书》的基础上，发挥母语教育的优越性；筹募马来西亚华文独立中学发展基金。其组织结构为：由董总与教总组成常务委员会、全体委员会、代表及领导层，并涵盖奖贷学金委员会、统一考试委员会、统一课程委员会、教师教育委员会、学生事务委员会①。然而华教问题始终没有获得改善，《马来西亚全国华团联合宣言（1985 年）》即指出，华社接受马来语为国家官方语言，并作为多元民族社会的共同语文，马来文作为各族共通语文，在各族人民的语文地位上拥有特殊地位，但它不能作为语文同化或语文歧视的根据。此外，呼吁政府停止通过立法或行政权力强制执行语文同化或语文歧视政策，以确保各族人民自由学习和使用其母语的基本人权和宪制权力不受侵犯，废除具有强烈同化倾向的“一种语文，一个教育制度”的政策，并基于各族人民的本身之意愿发展其母语教育，及家长有权为自己的子女选择其所受教育的原则，推行“共同课程纲要，多种语文源流”的政策，以符合马来西亚多元民族社会的国情。

即便经历诸多磨难，马来西亚华文教学体系在大批华人教育先贤的努力下，仍持续茁壮成长，并且发挥传承与传播华人传统价值观的作用。这些华教体系的学校，除了特别强调对华语及华文的学习与应用外，也同时在传承更为广泛的“华人性”元素。这些学校除了教授中国史与世界史外，也教授马来西亚华社的历史，使学生能从过往历史的多方视角认识到其中的华人价值观念。近几年，教总在主动承担“捍卫母语教育，承传中华文化”及“促进华教优越，提升教育素质”的责任时，积极提升教师素质，为老师们提供自我进修和持续成长的机会，如安排海内外专家学者提供在职师资培训活动

① 《董教总华文独中工委会简介》，董总，https://www.dongzong.my/v3/about-us/micss/micss.html。

及短期培训课程，并进行教育观摩和交流。此外，还强力推广尊师重道的风气和家庭教育，以协助华文教育的发展。除了常年举办的华文学艺比赛，教总也在中国海外交流协会的支持下，为华小学生举办学习中华文化的活动，包括由中国海外交流协会选派优秀教师前来指导的“中华文化大乐园”活动，以及组织华小学生到中国参加“寻根之旅——冬夏令营”活动，以培养学生对中华文化的热爱，促进中华文化在马来西亚的弘扬与传承，以期达到学生的均衡发展。

值得一提的是，马来西亚华文教学体制实际的服务对象也并非仅限于华人。随着华语在全球范围的广泛应用，不少非华人社群成员也进入华校就读，使得马来西亚华文教学体系在传承华人传统价值观的同时，发挥面向非华人社群传播价值观的功用。当前就读于马来西亚华文学校人数超过 20 万人，其中华文独中在校学生 6 万多人。由于办学质量高、多元化氛围浓厚，近年来，一些马来人、印度人子女也开始到华校读书。目前独中的马来学生约有 5000 人，华小的非华裔学生近 7 万人。华文学校不但培养了一大批熟练掌握中文、熟知并热爱中华文化的华人移民后裔，还让在此就读的非华人青年对中国产生亲切感。同样，由于华人社团的努力，很多留学生转去中国留学。华人社团使留学生们进一步了解并认可新时代的中国。

3. 中文媒体传播文化与传统价值观

马来西亚华文媒体发挥了传播马来西亚华人社群的传统价值观的作用，同时还发挥了为大马华人社群发声与联系的作用。马来西亚是世界上华文媒体最多的海外国家，马来西亚华文媒体的起源可从 1815 年成立的《察世俗每月统记传》开始，并且后来在世界各地华人社群的支持下，陆续开办了多个华文报章，当中就以孙中山在槟城创办的《光华日报》最具代表性。至今尚有 15 家中文报章仍在经营，其中《星洲日报》是马来西亚发行量最高的报纸，也是除中国大陆和台湾地区以外发行量最高的中文报纸，2019 年发行量为 32 万 8000 份。大多数华文报纸持亲华立场，为讲述中国故事发挥了重要作用。近年来，受到读者阅读习惯改变和互联网普及化的影响，中文报章的发行量逐年萎缩，从 2010 年的 40. 4 万份降至 2019 年的 32. 8 万份，受众群体的覆盖率正在下滑。不过，中文报章近年来也积极利用互联网和社交媒体，积极开发网络读者板块，读者流量早已超越印刷版报纸。更广阔的网络受众面，对中文报章传播传统华人价值观带来积极作用。

值得注意的是，基于多元语言源流的并存与发展，导致传统主流媒体，尤其是报章媒体走向以种族为基础的模式。各语言源流的报章彼此交际互动不多，除了重大课题，更多时候专注于本身族群利益的课题，媒体报道角度很多从本身族群利益为出发点。更重要的是，绝大部分的传统主流媒体掌控在政府、政党，或与政治关系密切的大财团手中，因此，这对媒体的政治立场和独立性产生很大的影响。很多时候，主流媒体对课题报道的立场，很大程度上是在反映执政政府或政党的立场。马来西亚的中文主流报纸主要由与政治关系密切的华商大亨掌控。比如，由华商大亨丹斯里张晓卿掌控的世界华文媒体集团，同时持有星洲日报、南洋商报、中国报和光明日报，形成中文报章的寡头垄断或接近垄断的格局。由于这些华商的家族企业与政治关系密切，因此，中文报章和媒体的政治立场，普遍趋向于反映执政政府的立场。但作为面向华人读者的媒体，针对华人利益相关课题，则会扮演“捍卫者”的角色为华人利益发声。因为创报历史、持有人和读者背景，中文报章普遍对中国的态度倾向友善和正面，对涉及中国的国际课题多抱有支持的立场。不过，针对特定课题，则对中国抱有保守、偏负面的立场。

从事马来西亚华人社群的学术研究，虽然都认同大马华文报章的重要功能，然而也往往忽略了其他同样以华文或华语沟通的媒体。这些华语媒体包括了主流电视台的华语节目、华语电台与出版书籍等，而他们也同时发挥了传播马来西亚华人社群传统价值观的角色。比如大马《八度空间》电视台就有一项经马来西亚教育部认证的《学霸》节目，节目中各华小都会派出学生参与知识竞赛，当中选题除了有课堂知识之外，也注重在华语、马来语和英语的掌握，以及中华文化和习俗传承。

在当今社交媒体盛行的时刻，我们也不能忽视新媒体方面在马来西亚华人社群传统价值观的传播。近年来，随着互联网与智能手机的普及，改变了消费者和读者的日常生活习惯，传统主流报章面对印刷版读者快速流失的问题，加上独立运作的网络媒体崛起与壮大，让读者有更多的信息渠道选择，为传统报章带来很大冲击。因此，各语言报章近年来也积极经营网络新闻平台（网站与社交媒体），试图与网络媒体分庭抗礼。今天，所有主流报章（马来文、英文和中文三大语言）的网站读者人数和每月浏览量已经远远超越印刷版的读者量。社交媒体的便捷性与广泛传播特性，也使得马来西亚华人社群比以往更容易发声，只要在脸书搜寻“马来西亚华人”的字眼，就能找到琳琅满目的马来西亚华人社群专页，涵盖主题政经文教无所不包，而通过社交媒体的多媒体传播方式，能够让马来西亚华人的文化传承更显动态及多元。

（二）华人社群对社会主义核心价值观的解读

研究和构建当代中国价值观的目的，就是要以社会主义核心价值观为核心内容研究，构建当代中国社会完整的价值体系，让核心价值观落实到整个社会生活，转变成经济、政治、文化社会、生态文明的价值观念和原则，转化成为人们的内心信念和行为守则①。简单而言，中国价值观体现的是当代中国社会完整系统的主流价值观，本质和精髓是社会主义，但同时具备深厚的中华传统文化底蕴，并且能与当代世界文明发展趋势互联互通。

社会主义核心价值观的对外传播，旨在让中国价值观得到更广泛的国际社会的认同，或者与不同社会的主流价值观形成共识，以“和而不同”的思维，彼此包容、和谐对待，同时尊重各自文化的独特性，相互学习。本文以马来西亚华人社群作为研究对象，因此，将以马来西亚华人的视角，探讨海外华人对社会主义核心价值观的解读，大致从三个层面来剖析：一是政治经济角度，二是社会角度，三是文化角度。

1. 政治经济角度

从政治经济角度去解读社会主义核心价值观的代表性组织是华人政党，也包括政治人物。华人政党普遍对中国作为祖籍国以及中国传统价值观是认同的，但在意识形态上不会将社会主义核心价值观与“中华民族伟大复兴”或“中国梦”挂钩，也不存在“中国越强大，海外华人社会也会越强大”的想法。有别于传统华团和华教组织对中华文化的情结，马来西亚华人政党，尤其是执政党对社会主义核心价值观的解读和立场，是从政治实用主义的角

① 江畅：《中国传统价值观及其现代转换》，社会科学文献出版社 2020 年版。

度出发，基本上符合马来西亚对中国的基本政治立场和外交策略，即经济实用主义、有约束力的协议，以及有限度的扈从政策①。华人政党在面向当代中国价值观传播，比如对“一带一路”“共建人类命运共同体”等等的解读，会从政党本身的政治经济实用利益作为出发点。若相关当代中国价值观的传播，可以为自身带来短期政治利益和经济回报最大化，那么，华人政党将会在不同程度上（按照当时的本国政治氛围）附和、支持与传播这些价值观，将其转化成政党的政治筹码、宣传工具和经济利益。不过，在涉及本国的国家主权、族群关系等高度敏感课题时，华人政党也会采取相应的风险应变措施，包括淡化或避开谈论和传播当代中国价值观，甚至在本土政治利益需要的情况下，针对特定课题表达反对或不支持的立场。

其中，马来西亚华人执政党马华公会是最理想的研究案例。从2013年到2018年全国大选期间，在时任马华总会长廖中莱的带领下，马华公会采取“打中国牌”的策略，从政治实用主义上，借“中国热”和“一带一路”的东风，来拉拢马来西亚华社和华人选民对马华公会的支持；从经济实用主义上，则善用中国积极推动“一带一路”基建和经贸合作所带来的经济利益。这段时间，马华公会对社会主义核心价值观的传播，尤其是在“中国发展”“一带一路”“人类命运共同体”等课题上，采取正面且积极的支持态度。从政党层面，马华公会在这五六年期间，对社会主义核心价值观的推广传播所做出的成果，主要归纳成以下三大方向。

（1）与中共中央对外联络部建立战略合作伙伴关系

2014年7月17日，马华公会与中国共产党签署合作备忘录，正式开启两党之间的战略合作伙伴关系。当时刚好发生马航MH17被击落事件的插曲，导致率团赴华的马华公会总会长廖中莱即刻折返吉隆坡，由马华总秘书黄家泉代表，率领马华代表团与时任中共中央对外联络部部长王家瑞会面，并签署两党合作交流备忘录②。有关备忘录阐明，两党本着“独立自主、完全平

① Kuik, C. C., The Essence of Hedging Malaysia and Singapore’s Response to a Rising China. Contemporary Southeast Asia, 2008: 30 (2).

② 《马华公会党史》，马华公会官方网站，http://www.mca.org.my/1/Content/SinglePage?_param1=22-022019-87-02-201922&_param2=M。

等、互相尊重、互不干涉内部事务”的原则，不断深化交流与合作，增进互信和友谊，努力推动两国全面战略伙伴关系深入发展。双方达到以下四项共识：

1. 密切党际高层交往，加强治党理政经验交流；

2. 加强各层次人员往来，交流政治理念和党建经验，增进对对方党和国家情况的全面了解，促进共同发展；

3. 展开干部考察培训合作，提高各自干部的能力素质；

4. 双方支持两国智库、媒体等组织开展友好交流，夯实中马友好的民意基础。

马华公会为此成立“对华事务委员会”专司负责与中国共产党合作交流的事务。马华公会在同年 9 月正式派遣首批党内干部前往位于中国上海的中国浦东干部学院，参与第一期干部海外研修班。随后，马华公会与中共中央对外联络部（简称中联部）下属中国经济联络中心，在北京联办了第一届“‘一带一路’中马工商界对话会”，时任中联部副部长周力、马华公会总会长廖中莱等出席开幕式并致辞。中马两国政界、工商界、智库学者和媒体等嘉宾共约 250 人出席对话会①。马华公会此次带领 162 名马方知名企业代表赴华，参与这场对话会。与会者围绕“一带一路”与中马双边合作、投资贸易、金融创新、中小企业合作、基础设施建设、“互联网+”、清真产业及港口合作等议题展开深入探讨，中马企业针对铁路发展、房地产、体育项目、燕窝和榴莲签署 7 项合作备忘录②。廖中莱在会上指出，马来西亚积极响应中国的“一带一路”倡议，希望马中两国加强在交通、基础设施、“互联网+”、清真产业等领域的合作，实现优势互补、资源共享和互利共赢。同年 10 月 14 日至 16 日，廖中莱又率领马华领袖出席于中国北京召开的亚洲政党丝绸之路专

---

① 《“‘一带一路’中国——马来西亚工商界对话”在北京举行》，中国共产党新闻网，http：//cpc. people. com. cn/n/2015/0715/c164113-27308947-3. html。

② 马华公会官方媒体“蓝天”网站，https：//www. mcalantian. org/single-post/2016/09/22/%E4%B8%80%E5%B8%A6%E4%B8%80%E8%B7%AF%EF%BC%8C%E9%A9%AC%E5%8D%8E%E5%B8%A6%E8%B7%AF-%E5%96%84%E7%94%A8%E5%A4%A7%E9%A9%AC%E4%BC%98%E5%8A%BF%EF%BC%8C%E6%8E%8C%E6%8F%A1%E4%B8%AD%E5%9B%BD%E5%95%86%E6%9C%BA。

题会议。

从2016年至2018年之间，马华公会与中国共产党建立了密切的联系，陆续主办和联办了多场活动，包括在吉隆坡联办第二届"'一带一路'中马工商界对话会"，约500名中马工商界人士出席会议。对话会期间，马华公会也带领120家马方知名企业与来自中国的62家企业进行商务对接，针对燕窝网购、农业、旅游和电子商务达成多项合作意向。

其他重大事件包括马华公会内部智库——马来西亚策略分析与政策研究所在这段时间与中联部配合，举办多场"一带一路"高端论坛①，并在2017年与中联部下属当代世界研究中心签署合作备忘录，正式加盟"'一带一路'智库合作联盟"，推动马来西亚智库在"一带一路"国际合作上扮演更重要的角色。与此同时，廖中莱也多次带领马华公会代表团到北京拜会时任中联部部长宋涛，针对多个合作事项，包括新村城镇化、教育、智库和华教师资培训、学生奖学金等在内，展开积极会谈。

（2）启动一系列马华"一带一路"倡议行动

2014年至2018年间，马华公会在推广和传播"一带一路"上处于领导地位，创下多个第一的成绩，例如马华公会是第一个响应与积极推动"一带一路"合作的海外华人政党，第一个创建"一带一路"中心的海外华人政党，第一个启动华社签署"一带一路"宣言的海外华人政党，第二个提出以党为基础的"马华'一带一路'"战略框架，以及第一个启动"一带一路"企业咨询流动中心的海外华人政党。其中，马华公会在2016年12月12日，领导国内50余个大型华人组织发表了全球首创的《马来西亚华社一带一路宣言》，并宣布成立"马华'一带一路'中心"，带领本土华社支持和参与"一带一路"倡议。2016年至2018年间，马华"一带一路"中心与不同华团组织、政府机构和大学，联合举办了上百场的"一带一路"讲座，带领超过500家马来西亚中小企业到中国参与博览会，接待中国超过50个政府拜访团和商务考察团，并出版"一带一路"相关书籍和杂志等宣传品。随后，马华公会也

---

① 《"一带一路与文明对话"研讨会5日举行，马中跨越性对话》，马华公会官方网站，http://www.mca.org.my/1/Content/SinglePage?_param1=02-122018-105144-12-201802&_param2=TS。

分别在北部的槟城和南部的柔佛新山，成立了槟城马华“一带一路”中心和柔佛新山马华“一带一路”中心，将“一带一路”的传播工作扩展至马来西亚各地。

此外，马华“一带一路”中心在推广和传播“一带一路”方面，还做出两个重要的创举。其一是启动马华“一带一路”中心的全球首辆以“一带一路”为主题的企业咨询流动中心，以马来西亚各州的二三线城镇为据点，与社区中小企业以及群众分享“一带一路”信息与商机，同时为中小企业和公众提供免费的企业和创业咨询服务，协助中小企业参与“一带一路”的商机①。流动中心组织了由企业家、专业人士、大学与智库学者组成的义务团队，到全国各地为当地中小企业提供咨询服务。环绕在流动中心的相关活动例如举办巡回讲座，为企业提供有关“一带一路”的最新信息、免费咨询服务，并通过宣传册子、“一带一路”书籍及经商指南，提高中小企业对“一带一路”的认知与了解。其二是马华“一带一路”中心与马华公会联合启动“马华‘一带一路’2.0”，并制定了五个行动方略。这五大行动方略包括企业转型与青年创业、中小企业“走出去”、贸易投资促进平台、“一带一路”政策沟通平台，以及教育与培训。廖中莱将“马华‘一带一路’2.0”定位在“让‘一带一路’深入民间，带领华社、企业和人民参与马中‘一带一路’建设发展，走出一条新路”。马华公会作为执政党，掌控多个政府部门的资源，但并未有效运用这些资源。因此，“马华‘一带一路’2.0”的重点是结合政府与民间资源，有效协助企业和人民搭上“一带一路”的列车。随后，“马华‘一带一路’2.0”也在马华公会于全国大选前的多场宣传造势活动上亮相，由马华“一带一路”中心配合多个政府部门和单位举办宣讲会和展览，为当地企业和民众提供咨询与服务。

(3) 将“中国热”和“一带一路”纳入全国大选选战的重点宣传课题

马华公会在2018年的第14届全国大选的选战中，强化了“中国牌”，并将它作为重点宣传课题之一，其主要目的是希望借助“中国热”和“一带一

---

① 《首创全球第一辆以一带一路为主题企业义诊流动中心》，马华公会官方网站，http://www.mca.org.my/1/Content/SinglePage? _param1=17-052020-133522-05-202017&_param2=TS。

路”等华社利好课题，来拉拢华人选民对马华公会的支持，换取政治选票的利益。同时，马华公会也想借此课题回击反对党挑起的“中国威胁论”，来打击反对党在华社的支持率。反对党联盟希盟的主要领袖马哈蒂尔多番发表审查在马中资的言论，使得中资成为此次大选的热论议题；而本地华团领袖也与首相纳吉进行会晤，提到中资课题被政治化将会影响马中经济和友好关系。马华公会在当时认为，打“中国牌”和“一带一路”课题，在意识形态上更容易接近华社，顺应华社的喜好。这基本体现在马华公会总会长廖中莱邀请时任中国驻马大使白天走访其国会选区文冬，虽不是助选工作，但间接“借力”的意味非常浓厚。此外，马华公会也积极打“中国牌”进行网络文宣，例如署理总会长魏家祥宣布马来西亚学生赴华深造保送计划，并与留华同学会配合争取到10所中国大学总值2000万令吉的307份奖学金一事，马华公会为此做了多张网络文宣图。与此同时，马华公会多个选区也出现有关“‘一带一路’造福人民”、阿里巴巴在马“数字自贸区”等字眼和图片的大型海报、广告牌等宣传品，将马华公会与中国“一带一路”挂钩。

马华公会在2014年至2018年间选择亲中政策和立场，以政治经济实用主义的角度来解读社会主义核心价值观。马华公会对社会主义核心价值观的传播，尤其是在“中国发展”“一带一路”“人类命运共同体”等课题上，采取正面且积极的支持态度。马华公会也通过有限约束力的协议，即与中国共产党签署的战略合作伙伴协议，以及有限度的扈从政策，即成立马华“一带一路”中心和推出“马华‘一带一路’”政策和行动方案框架，来换取政治（华人选票）和经济（基建和经贸项目）回报。

马华公会的对华立场，基本上符合执政党联盟国阵的整体对华政策方向。实际上，自第六任首相纳吉上任以来，马来西亚加强了对中国采取经济实用主义的外交政策。尤其是在2013年习近平主席提出“一带一路”倡议后，马来西亚的中国外资投资和经济活动明显增加。2008年全球金融危机后，马来西亚发现越来越难从传统外资投资来源国，尤其是西方工业国家、日本和新加坡等吸引外资直接投资，因此，马来西亚必须寻找外资投资的替代来源，而中国“一带一路”和“走出去”政策所带来庞大外资的直接投资，恰好让中国成为马来西亚吸引外资投资的最佳对象①。正因如此，由首相纳吉领导的马来西亚政府立即决定支持“一带一路”倡议，吸引来自中国的投资资金，以便抵消国内投资下滑的困境②。纳吉政府的这项经济实用主义的外交政策，为马来西亚带来了大量大型基建工程项目，尤其是港口和铁路的“一带一路”投资资金③。2016 年 11 月，纳吉率高层政府官员和工商界企业组团访华，中马双方签署了 16 项政府对政府以及 14 项企业对企业的合作备忘录与协定，促成了中马两国高达马币 1440 亿的投资项目。此外，纳吉也在 2017 年 5 月出席“一带一路”国际合作高峰论坛期间，见证中马两国签署总额 313 亿马币的合作备忘录。

在纳吉政府为中国和“一带一路”背书的情况下，马华公会作为执政党成员，在政府层面也积极主动配合首相纳吉的对华政策。比如，2015 年 11 月，在时任中国国务院总理李克强和马来西亚首相纳吉的见证下，廖中莱以时任马来西亚交通部长的身份，与时任中国交通运输部部长杨传堂签署《建立港口联盟关系的谅解备忘录》，建立“一带一路”中马港口联盟。2017 年 9 月，廖中莱于吉隆坡国际会展中心举办的中马港口联盟第二次会议后宣布，中马港口联盟成员从原本的 16 个港口（中国 10 个、马来西亚 6 个）增加至 21 个港口（中国 12 个，马来西亚 9 个）。此外，2017 年 5 月在陪同首相纳吉出席“一带一路”国际合作高峰论坛期间，廖中莱代表马来西亚与中国商务部签署《中华人民共和国商务部与马来西亚交通部关于交通基础设施合作的谅解备忘录》，而时任马华公会总秘书兼第二国际贸易及工业部部长黄家泉则代表马来西亚签署《关于通过中方“丝绸之路经济带”和“21 世纪海上丝绸之路”倡议推动双方经济发展的谅解备忘录》。

---

① Hong Liu & Guanie Lim, The Political Economy of a Rising China in Southeast Asia: Malaysia's Response to the Belt and Road Initiative. Journal of Contemporary China, 2018.

② Edmund Terence Gomez, China in Southeast Asia: State-State Ties, State-Business Relations and Investment Flows in Malaysia. ffhalshs - 03151196f. Retrieved from https://halshs.archives-ouvertes.fr/halshs-03151196/document, 2019.

③ Hutchinson, Francis & Yean, Tham, The BRI in Malaysia's Port Sector: Drivers of Success and Failure. Asian Affairs, 2021: 52 (3), 1-34.

2. 社会角度

马来西亚华社对社会主义核心价值观的认同与认知存在一定的差异。不同社会背景、不同教育背景、不同文化层次、不同成长环境、不同政治立场、不同经济能力等因素，对社会主义核心价值观的认同程度、认知层面和传播能力，都将出现不同层次的差异：

·第一代移民有着强烈的中国情结和对祖籍国的热爱，因此更容易认同社会主义核心价值观；在马来西亚出生的第二、三或四代后代则更贴近、更早融入和更容易认同所在国的价值观，反而视社会主义核心价值观为“舶来品”，较难融入和认同。

·受华文教育的华人，在思想上和意识形态上，更容易接受和认同社会主义核心价值观作为他们的文化身份认同；受英文、马来文或其他非中文教育的华人，普遍在思想上和意识形态上更亲近西方或本土主流文化的价值观。

·家庭成长环境充满浓厚中华传统文化气息的华人，例如坚持遵从传统华人文化/习俗/礼节、受中华文化与思想熏陶，习惯以华语或籍贯方言交流或接收信息等，更容易认同与接受社会主义核心价值观；家庭成长环境没有或有很淡中华传统色彩的华人，对社会主义核心价值观的认同度相对偏低。

·政治立场和意识形态亲中的华人，更容易认同和接受社会主义核心价值观；政治立场和意识形态亲西方的华人，对社会主义核心价值观更多的是排斥和抗拒。

·活跃于华团、华教的华人，更趋向于认同与接受社会主义核心价值观；活跃于政治、商团的华人，没有固定的意识形态，对社会主义核心价值观的认同与取舍取决于政治和商业利益考量。

传统上，与中国在血统、地缘和文化身份上有着无法切割关系的马来西亚华社，自然被视为社会主义核心价值观传播的拥护者和积极参与者。马来西亚华社的“三头马车”——华文教育、华人团体和华文媒体，在马来西亚华社传承与推广社会主义核心价值观方面扮演非常关键的角色，同时也是面向其他非华人族群传播的平台，有助于友族加强对中国文化和价值观的认知与了解。马来西亚华人社群在传播社会主义核心价值观的角色定位上，也受到许多内外部因素的影响。从外部因素来分析，中国的国力、经济力量和国际地位，马来西亚和中国之间的双边关系，马来西亚政府对马来-伊斯兰价值观以外的非主流文化政策与价值观的包容程度，华人社群与主流社会（马来族）之间的交流和融洽程度，华社组织在当地社会的地位和影响力等，是决定华人社群能否有效传播社会主义核心价值观的关键因素。至于内部因素则相对比较个人化，主要是华人社群作为个体，本身的文化程度、个人及家庭的经济水平、个人社会地位和影响力、个人政治地位和立场等因素，这些将决定社会主义核心价值观的传播层次。

拉曼大学中华研究院文学硕士研究生骆立在其研究生论文《马来西亚华社对中国“一带一路”倡议的回应：以〈星洲日报〉〈南洋商报〉〈东方日报〉的报道为研究》中，针对在2016年至2017年《星洲日报》《南洋商报》和《东方日报》三家华文报章有关中国“一带一路”的新闻报道，包括5101条华社回应的内容，进行调查分析①。该分析结果显示，马来西亚华社，不管是群体或个人，整体上对中国提出的“一带一路”倡议给予积极支持或支持的态度。其中，华社团体中表达支持的占59.5%，而积极支持的则占33.2%，合计高达92.7%的华社团体明确支持“一带一路”倡议。在这方面，华团、华商、华人政党和华校作为华社团体，对中国“一带一路”有明显的支持和积极支持的倾向。反观学术团体对“一带一路”的支持则相对持谨慎态度。调查分析结果显示，学术团体表示支持但有疑虑的占比最高。这也意味着，社会主义核心价值观传播方面，最难的突破口就是学术团体，这或许是中国在讲好中国故事方面，需要多下功夫、寻找突破口的地方。

在个体方面，商界人士、社团人士和政界人士对中国“一带一路”有着明显的支持态度，也是最愿意为社会主义核心价值观进行推广和传播的个体。相比之下，华社个体对“一带一路”虽支持但有疑虑的占比中，文化界人士、学界人士和宗教界人士占比是比较多的，反映出文化人士、学术人士和宗教人士对“一带一路”有所保留。这也是中国在宣传社会主义核心价值观方面，需要多加留意和加强的板块。若能在文化、学术和宗教群体内获得认同，那

① 骆立：《马来西亚华社对中国“一带一路”倡议的回应：以〈星洲日报〉〈南洋商报〉〈东方日报〉的报道为研究》，拉曼大学中华研究院，http：//eprints.utar.edu.my/3647/1/CHA-2019-1605690.pdf。

么，社会主义核心价值观将会获得更广泛的支持和传播范围。华社普遍对“一带一路”中的贸易畅通关注力最大，尤其是在华商、华团、华人政党这些华社团体中，给予的关注点最多。此外，华校、华团、学术团体等机构也比较关注民心相通。其中，华校和华团因为本身承载着传承和推广中华文化的使命，对民心相通问题则非常关注。

综合华文媒体的报道和马来西亚华社对“一带一路”相关报道的回应，得出的主要观点包括：一是马来西亚公众，尤其是非华裔群体对“一带一路”不了解，由此产生怀疑；二是认为中国企业的到来将对马来西亚企业产生冲击而感到担忧；三是马来西亚华团是传播“一带一路”的重要角色；四是关注马来西亚政府是否履行职责保护本国企业及利益。对中国方面反映的主要观点有：一是“一带一路”至今只在国家层面或大企业之间进行商谈，应该也涉及中小企业的参与；二是要加强民间和中小企业间的往来；三是要重视人才交流与技术转移；四是“一带一路”倡议必须加强项目和政策的具体引导。

3. 文化角度

从文化角度来看，综合马来西亚华人社团领袖的观点，可以归纳出一个思路，即海外华人社团普遍将社会主义核心价值观与中国发展挂钩，并将之视为“中华民族伟大复兴”的同义词。这基本上与马来西亚华人社团的成立背景和斗争方向有关。华人社团大体上离不开对祖籍国——中国和中华文化的元素。这包括籍贯/地缘性质（福建会馆、广东会馆等）、血缘性质（姓氏宗祠）、业缘（鲁班行）、文化教育（董总、教总等）、宗教（佛教会）、体育联谊（精武体育会）、慈善福利（华人义山组织）与青年妇女（宗乡青等）等等。这类传统华团组织的特性在于，与中华文化有密切关系，以方言和华语为沟通语言，捍卫传统价值观。

华人社团更多是以与生俱来的“中华文化基因”或“华人性”作为出发点，以传统华人价值观解读社会主义核心价值观。虽然在身份认同上，华人社团视所在国（马来西亚）为祖国，但在情感上更乐见祖籍国中国发展和强大，并相信中国的强大有助于海外华人社会的强大。正因如此，华人社团很自然地将中国提倡的社会主义核心价值观，视为“中国发展”和“中华民族伟大复兴”的象征。

不可否认，马来西亚华社在传承与发扬中华文化这方面的成就是有目共睹的。马来西亚是除中国之外，拥有最完整汉语教育体系的国家之一；马来西亚将中华艺术发扬光大，开创高桩舞狮和二十四节令鼓等，让中华文化艺术名扬天下；华人文化与民间习俗更是融入日常生活，代代相传。马来西亚华社依靠长年累月形成的强大民间传播力量，再加上虽不具备人口优势但受宪法和社会契约保障的马来西亚华人，从而拥有进入政治权力核心、共同执掌国家政权的特殊地位，为社会主义核心价值观的对外传播提供强有力的支撑。

然而，正如前文我们一再提及，马来西亚是一个政治结构复杂且拥有种族敏感社会结构的国家。虽然多元种族社会体现出多元文化的特质，但马来西亚人口结构以马来穆斯林为主要族群，马来穆斯林掌控了国家政治大权与政府机关，也让“马来-伊斯兰价值”作为国家建设主干与国家文化政策的核心。与其他多元文化政策的国家一样，在马来西亚，中华文化的推广和传播很多时候是必须双管齐下的。一是靠政府层面的双边文化交流，二是靠华人社会对中华文化的保存、传承与推广。尽管宪法保障多元文化的自由推广与传播，但“马来至上主义”的盛行，促使其他非马来-伊斯兰文化面对诸多人为的阻碍与挑战。尤其是在官方文化政策层面，这些文化的推广往往只是流于形式，只为衬托主流文化（马来-伊斯兰文化）或名义上满足多元文化的政治需要。基于历史渊源，加上“马来至上主义”和种族敏感社会的结构，马来西亚华社作为社会主义核心价值观传播的主体，不仅要跳脱传统的文化传播思维，还必须找出民族主义障碍的突破点，获得马来族的认同与支持，才能讲好中国故事，传播好社会主义核心价值观。

（三）华人社群对社会主义核心价值观的传播概况

中国扛起大国角色与责任，通过推进“一带一路”及深度参与《区域全面经济伙伴关系协定》，引领全球化与区域合作，让中国在区域和国际舞台拥有更多话语权。相较于美国的个人主义价值观，社会主义核心价值观更符合和满足全球化、区域合作共赢的“刚需”。富强、民主、文明、和谐作为国家层面的价值要求；自由、平等、公正、法治作为社会层面的价值要求；爱国、敬业、诚信、友善作为公民层面的价值要求。这些价值观是以集体主义为原则，主张个人利益服从社会、民族和国家的利益，眼前利益服从长远利益，局部利益服从整体利益的价值理念①。这基本上体现出“一带一路”和《区域全面经济伙伴关系协定》的“合作共赢，共建人类命运共同体”的精髓。

随着国际交流合作的深度拓展，以及信息传播方式出现颠覆式变革，今天要在国际上讲好中国故事，要把社会主义核心价值观传播海外，中国单靠官方媒体作为传播主体的外宣模式，已经无法有效渗透国际社会，得到国际社会的认同。如何结合政府官方、媒体、公民社会组织/社团和个体等力量，形成一个多元的国际传播主体，将对社会主义核心价值观的传播发挥关键且重要的作用。在这方面，海外华人群体作为民间对外传播的主体之一，是社会主义核心价值观外宣的重要渠道。这也意味着，海外华人的传播角色将从传统的文化传播走向价值观传播。

1. 对社会主义核心价值观中的政治经济话语传播情况

社会主义核心价值观在马来西亚华人政治经济话语传播的情况，大致上可以分成三个时间段：一是2014年-2017年时期；二是2017年-2018年时期（全国大选前）；三是2018年后的时期（全国大选后）。这三个时间段的划分，来自马来西亚政治版图的重大变化。2018年的全国大选，让马来西亚的政治结构和局势发生天翻地覆的变化，也在一定程度上影响了马来西亚华人社会对社会主义核心价值观的政治经济话语传播。

（1）2014-2017年

2014年-2017年这段时期，是马来西亚华人社群对社会主义核心价值观的政治经济话语传播的“蜜月期”。这段时期的最大特征是社会主义核心价值观的传播以及“一带一路”和“人类命运共同体”等课题，获得马来西亚执政政府的高度认同和积极支持。这促使马来西亚华社，尤其是华人政党（以执政党马华公会作为代表）、华团和华商对社会主义核心价值观的在地传播，

① 吴倩：《美国价值观教育的历史演进及其启示》，《社会主义核心价值观研究》2016年第2期，第90-95页。

给予很大的支持，成为马来西亚华人政商圈子的主旋律。这段时期马来西亚华社对社会主义核心价值观的政治经济话语权，主要掌握在拥有政府资源优势的马华公会手中。其传播成果主要体现在三个方面：

一、马华与中国共产党的战略合作

马华公会与中共中央对外联络部建立战略合作伙伴关系，通过联办各种以“一带一路”和“中马合作”为主题的活动，针对马华公会的党内干部和党员，马来西亚华社内的华商、华团人士和华文媒体等，进行社会主义核心价值观的推广和传播。在党内干部和党员的传播方面，马华公会组织党中委代表团多次拜访中联部、出席政党高级别会议，如亚洲政党丝绸之路专题会议、中国共产党与世界政党高层对话会；同时，马华公会也多次安排党内干部前往位于中国上海的中国浦东干部学院，参与干部海外研修班，针对“一带一路”、中国政治模式、中国特色社会主义经济模式、中国社会发展等课题学习和培训，并通过参访和交流了解中国的政治经济文化。

针对马来西亚华社内的华商、华团人士和华文媒体，马华公会通过一系列以“一带一路”和“中马合作”为主题的活动，推广和传播社会主义核心价值观。其中最具代表性的是马华公会与中联部中国经济联络中心分别在北京（2015 年）和吉隆坡（2016 年）联办的“‘一带一路’中马工商界对话会”，邀请中马两国政界、工商界、华团组织、智库学者和媒体出席对话会。与会者围绕“一带一路”与中马双边合作，包括双边投资贸易、金融创新、基建设施、跨境电商、清真产业、中小企业合作及港口合作等议题进行讨论，获得华商、华团和华文媒体的高度关注。

此外，马华公会内部智库——马来西亚策略分析与政策研究所在此期间也与中联部中国经济联络中心积极配合，举办多场“一带一路”高端论坛，包括《“一带一路”，中国与东盟关系国际学术研讨会》《“一带一路”与文明对话》等，针对“一带一路”和中马政经文教合作课题进行分享和研讨，主要受众群体是华团人士、华商人士、学者、华文媒体等。

表 4　马华公会在宣传当代中国价值观的重大成果时间表

时间	事件	内容
2014 年 7 月	马华公会与中国共产党签订合作备忘录，建立战略合作伙伴关系	由马华公会和中联部签署合作备忘录，针对“一带一路”共建计划展开合作，包括两党之间的高层次交流、人员往来、干部培训、智库合作等方面
2014 年 9 月	马华公会与中联部启动首个合作项目——马华干部海外培训课程	马华公会在签署合作备忘录后，正式派遣首批党内干部，前往位于中国上海的中国浦东干部学院，参与第一期干部海外研修班
2015 年 7 月	马华公会与中联部在北京联办第一届“‘一带一路’中国—马来西亚工商界对话会”	作为联办方，马华公会带领 160 家马来西亚著名企业赴华出席活动，并在会上达成多项合作成果
2015 年 10 月	马华公会出席亚洲政党丝绸之路专题会议	马华总会长廖中莱率领马华领袖出席会议
2015 年 12 月	马华公会内部智库主办《“一带一路”与文明对话》	研讨会由马华总会长廖中莱开幕，并邀请中国驻马来西亚大使黄惠康致辞；中联部下属中国经济联络中心、中国浦东干部学院等单位皆派员参与研讨会
2016 年 4 月	马华公会内部智库与中国上海社会科学院联合主办《“一带一路”，中国与东盟关系国际学术研讨会》	针对政治、经济、文化、宗教等课题交流，探讨“一带一路”与东盟一体化之间的合作，推进中国与东盟的全面战略合作伙伴关系
2016 年 9 月	马华公会与中联部在吉隆坡联办第二届“‘一带一路’中国—马来西亚工商界对话会”	马华公会带领 120 家马来西亚知名企业，与中国的 62 家企业进行商务对接，促成多项经贸合作项目

续表

时间	事件	内容
2016年12月	马华公会正式成立“马华‘一带一路’中心”	由马华总会长廖中莱与中国驻马来西亚大使黄惠康共同开幕，作为中马“一带一路”合作的窗户，为工商界、公众和学术界参与“一带一路”提供一站式的信息分享、咨询与协助
2016年12月	马华公会号召签署《马来西亚华社“一带一路”宣言》	共有50个马来西亚大型的全国华人社团参与，与马华公会共同签署《马来西亚华社“一带一路”宣言》，支持中马“一带一路”合作
2017年5月	马华总会长廖中莱带领马华公会代表团拜会中联部部长宋涛	马华公会和中联部针对多个合作事项，包括新村城镇化、教育、智库和华教师资培训、学生奖学金等，展开非常积极的会谈，成果令人鼓舞
2017年5月	马华“一带一路”中心启动全球首个以“一带一路”为主题的企业咨询流动中心	“一带一路”企业咨询流动中心以马来西亚的二三线城镇为对象，分享“一带一路”信息与商机，为中小企业和公众提供免费的企业和创业咨询服务，协助中小企业转型，跨出国门，参与“一带一路”的商机
2017年9月	马华公会内部智库——马来西亚策略分析与政策研究所，签署加盟“‘一带一路’智库合作联盟”	由马华副会长兼马来西亚策略分析与政策研究所主席何国忠带领代表团，与中联部下属当代世界研究中心签署合作备忘录，正式加盟“‘一带一路’智库合作联盟”，推动马来西亚智库在“一带一路”国际合作中扮演更重要的角色
2017年12月	马华公会组织代表团出席中国共产党与世界政党高层对话会	马华公会总秘书黄家泉、副总会长何国忠博士和其他代表赴会。何国忠代表马华公会在对话会中就“共建‘一带一路’：政党的参与和贡献”作专题发言

续表

时间	事件	内容
2018年2月	马华总会长廖中莱组织代表团在北京拜访中联部部长宋涛	重申支持和加强中马"一带一路"合作，深化双边战略合作伙伴关系，为两国长期建设合作做出更大贡献
2018年2月	马华公会启动"马华'一带一路'2.0"行动方略	马华公会在"马华'一带一路'2.0"行动方略下，制定了五个行动方略，包括企业转型与青年创业、中小企业"走出去"、贸易投资促进平台、"一带一路"政策沟通平台，以及教育与培训

二、马华与政府的协作与配合

马华公会作为执政政府的成员，通过直接和间接参与中马"一带一路"合作的建设发展，并将中马政府的建设成果作为其"一带一路"成绩单，在2018年的第14届全国大选的选战中，以"中国牌"作为重点宣传课题之一。马华公会以"一带一路"和"中马合作"为主题进行推广和传播，有两个目的：其一是在意识形态上顺应华社的喜好，拉拢华人选民对马华公会的支持，换取政治选票；其二是用这个课题回击反对党挑起的"中国威胁论"，来打击反对党在华社的支持率。

马华公会与政府协作上，有关"一带一路"的传播主要体现在"一带一路"五大通：

（一）政策沟通，马华公会总会长兼交通部长廖中莱代表马来西亚与中国商务部签署《中华人民共和国商务部与马来西亚交通部关于交通基础设施合作的谅解备忘录》，与时任中国交通运输部杨传堂部长签署《建立港口联盟关系的谅解备忘录》，时任马华公会总秘书兼第二国际贸易及工业部部长黄家泉代表马来西亚签署《关于通过中方"丝绸之路经济带"和"21世纪海上丝绸之路"倡议推动双方经济发展的谅解备忘录》等；

（二）设施连通，即"一带一路"大型基建项目，如中马"两国双园"产业园、东海岸铁路、关丹港口深化、马六甲皇京港、大马城等；

（三）贸易畅通，马来西亚与阿里巴巴合作开发数字自贸区、整棵带壳冷冻榴莲获准进入中国市场、中国承诺采购棕榈油等；

（四）资金融通，中国人民银行与马来西亚国家银行续签货币互换协议，维持1800亿人民币的互换额度，马来西亚国家银行推出人民币结算业务，联昌国际集团子公司一触即通与中国蚂蚁金服子公司支付宝联营推出新移动电子钱包平台等；

（五）民心相通，厦门大学在马来西亚开设分校、又见马六甲项目、马来西亚学生赴华深造保送计划、中国奖学金等。

三、马华的政治框架和战略

马华公会通过提出以政党为基础的“马华‘一带一路’”倡议框架，针对马来西亚华社进行以“一带一路”和“中马合作共赢”为主题的社会主义核心价值观传播。在具体传播上，马华公会在2016年12月12日领导本土46个大型华人组织签署“马来西亚华社‘一带一路’宣言”。作为第一个由海外华人政党与民间团体集体发动的支持“一带一路”宣言，马华公会寄希望于通过传播社会主义核心价值观，与华社建立共同语言、共同目标，来换取华社对马华公会的支持。这份宣言强调鼓励更多华社各阶层人士积极参与“一带一路”建设，成为支持与推动“‘一带一路’的正能量”。在该“一带一路”宣言的基础上，马华公会也正式成立“马华‘一带一路’中心”，作为推广和传播“中马‘一带一路’合作”的载体。马华“一带一路”中心通过组织华团组织、政府机构、大学和媒体联办“一带一路”讲座，组织马来西亚中小企业到中国参与博览会和论坛，组织华团、华商代表与中国政府拜访团和商务考察团进行交流，出版“一带一路”相关书籍和杂志等宣传品。马华公会也分别在北部的槟城和南部的柔佛新山，分别成立槟城马华“一带一路”中心和柔佛新山马华“一带一路”中心，将“一带一路”的传播工作扩大至马来西亚各地。

此外，马华“一带一路”中心也启动全球首个以“一带一路”为主题的企业咨询流动中心，以二三线城镇为据点，与社区中小企业以及群众分享“一带一路”信息与商机，并提供免费的企业咨询服务。其传播方式包括举办巡回讲座，为企业提供有关“一带一路”的最新信息、免费咨询服务，并通过宣传册子、“一带一路”书籍及经商指南，提高中小企业对“一带一路”

的认知与了解。与此同时，马华"一带一路"中心与马华公会联合启动"马华'一带一路'2.0"，制定五个行动方略。马华总会长廖中莱将"马华'一带一路'2.0"定位在"让'一带一路'深入民间，带领华社、企业和人民参与马中'一带一路'建设发展，走出一条新路"。随后，"马华'一带一路'2.0"也在马华公会于全国大选前的多场宣传造势活动上亮相，由马华"一带一路"中心配合多个政府部门和单位，举办宣讲会和展览，为当地企业和民众提供咨询与服务。

（2）2017-2018 年

2017 年-2018 年这段时期，我们称之为"动荡期"。这段时期对社会主义核心价值观的政治经济话语传播，出现两极化的情况。一边是执政党国阵主打"中国牌"，倡导支持"一带一路"与"中马合作"的论述。华人执政党马华公会配合首相纳吉的亲中政策，以"一带一路"与"中马合作"为主题，面向华社给予最大力度的支持与传播。纳吉政府将本国经济与"中国发展"和"一带一路"挂钩，多次高调率领政府高官和工商界领导出访中国，不但促成了"榴莲外交"，还以引进中国外资投资项目和双边投资贸易作为成绩单，包括 2016 年"榴莲外交"访华之旅，促成中马两国高达马币 1440 亿的投资项目；2017 年"一带一路"国际合作高峰论坛，促成中马两国签署马币 313 亿的合作备忘录。马华公会借势广泛传播"一带一路"和"中马合作"的成果，包括邀请中国驻马大使走访马华选区，推广榴莲外交、宣布马来西亚学生赴华深造保送计划、争取马币 2000 万的中国奖学金等，并在马华公会多个选区竖立有关"一带一路"造福人民、阿里巴巴在马"数字自贸区"等文字和图片的大型海报、广告牌等宣传品，将马华公会与中国"一带一路"挂钩。

另一边，反对党联盟希盟，以前首相马哈蒂尔为首，在这段时间大唱反调，提出"中国威胁论"和"中国侵犯马来西亚主权"的论调，并多次发表要审查在马中资项目的言论，借此为反对党制造攻击执政党的课题，使得中资成为该次大选的热点议题。马哈蒂尔成功将中国课题和纳吉捆绑在一起，引起社会关注，对全国大选成绩产生关键性的影响，让反对党联盟成功推翻国阵上台执政。马哈蒂尔对中国不友善的立场，一直延续到他出任第七任首相前期，直到马哈蒂尔第二次官访中国之后，与中国达成多项协议，才正式告一段落。

（3）2018 年至今

2018 年至今的这段时期，我们称之为“正常化期”。这段时期马来西亚对社会主义核心价值观的政治经济话语传播，与中马双边关系同步，回到了正常化的阶段。无论是从马哈蒂尔任首相的希盟政府、幕尤丁任第八任首相的国盟政府、沙比里任第九任首相的国阵-国盟联合政府，到现在第十任首相安瓦尔领导的希盟政府，对中国的态度趋向正面，让中马双边关系回到正常化。

马哈蒂尔的希盟政府对社会主义核心价值观的政治经济话语传播，体现在马哈蒂尔第二次访华期间和之后的言论。马哈蒂尔在 2019 年 4 月访华，展开 5 天工作访问，并出席第 2 届“一带一路”国际合作高峰论坛。期间，马哈蒂尔表态支持“一带一路”计划，并称发现中国并未通过“一带一路”计划支配其他国家，反而以此促成各国共同合作并提升发展中国家的发展。参与“一带一路”倡议的许多小国，都能与大国平起平坐讨论如何从中获益。马哈蒂尔的这一论述，与他上任后首次访华的立场出现鲜明的对比。此外，马哈蒂尔也与时任中国国务院总理李克强见证棕油领域合作谅解备忘录，以及重启东铁计划的签署仪式。除了官方活动，马哈蒂尔还参观了北京一些高科技公司，如华为及商汤科技。此外，在美国封杀华为事件上，马哈蒂尔在官访日本期间，在“第 25 届亚洲未来国际会议”发表主题演说时，为中国和华为背书，指马来西亚将尽可能使用华为的技术，并呼吁美国接受东方国家进步的事实①。他也促请美国处理与中国的纠纷时让步，包括贸易纠纷及与华为的争议。马哈蒂尔对华友善的立场，让马来西亚对社会主义核心价值观的政治经济话语传播，回到了正常化阶段。

第八任首相幕尤丁在任期间，正值全球发生新冠疫情，马来西亚对社会主义核心价值观的政治经济话语传播，围绕在“中马合作抗疫”“疫后中马经济合作发展”的课题上。幕尤丁与时任中国国务院总理李克强进行视频会议，

① 《马来西亚首相马哈迪：将“尽可能”使用华为技术》，联合早报，https：//www.zaobao. com. sg/realtime/world/story20190530-960782。

共商两国在对抗新冠疫情的合作，包括在马来西亚进行新冠疫苗的灌封工作；双方还商讨在经济、商业和投资领域外，开拓新的合作领域，包括电子商务、高科技、数字经济、农业、粮食安全及消除贫穷等课题。新冠疫情期间，中国除了在医疗物资援助上向马来西亚伸出援手，中国政府还应马来西亚政府邀请，派出抗疫医疗专家团访问马来西亚，与马来西亚卫生部、医疗机构及公共卫生专家和医护人员进行广泛深入交流，充分分享中国的抗疫经验和有效做法，为马来西亚抗击疫情提供助力①。中国宣扬“中马合作抗疫”“肩负大国责任，向国际社会伸出援手”和“共建健康丝绸之路”等价值观的传播，获得马来西亚社会普遍认同和赞赏。马来西亚对社会主义核心价值观的正面传播，也延续到了第九任首相沙比里领导的国阵-国盟联合政府。

2. 对社会主义核心价值观中的社会层面的话语传播情况

马来西亚华人群体对社会主义核心价值观中的社会话语传播概况，主要通过马来西亚华人社团，搭配华文教育和华文媒体进行传播。具体课题体现在经贸、社会文化习俗和教育上。自习近平主席在2013年提出“一带一路”倡议之后，马来西亚华人团体积极响应号召，以各种方式对“一带一路”和“中马合作”进行推广和传播。以“一带一路”或“丝路”命名和注册的马来西亚华人团体不下百家，这还不包括马来西亚全国现有大小型华人社团在体制内增设“一带一路”板块，积极参与“一带一路”的建设和传播工作。

有关华人社团对社会主义核心价值观中的社会话语传播概况，大致可归纳为以下几点：

（1）有历史背景的大中型华人社团组织

马来西亚中华总商会（简称中总）是一个标志性的华人社团组织，拥有百余年历史，在推广和传播“一带一路”和“中马合作”等讲好中国故事方面，有其一定的权威性和说服力。中总在“一带一路”和“中马合作”的课题上，主要注重经贸投资议题。比如，中总与中国驻马来西亚大使馆、马来西亚中国银行三方携手，分别在2016年、2018年、2019年和2021年，连续

① 《“中国抗疫医疗专家组抵马来西亚”》，新华网，http://www.xinhuanet.com/politics/2020-04/18/c_1125875027.htm。

4年联办“中马企业跨境合作线上对接会”，为中马企业搭建沟通交流平台，促进中马两地企业家紧密合作，为中马双边贸易的未来发展创造更多新机遇①。此外，中总和中国银行也曾于2015年联办马中“一带一路”经济大会，为马来西亚、中国和东南亚国家的企业家穿针引线，通过企业对接交流，共同开拓商机②。这场“一带一路”经济大会获得中马双边官方单位的认可，包括马来西亚国际贸易及工业部、中华人民共和国驻马来西亚大使馆，以及马来西亚全国工商总会；同时也获得不同族群商会，如马来西亚马来人总商会、马来西亚印度人工商联合会、马来西亚国际工商总会，以及马来西亚马来商人及企业家协会的支持。中总在2019年受邀出席在中国北京举行的中华海外联谊会五届一次理事大会和第九届世界华侨华人社团联谊大会，并在会上获颁“华社之光”荣誉，表扬中总在增进中马友谊与团结、促进合作与发展方面的成就③。

另一个具有代表性的华人社团是马来西亚华人大会党总会（简称华总），作为马来西亚各州华人团体的象征性母体，主要侧重华人文化交流、教育和经贸合作。华总在总会的体制下，设立了“华总‘一带一路’促进委员会”和“华总文化委员会”，从经贸、文化和教育等方面，对社会主义核心价值观进行传播和推广。比如，华总主办、华总文化委员会策划和吉隆坡坤成中学协办，在2018年举办了《“一带一路”，唱响未来》2018年国际华人合唱大赛，旨在提倡、推广与发扬马来西亚华人合唱文化、促进国际华人合唱艺术交流。

（2）受官方认可的华人社团组织

受官方认可的代表性华人社团组织是马中商务理事会。马中商务理事会本身属于一个半官方单位，虽然名义上注册为社团组织，但传统上其理事会

① 《2021年中马企业跨境合作线上对接会》，马来西亚中华总商会官方网站，https：//www. acccim. org. my/2021-msia-china-business-matching/。

② 《中总及中银携手合作，打造马中企业家对接平台》，马来西亚中华总商会官方网站，https：//www. acccim. org. my/acccim- and - bank - of - china - work - together - to - create - platform-for-closer-collaboration-between-malaysian/。

③ 《第九届世界华侨华人社团联谊大会，中总唯一马来西亚华团获颁“华社之光”荣誉》，马来西亚中华总商会官方网站，https：//www. acccim. org. my/press-release-29052019/。

主席同时还担任马来西亚首相对华特使（属于中央部长层级，享有部长级待遇）。马中商务理事会的主要目标，是打造成为促进马中贸易和投资的领导性组织，加强马中双边关系，推动两国在区域全面经济伙伴关系协定（RCEP）、单一窗口与两国一检等方面合作。同时，马中商务理事会也有意成为马中贸易的一站式中心，以吸引更多的中国投资者①。马中商务理事会促成的代表性的三个项目，包括中马“两国双园”产业园、关丹港口深化计划和厦门大学在马开设分校。马中商务理事会在实际操作上，主要是支援马来西亚首相对华特使兼理事会主席，在对接中马合作和交流方面的工作之外，也会在不同层面上，针对“一带一路”和“中马合作”的主旨，为马来西亚社团组织的活动提供支持。比如，马中商务理事会成为中总与中国驻马来西亚大使馆、马来西亚中国银行联办的“中马企业跨境合作线上对接会”的协办单位，同时也是中总和中国银行联办《马中“一带一路”经济大会》的协办单位。

另一个代表性的华人社团组织是马来西亚“一带一路”委员会。这个组织综合经贸研究、推动商贸投资对接、促进文化教育交流合作，以及推广马中、中国-东盟多边合作的民间组织。自2014年以来，该社团组织秉持讲好“一带一路”的故事，搞好马中经贸合作的关系，做好两国民心相通的工作，与中马政府、商协会、工商界、学术界和媒体密切合作，建设多方位交流合作平台，促进政经文教的双边合作。过去几年，马来西亚“一带一路”委员会与中国驻马来西亚大使馆紧密配合，举办多项以促进“一带一路”和“中马合作”为主题的活动，推进社会主义核心价值观的传播和推广。例如《“一带一路”大讲堂》《2020年马中文化旅游年开幕式》《2020中国影视节》《河北文化旅游年开幕式暨庆祝中马建交45周年专场音乐会》《纪念中马建交45周年暨中华人民共和国成立70周年中国文化旅游之夜》，等等。这些“讲好中国和‘一带一路’故事”的社会话语传播的对象，主要是以马来西亚民间社会为主，包括来自不同族群的企业家、社团人士、教育人士、文化人士、学术人士、公众和媒体。

① 《马中商务理事会主席：积极推动马中贸易投资合作》，中国侨网，http://www.chinaqw.com/hqhr/2021/07-19/302242.shtml。

(3) 其他华人社团组织

其他华人社团组织在对社会主义核心价值观的社会话语传播方面，主要体现在个别华人社团的属性。比如，马来西亚留华同学会以马来西亚留华毕业生/校友、在籍留华同学，以及潜在留华学生（包括马来西亚的独立华文中学、改制国民中学等的学生）作为宣导对象。马来西亚留华同学会通过搭建中国教育机遇和人才培训的桥梁，作为推广中国现代价值观的媒介，促进马来西亚学生到中国留学，学习和了解中国文化和价值观。马来西亚留华同学会属于比较年轻的华人社团组织。

另一种属于传统老牌华人社团组织，包括籍贯或地缘性质的华人社团组织，比如福建会馆、广东会馆、海南会馆、潮州会馆等；文化教育社团，如董总、教总等；青年妇女组织，比如宗乡青等。这类组织的特性在于，具有“中华文化基因”或“华人性”，与中华文化有密切关系，以捍卫传统价值观为己任。这些华人社团组织对社会主义核心价值观的社会话语传播，主要体现在对“中国发展”和“中华民族伟大复兴”的大力支持，乐见祖籍国中国发展和强大，并相信中国的强大有助于海外华人社会的强大。

3. 对社会主义核心价值观中的文化层面的传播情况

马来西亚华人群体对社会主义核心价值观的文化层面传播概况，可以从影视、文化、文学作品等方面来体现。在影视作品方面，我们看到一些叫好又叫座的电影佳作，马来西亚导演和作品对华人传统和不同价值观交流的探讨和传播，可以引起跨族群的广泛共鸣与认同，充分体现出“求同存异”“民心相通”价值观的传播。比如，由马来西亚导演周青元指导的《一路有你》，通过刻画一个性格保守的传统华人长辈——全叔，与从国外留学回来的女儿及洋人未来女婿之间，如何从文化冲击走向文化认同与包容。故事以女儿决定嫁给洋人男友，父亲从原本的大力反对，到后来要求举办一场传统华人婚礼，按照华人习俗派喜帖给全马各地的同学。在这过程中，传统华人父亲与洋人女婿之间存在天南地北的价值观和意见，从语言不通、文化不同，到后来的相互照顾、相互包容，恰恰刻画出“一带一路”中“求同存异”“民心相通”的价值观。另一部由张爵西导演的马来西亚电影《我来自纽约》，剧本是以海外华人的视角，来探讨对中国传统文化价值观的认知。电影记述了一位在美国纽约长大的女生，被母亲送回马来西亚与她的外公一起短期生活。外公与外孙女之间的中外文化冲击，女生与外公、邻居和同龄女生朋友之间的相处，让她慢慢领悟和了解母亲与外公对传统文化的执着，以及感受到本土华人社群的热情与友善。这类题材在海外华人群体很容易引起共鸣，电影的软性文化推广也相对更容易让非华人群体接受，这对社会主义核心价值观的推广和传播，起着很好的参考作用。

相较于影视作品对受众群的直接感官冲击，马来西亚华人文学（马华文学）作品在对社会主义核心价值观的文化层面传播，显然更加复杂，其背景与马来西亚社会变革息息相关，充分体现出马来西亚华人社会在这片土地的民族性和文化认同。这也让马华文学与其他海外地区的华人文学和中国文学存在很大的差异。在20世纪马华文学的发展早期，马华作家多来自移民南洋的华人，对中国有着强烈的情怀；马来西亚建国后，马华作家积极参与建国事业和民族共同体的构建，在创作中体现出比较明显的“去中国化”、淡原乡化的文化特征，同时也彰显着国民身份与民族化认同特质；随着20世纪90年代以来马来西亚国家对华人群体的排斥、打压和规训，一些马华作家离开马来西亚，并在创作中体现出明显的认同危机。

马华文学不仅是马来西亚国家文学的一部分，也是中华文化的继承者和传承者，为传播中华文化和价值观起着重要的影响。比如，马华文学中的散文，比如苏燕婷、许通元、郑庭河的作品把关注点投向都市面貌、饮食生活、宗教信仰等亚文化层面，展现马华文学的南洋风情；潘碧丝和单宝顺则关注马华作家如何通过语言的本土化，从而策略性地使作品逐渐从边缘走向主流，对价值观的传播带来显著影响。

马华文学是民族文化的精髓所在。一路以来，华文报章在马华文学中扮演重要的角色。华文报章开设版页，栽培文坛新秀，让在籍学生可以发表文章。此外，华文报章也开辟文艺副刊，推动文艺创作。比如，南洋商报出版过文学丛书，星洲日报成立花踪文学奖，每两年举办一次，推广马华文学创作，激励许多写作上的优秀人才，也栽培不少有成就的作家。不过，诚如马华文学大家戴小华所言，在马来西亚一般的马华作者只能把写作当作副业，有些自资出书，还会遇到销路困难的问题，因而专业作家是难以在这块土地上生存的。从社会主义核心价值观的文化传播角度来看，若中国在这方面能够赋予年轻马华作者更大的发挥空间和更多的支持力度，栽培优秀的新一代马华作家，这将对推广和传承社会主义核心价值观带来重要的影响。

4. 华人社群对社会主义核心价值观传播的效果分析

(1) 社会主义核心价值观在马来西亚的网络及媒体传播分析

基于马来西亚是一个多元族群的国家，多元语言源流的并存与发展，传统主流媒体，尤其各语言源流的报章彼此交际互动不多，除了重大课题，更多时候专注于本身族群利益的课题，媒体报道角度很多从本身族群利益出发。更重要的是，绝大部分的传统主流媒体掌控在政府、政党，或与政治关系密切的大财团手中。主流媒体对课题报道的立场，很大程度上是在反映执政政府或执政党的立场。

马来传统媒体和读者的“中国观”，很大程度上受到政府与马来政治精英的影响。历届国家决策者或马来政治精英对中国政策、政治立场和态度，将直接影响主流马来媒体对涉华课题的态度和立场。此外，因为受语言限制(不懂中文)，马来媒体和读者很容易受欧美媒体报道和观点的影响。在很多国际时事课题上，马来媒体和读者主要参照西方媒体的报道，对华态度和立场也偏向保守、缺乏信任，容易产生误解。

马来西亚传统华文媒体和读者，普遍上对中国的观点和舆论倾向友善和正面，对涉及中国的国际课题大多持有支持的立场。华文媒体对中国的新闻报道，尤其是涉及国际时事课题上，更多采纳中文内容的报道，这让中国在新闻报道和舆论上具备优势。不过，亲西方或反中的部分媒体及一些西方媒体的中文版内容，对中国课题的报道和评论，也对马来西亚的华文媒体与读者带来一定的影响。

反观受英文教育的媒体和读者，读者背景（华人居多）和教育程度（教育水平高为主）使得他们的独立思考能力相对高。虽然一定程度上还会受欧美国家媒体的报道和观点的影响（因为英文读者不懂中文），但英文媒体和读者对中国观点和立场相对比较中立。不过，针对个别课题，则对中国有所保留。

最后是网络媒体对涉华舆论的特点。目前，马来西亚网络媒体还是以英文为主导，媒体经营者、编辑和记者普遍受英文教育或英文基础好（大部分生活在英文源流圈子)，因此更容易倾向西方媒体的立场，对中国持保留态度。此外，网络媒体也容易受欧美国家媒体的报道和观点的影响，主要是因为国际时事课题大都引用西方媒体的报道内容，因此，对华态度和立场偏向保守、缺乏信任，容易产生误解。一些网络媒体，比如当今大马，明显对中国采取不友善态度，主要是因为获得美国资金支持，促使他们趋向亲美反中。

（2）马来西亚政商学界人士对社会主义核心价值观的认知情况

马来西亚华人政治人物对社会主义核心价值观的认知，更多时候是中国作为大国所体现的使命与责任，以及中马两国外交和政治关系的体现。马来西亚首相对华特使张庆信认为，“国际社会需要中国发挥积极作用，推动世界和平、经济繁荣与贸易稳定。中国奉行和平外交政策，从帮助发展中国家到推动世界经济复苏，一直坚持互利共赢的理念，为世界提供了新机遇，也为发展中国家如马来西亚走向现代化提供新选择”。原马华总会长兼原交通部部长翁诗杰以“中国站在抗疫第一线，给许多受疫情影响的国家包括马来西亚施以援手，所展现的是一种世界大国应有的国际责任担当”来评价中国所展现的社会主义核心价值观。

华团人士对社会主义核心价值观的认知，普遍建立在“中国发展”和“中华民族伟大复兴”的观点上。马来西亚中华大会堂（华总）会长吴添泉将社会主义核心价值观所体现的实际行动，比如打赢脱贫攻坚战、肩负大国责任供应疫苗物资支援全球防疫、神舟十二号完成任务成功着陆等，诠释为以泱泱大国的大度不断展现的中华民族伟大复兴中国梦，“充分实现与展现复兴中国梦的超凡、磅礴力量”。原马来西亚“一带一路”委员会会长蔡宝强认为：中国实现建成富强民主文明和谐美丽的社会主义现代化强国，能够团结海内外中华儿女，携手走向中华民族伟大复兴之路。马来西亚华人姓氏总会联合会总会长洪来喜则引述习近平总书记在庆祝中国共产党成立 100 周年大会上的讲话，指出“爱国统一战线是中国共产党团结海内外全体中华儿女实现中华民族伟大复兴的重要法宝”①。

马来西亚华商人士对社会主义核心价值观的认知，大多建立在经济实用

① 《在庆祝中国共产党成立 100 周年大会上的讲话》，《人民日报》2021 年 7 月 2 日第 2 版。

主义的基础上。华商人士在诠释“中马合作”“一带一路”等核心课题上，“互惠互利”“合作共赢”“优势互补”这些价值观被多次提及。中国—东盟企业家联合会创始会员、马来西亚中华总商会原会长戴良业针对“一带一路”倡议提出，“中国—东盟博览会为中国—东盟企业家联合会提供成长、发展和壮大的平台。这些资源整合为联合会服务会员，促进 11 国企业家之间的交流合作、实现共赢，提供宝贵的资源和先天条件”。马来西亚—中国总商会原总会长陈友信指出，“马来西亚企业要与中国合作，没有所谓纯粹靠感情就能长期合作的。而且只想单方面从中方伙伴获得好处，这也是不可能的。我们一定要想怎样创造一加一大于二的局面，优势互补，且要共赢共享，懂得让利，注意双方的利益，才符合中国强调的人类命运共同体”。

（3）马来西亚各族民众对社会主义核心价值观的认知情况

根据课题组在 2020 年组织的一次调研，受访对象包括 623 名各个学历层次的人员。其中学士以上人群超过 50%。在问卷题目设置上，课题组选择“一带一路”、脱贫攻坚、中国—东盟博览会等具体案例，以马来西亚各族民众对中国国家叙事具体案例的认知分析其对社会主义核心价值观的认知倾向，具体结果如下：

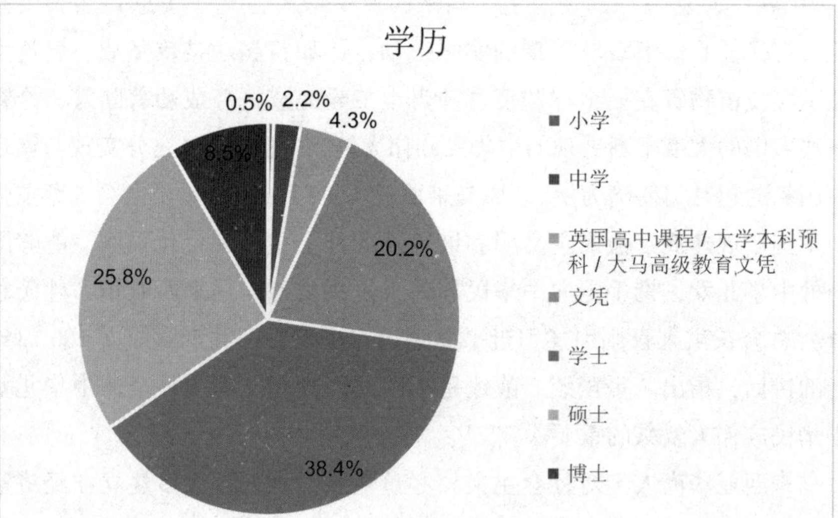

图 13　受访者学历层次结构

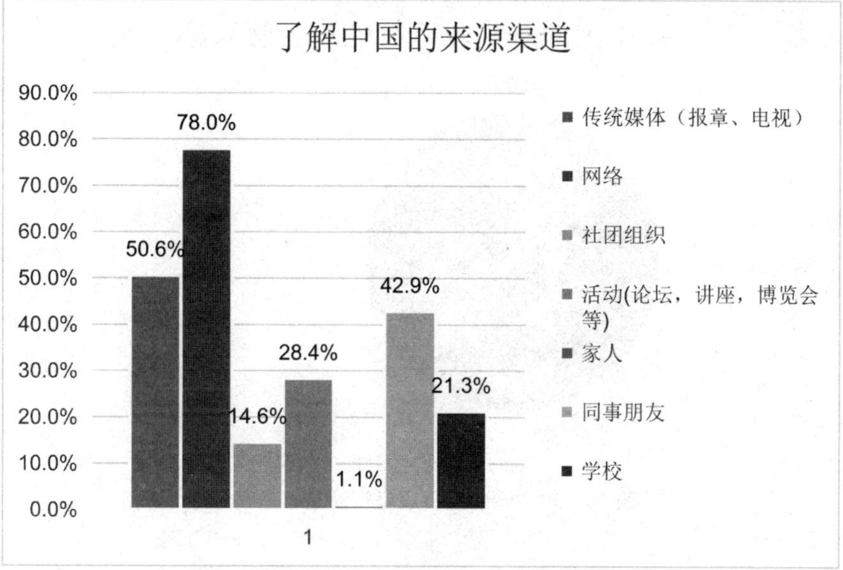

图 14　了解中国的来源渠道

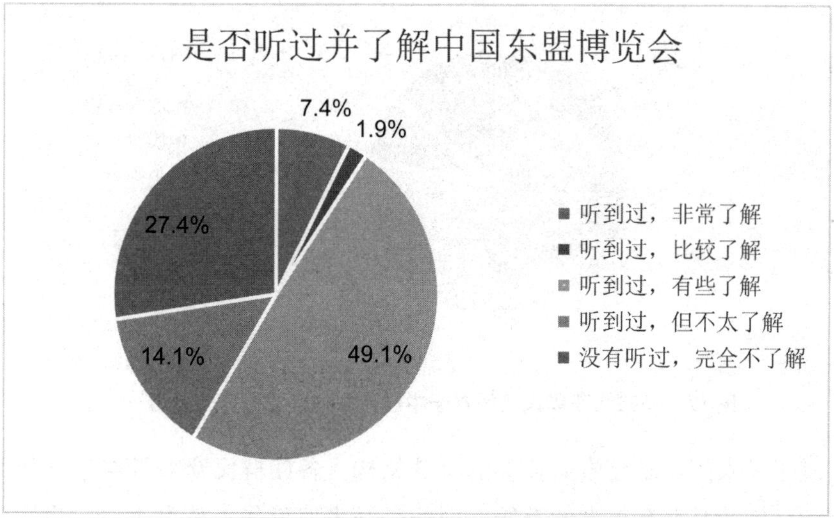

图 15　是否听过并了解中国东盟博览会

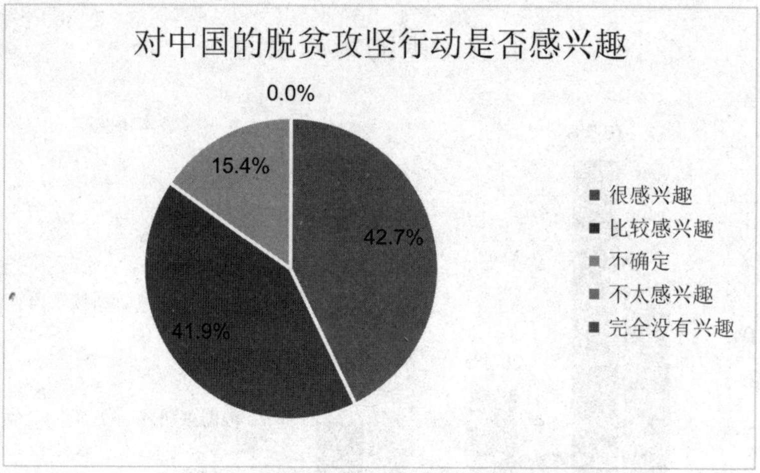

图 16　对中国的脱贫攻坚行动是否感兴趣

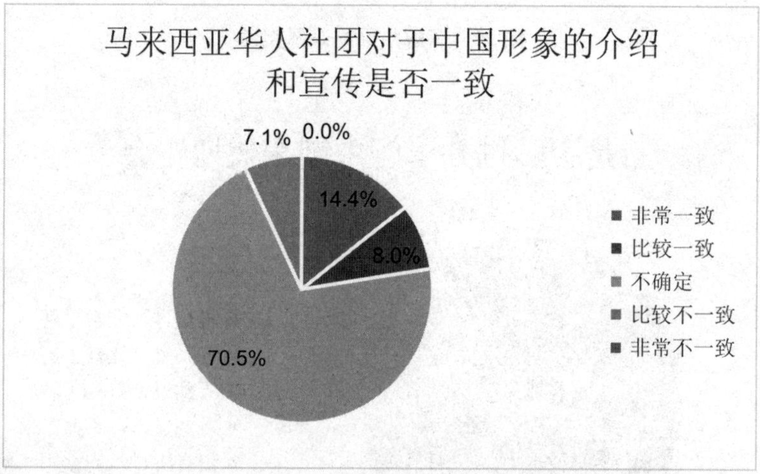

图 17　马来西亚华人社团对于中国形象的介绍和宣传是否一致

基于马来西亚多元族群社会的特殊结构，各族群民众对社会主义核心价值观的认知情况也有很大的差距。即使是马来西亚华人族群本身，也因为本身的文化程度、教育背景、生活环境、个人及家庭的经济水平、个人社会地位和影响力、个人政治地位和立场等因素的不同，对社会主义核心价值观的认知也不一致。比如，居住在城市的华人，普遍受教育程度高，而且网络普及率高，信息相对发达，更容易了解社会主义核心价值观及其传播。此外，接受华文教育的华人，在思想意识形态上存在浓厚的“中华文化基因”或“华人性”，因为文化身份认同的因素，更容易接受和认同社会主义核心价值观。相比之下，接受非中文教育的华人，虽然在血缘和文化身份认同上对中国有着与生俱来的“情意结”，但英文或马来文教育背景，让他们在思想意识形态上更亲近，也更容易接受和融入西方或本土文化的价值观。政治意识形态亲中、活跃于华团或华教组织的华人，对社会主义核心价值观的接受度高；而政治意识形态亲西方的华人，对社会主义核心价值观多存在排斥和抗拒的心态。

相比之下，马来社会或其他族群民众对社会主义核心价值观的认知和认同，则受到多边因素的影响。对于不懂中文的马来或其他族群的民众，他们对中国的认知，或者社会主义核心价值观的认知，很大程度上依靠两个渠道：其一是媒体的报道（传统和社交媒体）；其二是政治或社会精英的观点。实际上，这两者之间也存在一定的关系。这主要是因为马来西亚的传统媒体受到政治的影响和政府的监管，因此，媒体对中国相关课题的报道立场和媒体情绪，很多时候受到政府、政治精英或社会精英的立场和观点所影响。作为媒体受众的马来或其他族群民众，很多时候对社会主义核心价值观的认知处于被动状态。

一批马来西亚学者针对马来西亚两大马来报章《每日新闻》和《马来西亚前锋报》有关中马“一带一路”关系的一系列新闻报道，进行调查分析①，得出以下结论：

《每日新闻》与《马来西亚前锋报》之间，针对中马“一带一路”关系的报道数量出现很大差距，但两家报章并没有对“一带一路”课题进行任何评论，即没有加入媒体的个人观点，反映出“一带一路”课题对马来报章而言，并非一个普遍课题，没有引起马来媒体的关注；

·总体而言，马来报章所报道的新闻中，有高达62%的文章内容对“一

① Hassan, Nor Azlili & Ismail, Mohd Mahadee & Makdin, Hairol & Abdullah, Azlina, Public Perceptions Towards Belt And Road Initiative (BRI) In Malaysia. International Journal of Psychosocial Rehabilitation. 24. 9201-9213. 10. 37200/IJPR/2418/PR280910, 2020.

带一路”保持中立的观点，而对“一带一路”持有正面与负面的文章分别只有23%与15%；

·这反映出两个情况：其一是马来报章对中国“一带一路”课题没有特定态度，在报道上趋向于以中庸立场处理新闻；其二，有关中国“一带一路”的报道，纯粹只是按马来西亚政府（比如首相或部长）和政治精英的对华立场和观点来进行报道，不掺杂媒体的个人观点或态度；

·马来报章针对“一带一路”的相关报道文章，主要局限于经济课题；反观文化和教育课题则没有受到关注。

无论如何，这份研究报告的结果并不全面，无法全面剖析马来或其他族群民众对社会主义核心价值观的认知和认同。这主要是因为很多民众今天已经不再单纯依赖传统媒体获取信息，新媒体和社交媒体的崛起为民众带来不一样的媒体观点和影响力。此外，政治精英和社会精英近年来也活跃于新媒体平台，比如通过脸书、IG、推特等账号发表他们的政治观点来影响民众。此外，政治精英或社会精英也通过网络媒体表达他们的观点。这意味着，要加强马来和其他族群民众对社会主义核心价值观的认知，仅通过传统媒体产生影响已经不能满足需要，还必须结合新媒体和社交媒体的力量。

八、华人社群在社会主义核心价值观传播中遇到的困境与挑战

（一）百年未有之大变局下国际政治经济局势大环境的变化动荡

进入21世纪以来，世界格局、国际秩序又面临着调整。传统以西方国家为中心的世界秩序面临挑战。当今世界正处于百年未有之大变局。以中国为代表的发展中国家迅速发展让西方国家感到不安，部分西方国家依然没有抛弃冷战思维，国际政治经济局势大环境发生巨大变化与动荡，西方的“文化霸权”始终影响着国与国之间的信任与友好往来，意识形态之争不仅没有随着国际交流趋于平缓，反而以更加隐秘的方式激烈进行。尤其是受疫情影响，西方个别国家因其“极端利己主义”丧失国际公信力，导致国际对以其为主导的“西方中心论”和西方价值观产生怀疑。为维护其霸权统治，以美国为首的西方“文化帝国主义”国家持续对中国实行敌对政策，企图将中国进行“文化边缘化”，并利用其媒体在国际舆论市场的霸权地位不断制造“中国威胁论”引导国际舆论，对中国进行打压，企图重新构建单极世界，维护其霸主地位。

在西方看来，资产阶级的“民主”“自由”“人权”等价值观是超时空的普世理念，在人类价值观排序中居于优先地位。正是这种优越感使得西方资本主义国家长期戴着有色眼镜审视社会主义国家的价值观，贬低其合理性。而文化“走出去”则成为国家发展战略的重要组成部分。在世界多极化发展的背景下，华人在政治、经济、文化、教育等诸多方面充满着各种历史机遇与挑战，在发挥优势与长处的同时，多元价值融合与建构是历史发展的必然

趋势。为打破这一直以来存在的“病态”局面，我们必须主动出击，改善华人所在国与我国之间的关系，保持鲜明的国家立场，在此基础上结合国内力量与国外力量提升我国国际话语权地位，推进社会主义核心价值观的国际传播。

新冠疫情的发生进一步加速了全球经济一体化的衰退，面对复杂的国际形势和国家发展的需要，实现社会主义核心价值观快速高质量传播是摆在我国海外华人华侨面前的重要问题。而在这一背景下，中国与其他国家在价值观念上的差异开始显现，部分国家仍不能以客观真实的态度看待社会主义核心价值观，伴随着国际间往来不断加深，社会主义核心价值观的对外传播成为其他国家媒体攻击中国的主要武器和手段。当前部分西方国家极力宣传话语霸权，并凭借在信息技术上的手段优势，占据国际舆论的制高点，大力传播西方的价值观念，为本国谋取经济或政治上的利益，并攻击和诋毁社会主义制度，让社会主义核心价值观在国际上的话语地位处于劣势。这些国家对社会主义核心价值观的误读是因为他们是以自身价值观念和思维方式理解和看待中国文化，造成对中国国家形象建构出现认识上的偏差，这种认知偏差作为一种国际价值认同和评价模式，给中国走向世界带来了严重的负面影响。

“一带一路”沿线国家政治生态复杂，使社会主义核心价值观的传播面临很大风险。总体来看，“一带一路”沿线国家政治生态不一，经济水平差异大，地缘政治复杂多变，社会与文化机制不同，缺乏多边合作机制。东南亚地区历史上数次发生政治动乱和排华热潮；苏联解体、东欧剧变，独联体各国存在着复杂的国内政治斗争和多边关系；中印边界问题至今仍影响着中印关系；阿拉伯国家内部冲突激烈……总体而言，“一带一路”跨线长、跨界大，沿线各国政治文化生态迥异，与中国的历史渊源和当代交集各不相同。因而，不同国家对中国倡议的“一带一路”建设持有的态度呈现一定差异性，有的国家认为通过参与“一带一路”可以与中国共享利益，在这类国家中华人社群进行社会主义核心价值观传播的环境相对宽松；也有国家怀着过度戒备的心理看待“一带一路”，认为或将在“一带一路”中陷入与提倡国的利益纷争，这类国家中以华人华社为纽带进行社会主义核心价值观传播显得举步维艰。从实际中不难看出，风云变幻的全球政治经济局势、动荡摩擦的区域政治环境、对中国的国家立场等政治因素，实实在在影响着以华人社群为纽带的社会主义核心价值观传播。总之，“一带一路”是踏着历史足迹的荆棘之路，更多的是在“无”中走出“有”来，充满困难，作为铺路先锋，在“一带一路”沿线国家的社会主义核心价值观国际传播也必然面对各种复杂的风险。

除此之外，发展中国家之间的互相猜忌，贸易保护主义盛行，加剧了逆全球化潮流，阻碍建构人类命运共同体，这与社会主义核心价值观内涵相悖，因此，社会主义核心价值观海外传播仍面临诸多国际阻碍，创新海外传播路径、优化传播效果已成为当下亟待解决的问题之一。

这种大变局对于中国既是机遇也是一种挑战，中国应该用更加审慎的态度，通过“一带一路”建设和构建人类命运共同体的努力，抓住变局机遇，推动全球良性发展。如今，“一带一路”倡议的实施正在推动国际格局、经贸规则等方面的变化，“一带一路”秉持着共商共建共享的原则，以共同发展夯实多边主义。而海外华人华侨也深受其影响，经济全球化加速了不同民族文化文明的交流接触，既推动了文明融合，也推动了越来越多民族、文明的自我意识强化。这种强化加剧了许多国家的社会动荡和政治变化，因此，华人华侨在居住国受到了极大的影响。

（二）华人社群所在国各族群对社会主义核心价值观的认知偏差

基于中马两国之间在国情、语言、文化等方面存在很大的差距，加上马来西亚社会本身就呈现一个多元性质的文化属性，因此，各族群对社会主义核心价值观的认知，不可避免出现很大的差距。即便是与中国有着同宗血缘关系的华人社群内部，对社会主义核心价值观也存在认知偏差。不可否认，大部分马来西亚华人对中国存在祖籍国的情结，在文化认同上不自觉地把自己视为中华民族的一部分。

中国改革开放以后，中马两国门户开放，无论是侨务邀约、商贸投资，还是探亲寻根、旅游、留学或工作，马来西亚华人与中国之间的人员往来和交流互动非常密切。社会主义核心价值观的传播如“中国发展”“一带一路”“人类命运共同体”“合作共赢”等课题，通过各种各样的途径进行宣传推广，包括活动性质的峰会、论坛、博览会、参访、研修班、学术交流会等；外宣性质的传统媒体、新媒体、社交媒体等。因此，华人社群普遍对社会主义核心价值观的认知水平较高，接受度和认同度也相对更高。

然而，并非所有马来西亚华人对社会主义核心价值观的认知都是正面积极，或给予支持与认同的。这一华人群体主要分成三类。第一类是在意识形态上反中的华人群体。在他们的认知中，任何与中国或中国共产党有关的事，他们都持消极的态度。因此，对于社会主义核心价值观的认知，包括对“一带一路”“人类命运共同体”等观点，都趋向于负面、消极的态度。这类华人群体是最难被改变的人群，也是社会主义核心价值观对外传播过程中最难突破的一道防线。第二类是不懂中文、意识形态上偏向西方的华人群体。他们受英文教育，习惯西方资本主义制度，对西方媒体报道更为信任，多从西方媒体接收有关中国的信息。因此，这类华人群体对社会主义核心价值观的认知，很多时候建立在西方媒体的观点、角度和情绪上。不过，比起反中的华人群体，这类非中文源流、亲西方的华人群体，是可以被影响的。马来西亚历史上很多受英文教育的华人群体，一旦对中国价值观产生认同感，比任何受中文教育的华人都更积极维护中国价值观。第三类是年轻一辈的华人（一般都是第三代或以后的本土华人），他们对中国有一定的疏离感，没有父母辈对中国的那种情结，对中国的认知有限，更多是通过娱乐或社交媒体（影视节目、抖音等）认识中国。这类华人群体是非常重要且可以被影响的，因为他们对中国也不存在偏见。

此外，马来族和其他族群对社会主义核心价值观，或多或少都存在认知偏差的问题。不可否认，语言不通（不懂中文）和文化差异，使得非华人群体对社会主义核心价值观产生根本上的认知偏差。以马来族为例，他们对中国的认知与观感，首先是建立在“共产主义”和“中国威胁论”的中国观基础上，这不仅是马来西亚独立前后时期的敏感课题，过去多年也在不同的政治、选举和种族主义课题下被挑起，对马来族群的“中国观”产生特定影响。其次，马来社会对社会主义核心价值观的认知，很多来自政治或社会精英对“中国观”的话语权，以及传统媒体和新媒体的报道所塑造出来的结果。政治或社会精英对社会主义核心价值观的褒贬，很大程度上取决于当时政治和社会氛围的需要，也受到个人的政治或其他因素的影响。传统主流媒体主要受政府或政治的监管，对社会主义核心价值观的报道更多的是体现政府或政治人物的立场和观点。此外，以英文或马来文为主要媒介语的新媒体和网络媒体，对社会主义核心价值观的报道和观点很多来自西方媒体的信息。因此，马来族和其他族群对社会主义核心价值观的认知，很大程度上是被西方媒体的信息牵着走，他们会出现认知上的偏差并不令人感到意外。总的来说，马来族和其他族群对社会主义核心价值观的认知偏差，背后既有西方媒体报道偏见问题，也受到所在地政治的影响。

（三）华人社群所在国多元社会的宗教或传统习俗导致的文化差异

马来西亚是一个政治结构复杂且种族敏感的社会，多元种族、文化和宗教背景，将这个社会分化成不同层次的阶层和群体，因此，对社会主义核心价值观所产生的反应也存在很大的差异。总的来说，虽然多元种族社会体现出多元文化的特质，但马来西亚人口结构以马来穆斯林为主要族群，“马来-伊斯兰”为核心的主流文化，不仅是国家建设主干与国家文化政策的中心点，也影响着马来族群生活的方方面面。

马来族与其他族群，尤其是华人之间在本质上存在文化差异，加上“马来-穆斯林文化至上主义”作为马来族的中心思想，与华人的“华人文化自我优越感”中心思想形成两极化的矛盾，也促使族群之间筑起一道自我防卫的高墙。政府层面的跨族群文化交流活动，更多是以马来-穆斯林文化为主，其他族群文化为辅，来衬托或包装马来西亚的多元文化。而华人社群的跨文化交流，很多也仅停留在非常表面的层次，更别说真正去了解其他族群的文化习俗。

如果要与马来西亚打好交道，并在马来西亚本土“讲好中国故事”，中国必须对马来西亚的种族、宗教和政治事务保持谨慎和高度的敏感。中马两国之间无论在政治意识形态、社会结构和文化差异上，都存在很大的差距。因此，在建构和传播社会主义核心价值观上，必须从求同存异的思维角度出发。在互不干涉彼此内政、国家主权、相互尊重彼此国情和文化差异的共识下，以符合双方的共同利益、共同价值观的出发点进行深度交流对话与合作，将社会主义核心价值观转化成彼此认同的价值观，这样更有利于本土社会去理解、接受社会主义核心价值观的传播与推广。

马来西亚华人既了解社会主义核心价值观，又能熟悉马来本土文化的差异，本来是传播社会主义核心价值观的最佳渠道。然而，马来西亚华人若选择画地自限，继续抱有“华人血统优越感”的心态，选择看低或歧视他族文化及价值观，而没有看到建设共同价值观的可能，这就等同于失去了一个能够让彼此价值观和文化相互融合、一起成长的机会。因此，马来西亚华人应将社会主义核心价值观视为一片会持续成长的树林。

此外，马来西亚华人对社会主义核心价值观的传播缺乏接地气且能引起共鸣的方式，尤其是面向民间马来社会和其他族群社会的深度沟通与交流。马来西亚华人的跨族群交流对象，很多时候局限于政治与社会精英，反而缺乏与公民社会、媒体、普通民众交流。如何建立有效的沟通渠道，与马来西亚多元社会打交道，讲好中国故事，传播社会主义核心价值观，很大程度上取决于马来西亚华人如何妥善运用合适的文化心理方式，去传播社会主义核心价值观。

（四）华人社群长期以来自成一格或排他性的习惯导致的沟通障碍

作为中国价值观和中华文化传播者的马来西亚华人，既认可与了解中国价值观，又能与马来西亚各族社会打交道，是社会主义核心价值观传播者的最佳选择。然而，从历史因素到族群关系因素，华人社会普遍存在自成一格或排他性的问题，对社会主义核心价值观的传播带来一定的障碍。

马来西亚华人社会长期存在自成一格或排他性的问题，其背后原因可追溯到英殖民时代，英殖民地政府在马来亚的“分而治之”政策。马来西亚的前身，马来亚在 1957 年独立前，就分别成为葡萄牙、荷兰与英国的殖民地。英国殖民马来亚半岛的时间最长，长达一百多年。英殖民者为了本身的工业发展与利润积累，在 18 世纪开始不断在马来亚半岛与婆罗洲等地扩张势力，积极开采各项原资源，包括锡米、橡胶与香料，以供应殖民母国的工业发展与消费需求。英殖民政府为采集丰富原物料，开始系统化引进南来华人移民与印度人移民充当廉价劳动力，并形成后来英殖民政府“分而治之”与定调马来（西）亚独立后的族群关系。

作为这片土地的开垦者，大量南洋华人客工在马来亚半岛开采锡矿和种植橡胶的同时，也开辟了一座座城镇，并在这些城镇定居生活，形成大多数华人居住在城市地区的模式。另外，英殖民地政府为推动华人新村计划，将散居在各处的乡区华人安置在城市或市镇边缘的新村，促使大量乡区华人迁移到城市地区，进一步形成华人群居在城市的格局。今天，绝大部分华人定居在城市化水平高的州属，如槟城、雪兰莪、霹雳、马六甲、柔佛等。在马来族群居多、城市化水平偏低的州属，如吉兰丹、登嘉楼、彭亨和吉打，华人普遍住在市区。这样的群居生活方式，让华人形成自成一格、具有排他性特征的社群。城市和新村华人普遍在日常生活、工作、学习、聚餐、举办活动等方面，都趋向于和同族人一起，不习惯与友族打交道，更别说是深入交流互动。

正因习惯了华人群居生活环境，华人社会往往在举办活动时从华人的思维和角度来看问题，活动对象也以华人为主，这导致活动的“华人性”过于浓厚，感觉就像这只是华人的事，与其他族群格格不入。即便华人社团举办跨族群的活动，受邀对象也往往局限于马来或其他族群的政治和商业精英，甚少邀请马来或其他族群的民间组织和民众的参与。在社会主义核心价值观的传播上，比如宣传“一带一路”倡议，绝大部分华人社团倾向于单向宣传，缺乏交流互动，而且传播工作很多时候还是跳不出华人圈子，较难引起其他族群的共鸣，以至于跨族群的交流无法持续下去，甚至还有裹足不前的现象。

此外，华人在经济、文化和教育上抱有“华人优越感”的心态，认为华人的经商能力、文化层次和华教水平，都比其他族群优秀，因而产生了看低其他族群的经济、文化和教育水平的通病。马来西亚政府的“马来人优先”种族扶持政策，更让华人社群相信，华人必须不断自强，自成一格，才能与其他族群抗衡。这导致华人对其他族群的排他性更为强烈。

虽然马来西亚华人在这里落地生根，建立起华人社区、华人社团组织、华教体系等，然而，不管这些系统多么优秀，都必须是开放的，能“海纳百川”的，不能成为华人专属或排斥其他族群的模式，尤其是在一个多元族群社会里，中庸、多元和包容才能让华人社会走得更远。随着马来西亚华人人口不断下滑（预计在 2040 年之际，华人占马来西亚总人口的比率将会降至 18%）、华人政治影响力日益衰弱，加上城市人口从单一（华人）走向多元文化、宗教和种族的社会，马来西亚华人不能再故步自封、活在自己的同温层，而是必须学习如何在多元社会中保持“有容乃大”的胸怀，互相尊重和谅解，与其他族群和平相处。华人社会必须先踏出一步，敞开胸怀，走入友族社群的生活去了解他们的文化习俗。只有这样，华人在传播社会主义核心价值观时，才可能获得其他族群的认同与支持。

（五）华人社群在传播社会主义核心价值观中的身份认同问题

不可否认，马来西亚国家文化政策在一定程度上限制了华人文化传承与推广。但即使面对以马来人优先的国策，马来西亚华人经过多年磨合、争取、融合与创新，也成功开创了属于马来西亚独有的本土化华人文化，创作出本土的马华文学作品、本土特色的华人美食文化、本土特色舞蹈和音乐演奏等。马来西亚华人自创的高桩舞狮与二十四节令鼓，成为引领全球趋势的先驱；中马联合申遗的“马六甲送王船庆典”、拥有百年历史的“柔佛古庙游神盛典”、一年一度的马来西亚华人文化节等，吸引马来西亚各族群和国际游客的关注和参与。

马来西亚华人在以马来人优先的国家文化政策的框架下，开创出本土化华人文化身份认同和价值的新模式，恰恰体现出马来西亚华人身份认同上存在双重的“居间”认同的情况。一方面，今天的马来西亚华人很清楚自己的身份是马来西亚公民。另一方面，马来西亚华人在文化身份认同上也非常清楚，无论是情感还是血缘上，中华文化是华人的根，必须守护、传承和发扬中华文化与价值观。正因为在现居国和祖籍国间的双重“居间”认同，马来西亚华人的本土化华人文化，不再是单纯从中国输入中华传统文化，还融汇了本土的多元文化，开创出符合所在国文化政策、所在地风土民情的独特混合型文化。所以，今天我们看到马来西亚华人文学（马华文学）作品由“融合本土多元文化色彩”等主要元素构成；本土华人饮食文化也展现出华人与马来人的食材相互融合；华族舞蹈和华乐表演融合马来和其他族群的音乐和舞蹈元素；开创的二十四节令鼓表演也融合了中国节令文化和大马元素等等。

因此，在传播社会主义核心价值观方面，必须考量马来西亚华人社群的身份认同问题，例如如何能在不与国家文化政策形成冲突的情况下保持“华人性”，而这种“华人性”的体现，不仅是继承中华文化母体的思想，还必须因环境条件的不同而有不同的实践方式。这意味着，社会主义核心价值观的传播过程，一方面既不能太过于凸现“中国化”属性，避免华人的身份认同受到其他族群的质疑；另一方面又必须与本土文化、风土民情相互融合，或至少做到互不排斥的情况，才能达到有效且深入的传播效果。在这方面，马来西亚华人社群如何在身份认同上找到一个平衡点，是一个相当大的考验。

华人的身份认同也经常受到政治环境的考验。作为一个族群关系高度敏感的国家，种族课题往往成为民族主义者渲染并制造关注的工具，尤其是政治人物玩弄种族政治课题的情况，更是屡见不鲜。虽然马来西亚华人早已成为马来西亚社会的一环，是不可或缺的人口与族群结构之一，然而其对国家的忠诚在这种充满族群猜疑的大环境下被有意或无意误解，这对自身族群认同和与其他族群关系有着直接的影响，并对社会主义核心价值观的传播和了解其他族群价值观产生阻碍。

（六）华人社群在传播社会主义核心价值观中的跨族群传播问题

马来西亚社会的各种族在传统与重要价值观上都有一定共识，主要包括有抱负、孝顺、诚实、有礼、可信任、维护传统与虔诚等在内。这些价值观与中国提倡的“善、孝、礼、勤、新”等传统价值观有许多相似之处。虽然各族群有许多相似的传统价值观，但各方对这些价值观的论述和理解仍存在差距，主要受各族群的传统文化习俗、宗教信仰等因素的影响。除了单向度的文化政策所致，也与各族群间长期存在的文化隔离与误解有关。

马来西亚有着复杂且高度敏感的族群关系，虽然在“5·13 事件”后，马来西亚政府不间断地推行族群谅解政策，但是在“马来人至上”和“华人文化自我优越感”的两极化思维影响下，难以达到真正平等的谅解。这导致跨族群之间的传统价值观传播出现短板，即华人社群中有故步自封且歧视其他族群的思维，而其他族群也同样会对马来西亚华人社群有所误解。与此同时，在世界各国都面对文化与族群身份焦虑之际，部分马来西亚华人过于坚守自身文化传统，阻碍进一步跨族群交流。除此之外，因为缺乏平等与深入的族群交流，当其他族群与华人互动时难免会带入从英殖民时期固化的刻板印象，从而产生很多不必要的猜疑和误解。

马来西亚各族群，尤其是华人与马来人之间，在社会层面上共享着相近的传统价值观，其中举止有礼最为重要。这表示马来西亚华人社群除了具备在传统价值观上与他族相互交流的基础，还有可能在此基础上深化彼此对这些价值观的认识与论述。然而由于单向度的国家文化政策，各族之间除了没有办法站在平等的地位进行交流外，还会因为这样的关系扭曲彼此间的认知。这也造成了部分马来西亚华人社群成员对其他族群产生偏见，而其他族群同样也会对华人社群产生偏见，以致形成双方文化及传统价值观传播的阻碍。

虽然马来西亚华人开创出属于本土化的华人文化模式，但在华人文化的长期传承与推广课题上，我们依然存在一些未解的问题。比如，华人不热衷于跨文化交流。独立前英殖民政府对各族群的分而治之政策，促使各族群至今仍习惯按照各自的文化习俗和生活习性与本族群居生活；跨族群共同生活并不普及，尤其城市居民之间的交际互动更少。虽然各族每年共庆佳节，但大多流于表面，对他族的文化认知有限，有时会引发一些文化上的误解和摩擦。华人虽热衷于推广中华文化（包括向友族推广中华文化），但对了解和学习其他族群的文化不感兴趣，使得跨文化交流变成单行道。此外，马来文化至上的国家文化政策，也促使华人趋向自我保护的心态。传承与推广华人文化的华人社团很多，但绝大部分仍以传承华人文化和华人利益为目的，活动元素单一，并以华人为主，甚少与其他族群交流。

不可否认，华文媒体、华人社团与华校尝试过推动跨族群交流，而且也有不少非华人子弟就读于华校学习华语与文化，本应在讲好中国故事和传播传统价值观方面扮演重要角色。然而，华社活动的受众面还是以华人居多，而且"华人色彩"过于浓厚，给中文圈子以外的群体感觉这是"华人"的事，与其他非华人群体无关。大部分华人社团通过讲座、交流会、互访、媒体宣传等方式来讲好中国故事，但大多是单向宣传，缺乏交流互动。这样单方向的传播往往事倍功半，较难引起共鸣，以至于无法持续深化跨族群的价值观交流，甚至停滞不前。

此外，华团、华教和中文媒体在价值观传播上，也缺乏深度资源整合与合作。近年来，在中国留学的马来族青年日益增加，他们亲身体验中国文化、了解中国制度和发展，学习中国人思维，是面向马来族讲好中国故事的理想人选，但华团缺乏对其组织和合作。与此同时，以马来族占多数的国民中学的华裔学生组织如华文协会，应同样具备向马来族传播价值观的条件，但往往被华人社团所忽略，长期缺乏教师和财务资源支持，使其活动受限。

还有，语言和文字是信息传播中最重要的一环。目前华人社会缺乏以马来文撰写的宣传内容，以至于无法有效且精准地向马来族传播社会主义核心价值观。当前以马来文沟通交流的马来族占人口最大比率，而且政府部门也以马来语为官方语言。但是很多华团在向马来西亚社会讲中国故事时，多以中文和英文作为媒介语，这对于广大华人和教育程度高的马来族没有太大影响，但对于半城乡与乡区的马来族所带来的影响则非常大。无论是因为现实政治环境的影响、种族政治和种族主义的推波助澜，还是出于语言掌握能力的因素，华人社团在面向马来社会传播价值观时，往往因为缺乏系统性的马来语宣传资料制作而事倍功半。

虽然中国不断发展、全球化和中华文化普及化的大格局，为社会主义核心价值观的传播带来新的机遇，但是海外地区如马来西亚受政治意识形态和种族政策等因素的阻力影响，即便有马来西亚华人为社会主义核心价值观的推广提供助力，仍需面对内在与外在的挑战。以开放心态加强跨族群软性文化的深度交流与相互认同，是未来的大势所趋，也是社会主义核心价值观在这片土地上能突破政治束缚，进行有效传播的重要基础。

（七）华人社群从文化传播到社会主义核心价值观传播的角色过渡问题

随着国际交流合作的深度拓展，以及信息传播方式出现颠覆式变革，今天要在国际上讲好中国故事，要把社会主义核心价值观传播海外，中国单靠官方媒体作为传播主体的外宣模式，已经无法有效渗透国际社会，得到国际社会的认同。如何结合政府官方、媒体、公民社会组织/社团和个体等力量，形成一个多元的国际传播主体，将对社会主义核心价值观的传播发挥关键且重要的作用。在这方面，海外华人群体作为民间对外传播的主体之一，是社会主义核心价值观外宣的重要渠道。这也意味着，海外华人的传播角色，将从传统的文化传播走向价值观传播。

正如之前章节我们一再提起，中华文化的推广和传播，一方面靠双边政府的交流，另一方面靠华人社会对中华文化的传承与推广。马来西亚是一个政治结构复杂且种族敏感社会。虽然社会与人口结构展现其多元性质，但马来西亚还是以马来穆斯林居多，占人口超过三分之二比例，而且马来穆斯林掌控国家政治大权与政府机关，“马来-伊斯兰价值”作为国家建设主干与国家文化政策的核心，其地位是不容动摇的。尽管宪法也保障其他族群（包括华人）自由推广各自文化、学习各自的母语的权利，但“马来至上主义”的思维促使非马来文化面对诸多人为的阻碍与挑战，尤其是在官方层面，非马来文化只为衬托马来-伊斯兰文化或名义上满足多元文化的政治需要。

马来西亚华社作为社会主义核心价值观传播的主体，不仅需要跳脱传统的文化传播思维，还必须找出民族主义障碍的突破点，获得马来族的认同与支持，才能讲好中国故事，传播社会主义核心价值观。社会主义核心价值观对外传播，必须靠两只脚的支撑：一是政府层面的交流，二是民间力量的推广。一方面，政府层面的主导权在马来族手中。若马来族对社会主义核心价值观缺乏认知和认同，那么通过政府层面进行交流传播只会流于表面，礼貌式或官腔式的交流，最终只会以失败收场。另一方面，民间华人社群在传播社会主义核心价值观的过程中，若还是用“华人性”浓厚的文化传播方式，缺乏与主流社会间的深度交流合作，就无法获得马来族的认同与支持，最终社会主义核心价值观的传播也将回到原点，只在华人族群的同温层内发酵，无法在整个主流社会引起共鸣。

华人社群从文化传播到社会主义核心价值观传播的角色过渡上，还存在其他问题。这包括华人社群在对外传播时的应对能力、沟通能力和情绪管理，是否已经做好心理建设与能力建设两方面的工作。传统上，文化传播一般比较中性，不太具争议性，而且传播上不受语言、文化、种族等的限制，对其他族群的接受度也相对高。比如，农历新年的舞狮采青文化、春节派红包的文化习俗、中华武术文化表演、华乐演奏等，这些对马来西亚各族群来说并不陌生，而且接受度高。不少友族同胞甚至主动学习这些华人文化并参与其中。相比之下，社会主义核心价值观的传播，有时会因为观点立场的不同而引发争议。尤其是在网络传播的过程中，一些过激的言论、过度情绪化的民族主义情绪、咄咄逼人的话语风格，或者“攻击性”的立场态度，都可能引发一波网络骂战，最后背离了原本的目的。因此，如何鼓励华人网民群体以理性、平和的风格进行网络表达，学习在聆听中强化交流、在交流中秉持“和而不同”的思维，彼此包容、和谐友善对待，同时尊重各自文化和价值观的独特性，相互学习，是华人社群扮演从文化传播到社会主义核心价值观传播的角色需要加强学习的地方。

（八）华人社群在传播社会主义核心价值观中的话语方式问题

马来西亚是由多元种族和文化组成的复杂社会，是一个种族关系敏感的国家。历史上，马来西亚分别被葡萄牙、荷兰、日本、英国等多个国家占领或殖民，本国马来族群对中国的印象受西方殖民国影响严重，视中国为威胁。这不仅是其独立前后时期的敏感课题，很多时候还成为政治课题或选举的焦点。如在2018年全国大选前后，为攻击亲华的纳吉政府，在野党将“中国威胁论”联系现实，不断炒作成热点话题。此外，马来族的“马来-穆斯林价值”作为国家建设主干与社会核心文化根基，也让宗教课题在马来西亚成为一个敏感课题。这时，马来西亚华人尝试讲好中国故事，面对民族身份认同所引起的敏感性，以及种族课题被政治化所造成的非华裔族群的排斥心态甚至逆反心理，尚且缺乏积极沟通、主动应对的有效手段。

虽然近年来中国通过国内主流媒体、政府部门和学术机构，在国际社交媒体如脸书、推特等建设海外社交媒体账号来发布信息、澄清事实、引导舆论走向等进行外宣工作，扩大海外传播的受众面，让更多国外网民听到和读到中国故事。不过，国外网民对中国官方机构和主流媒体存在偏见，普遍对政府部门和主流媒体的信任度低，使得官方背景的外宣工作事倍功半。最关键的是，不同国家有着不一样的社会与文化环境，文化差异很容易扭曲受众群所接触的信息内容，且缺乏符合国情与本土色彩的话语方式，也让中国官方传播的信息难以被当地社会接受，无法获得受众群的好感与认同。

马来西亚华社在传播社会主义核心价值观方面，不太存在话语表达方式问题，因为华社与中国之间的语言表达和文化认同非常相近，华社“三头马车”，即华人社团、华教和华文媒体在这方面做出很重要的贡献。然而，对于不懂中文的马来族或其他族群的民众，他们所接收到关于中国的信息，主要来自媒体报道（传统和社交媒体）及政治或社会精英对中国的看法和话语。传统主流媒体受政治和政府监管，很多时候对中国课题的报道立场和媒体情绪受到政府、政治精英或社会精英的立场和观点影响。此外，随着互联网和智能手机的普及化，越来越多的马来族和其他族群通过网络媒体、新媒体和社交媒体的发展，如脸书、IG、推特、抖音等，接收中国相关信息。这些新媒体和社交媒体有其独特的话语方式。同时，政治或社会精英近年来也善用这些新媒体和社交媒体来表达自己的观点，包括对中国的看法。这意味着，要加强马来和其他族群民众对社会主义核心价值观的认知，仅通过传统媒体产生影响已经不能满足需要，还必须掌握新媒体和社交媒体的话语方式。

（九）华人社群在传播社会主义核心价值观中的载体和平台建设问题

传统上，华人社群在中华文化传播上，主要依靠华社的“三头马车”。马来西亚华文教育的特质在于本土华人学习华文，不仅把它当成一种语言和沟通工具，还把它当成中华民族的思想来传承。华校学生学习的不仅是华文，还包含了博大精深的中华文化。因此，华文教育作为民族文化传承的圣地，背负着传承和弘扬传统中华文化的使命和责任。然而，在传播社会主义核心价值观方面，现有的华文教育体系并没有这样的载体和平台具备承载传播社会主义核心价值观的功能。马来西亚的华文教育本身就是一个政治敏感地带，若华校作为社会主义核心价值观的传播载体和平台，一旦这些价值观被政治化，反而会让华校陷入窘境。早前曾有华人政党背景的漫画馆负责人，制作了一本充满政治人物色彩和政治评论的“一带一路”漫画，并以赠书方式带入华校图书馆，希望借此向华校学生进行思想传播。最后这本漫画被马来西亚政府列为禁书，虽然没有波及华校，但若政府真的追究起来，华校可能也脱不了干系。因此，华人社群想要以华文教育作为载体来传播社会主义核心价值观，首先必须确保不会危及华校和华文教育的永续发展。

马来西亚的华文媒体除了传统的华文报章、电视台和电台这类主流媒体之外，还有网络媒体、新媒体和社交媒体等新的传播渠道。这些以华文为背景的媒体载体和平台的功能包括传递各类信息、传承文化、促进华人团结、维护华人利益、推动华人参政议政等。马来西亚华人对自身的“华人性”非常自觉，中文媒体在维护华人的“华人性”方面扮演非常重要的角色。除了报道国家大事和世界局势外，国内的华社新闻是中文媒体必然报道的内容，也是华人相当关注的课题。因此，华文媒体非常适合扮演社会主义核心价值观的传播载体和平台的角色。比如，相对于其他语言的媒体，马来西亚华文媒体对“一带一路”相关新闻的报道给予相当程度上的关注，而且普遍以正面积极态度报道“一带一路”课题。然而，华文媒体作为传播载体，始终存在“语言”或“语文”问题，即无法进行跨族群的传播工作。毕竟马来西亚是一个多元族群的社会，不懂中文的群体仍占大多数。因此，在社会主义核心价值观的传播上，若仅依赖华文媒体的平台，其影响力和传播力相对有限，只会在华人圈子发酵，对其他族群大致产生不了作用和影响。虽然近年来中国官方通过自身的主流媒体及社交媒体在脸书、推特等建设海外社交媒体账号，以国际语言（比如英语）传播社会主义核心价值观，扩大海外传播的受众面。然而，不同国家的社会结构与文化差异大，且缺乏符合当地国情与本土色彩的话语方式，让中国官方传播的信息难以获得受众群的好感与认同。

作为中国最亲密的战友之一，马来西亚的华人社团无论是在推广中华文化，还是传播社会主义核心价值观方面，向来都是不遗余力的。华人社团在本土和海外华人社区的关系网，一直被视为中国在海外的一股重要势力，在凝聚力量支持中国立场、传播中国正能量方面，扮演着很重要的角色。以马来西亚为例，自中国提出“一带一路”倡议至今，马来西亚以“一带一路”或“丝路”的名字作为载体或平台的新兴华人社团不下百家，这还不包括原有华人社团在本身的体制内设立“一带一路”部门来推广“一带一路”的传播工作。在这一点上，必须对马来西亚的华人社团在传播和推广社会主义核心价值观方面的积极性和主动性，给予很大的肯定。然而，马来西亚华人社团作为社会主义核心价值观的传播载体或平台，依然存在不少的局限性。第一，很多华人社团依然采用传统单一的传播媒介模式，不善于用科技和互联网的力量，来扩大传播力度和受众群。第二，很多华人社团的传播手法单调、乏味，无法吸引到年轻一代的关注。第三，很多华人社团始终跨不出华人圈子，只愿意在自己的舒适圈内传播社会主义核心价值观，即使推动了所谓的跨族群交流，很多时候只是流于表面，没有进行实质的交流或获得友族的认同。第四，很多华人社团走向老龄化，严重缺乏年轻人加入，大大削弱社会主义核心价值观的传播力度与影响力。

九、以华人社群为纽带进行社会主义核心价值观传播的策略

（一）立足未来长远规划以足够的政治定力应对风云变幻的政治局势

推动共建“一带一路”高质量发展已逐渐成为沿线国家的共识，其作为助力全人类未来健康发展具有较大实践价值的合作规划，正持续不断为参与国乃至全世界带来丰硕收益。但在“一带一路”建设进程中，总有某些西方势力借助个别话题恶意炒作、攻击中国政策，散播关于中国的各类不实言论，甚至在某种程度上吞噬着华人社群的政治自觉与政治自信。世界局势愈加复杂，假象、乱象层出不穷，华人社群作为建设“一带一路”的重要参与者，有必要谋定价值观传播长远规划，坚定绷紧政治定力之弦，顺应全球化合作共赢之势。

1. 华人社群需用发展眼光为社会主义核心价值观对外传播制定长远规划

世界范围内，华侨华人社团发展态势向好，制定长远规划有利于华人社群把握关键机遇。由于当前的华侨华人社团发展质量良莠不齐，切实需要积极扶持与引导。加大对华侨华人社团的扶持力度，鼓励增进华侨华人社团间的交流合作，以此作为契机，建立常态化交流机制，继而不断挖掘各社团的优势。以马来西亚为例，华人社群面临逐渐被边缘化的危机，马华和其他华基政党的话语权逐渐被稀释，华人文化传播也面临严峻考验。面对马来西亚的政治现实问题，依靠华人政党和华社单方面捍卫和推广中华文化和社会主义核心价值观已无法应对此形势的发展，必须制定切实有效的长远规划，与其他族群友好共处，获得其他族群的认同和支持，以全民力量为基础，才能

达到事半功倍的效果。

一是加强沟通交流，深化交流合作。华人社群不断完善工作机制，加强与各族群间的沟通协调，通过强强联合打破地界、国界限制，以有效传播社会主义核心价值观为目标共同举办一系列线上线下联动的中华文化类活动等。二是要注重各族群青年之间的沟通交流。加强对华人社群新生代的价值观培育是当务之急，更是长远打算。华人社群新生代作为海外华人群体的未来主力军，其对祖（籍）国文化与价值观的认同客观上决定了社会主义核心价值观对外传播的持续性。一方面，加强培育华人社群新生代对社会主义核心价值观的认同。完善马来西亚国内华文教育的“孵化器”功能，借举办华裔青少年夏（冬）令营等活动吸引华人社群新生代赴华留学，接受华文教育，增进对中国政策的理解，增强对社会主义核心价值观的认同，帮助华人社群新生代将对祖（籍）国“根”的情结扎在心上、念在行上。另一方面，马来西亚华文教育机构要运用好“互联网+”技术。华人社群新生代与新兴媒体的共生性决定了利用新媒体整合多方资源的必要性，要提高华文教育内容的趣味性进而提高华文教育的实效性，培养出一批真正认同社会主义核心价值观的华人社群新生代，以确保社会主义核心价值观对外传播的长效开展。三是重点关注马来西亚文化侨团价值观传播的内容与手段。内容上要注重推出马来西亚民族特色与中华文化特色结合的文化精品，形式上要强调实践操作性，切实考虑马来西亚受众群体的接受程度及接受范围，争取以喜闻乐见的方式达到润物细无声的效果，手段上要顺应时代化、媒体化趋势，应年轻一代需求，有效提高社会主义核心价值观传播的针对性。

2. 通过引导华侨华人树立高度的价值观自信以形成足够的政治定力

了解并挖掘价值观与文化之间的内在驱力，以具体路径引导华人社群树立文化自信，进而规划落实对价值观自信的培育。华人社群情感上若能达到高度认同，内心处于高度敬畏，做到对社会主义核心价值观及中华文化的坚定自信，就一定能扛起社会主义核心价值观海外传播的大旗。在马来西亚，因受到“马来至上主义”政治氛围的熏陶以及国家复杂敏感族群关系等多重因素的影响，越来越多城市的华人选民开始将选票投给反对党，这导致马华公会和民政党的政治地位不断受到冲击。至此，马来西亚华人社群在政治上陷入窘境。因此马来西亚华人社群要想摆脱这种困境，前提是争取所在国华人的认同，只有增强华侨华人自身的政治定力，以实际行动支持华人社群，才有可能帮助马来西亚华人社群获得更多的政治话语权，实现长远发展。

一是马来西亚华侨华人要树立高度的文化自信和价值观自信。全球化进程不断加快，在促进社会主义核心价值观国际认同的同时遭受着西方意识形态的恶意攻击，社会主义核心价值观面临不同程度的质疑。马来西亚华人社群身处海外，一方面无形中被西方价值观话语体系强势包围，另一方面西方霸权意识的渗透导致华人社群所在国人民的价值观偏西化，在一定程度上对华人社群进行社会主义核心价值观传播形成阻碍，价值观与文化自信缺失。然而文化自信是价值观自信的核心，价值观自信是文化自信的根本。只有让更多的马来西亚华人社群认识到两者的内生关联，才能让社会主义核心价值观的作用得到更好发挥。二是积极探索常态化合作机制应对海外政治风险。马来西亚华人社群要不断完善与海外华侨华人统战部门的联络渠道，积极合作，加快在条件相对成熟的中资机构探索设立民间统战专员制度，强化引导，凝聚共识，以常态化合作机制为化解海外政治风险开辟新的道路。三是积极重视海外网络舆论阵地的建设。注重利用马来西亚的华人媒体，加大宣传力度，提升话语权，坚决反对任何意图抹黑我国与“一带一路”沿线国家互利共赢合作的阴谋和舆论，坚决阻止任何势力利用个别事件对我国进行恶意炒作、造谣的企图，使华人网络激发出强大的凝聚力和吸引力。

（二）在“一带一路”的国际合作共识下构建多元价值观共存的多边共同体意识

“一带一路”推动着我国政治、经济、文化等领域的高质量发展，同时也增加了我国与沿线国家之间的交流与合作。而且“一带一路”始终坚持“大家的事情大家商量着办”，倡导多边主义，推动各方各施所长、各尽所能，不划小圈子、不搞“一言堂”，秉持开放态度，把寻找实现利益最大公约数放在首位，切实推动共同发展、共同繁荣，使世界多边主义变得更为强大①。

---

① 周平、陈朋亲：《“一带一路”让世界多边主义更强大》，求是网，http：//www. qstheory. cn/wp/2019-05/05/c_ 1124452042. htm。

"一带一路"沿线的65个国家和地区有着不同的传统文化，在经济的快速发展中不同的文化进行碰撞和融合，这个过程促使多元价值观的形成。多元价值观的形成就是各国家之间价值观的融合，使得整个社会的价值观体系因不同社会群体价值观的相互作用和调整达到一个平衡的状态，从而凝聚多边之力，构建多元价值观共存的多边共同体意识。但由于在政治上华人社群处于边缘化状态，导致华人在对文化进行对外传播时面临越来越严峻的考验，不能更好地进行社会主义核心价值观的对外传播，因此在"一带一路"的国际合作共识下，华人社群必须积极进行有效且深入的跨族群交流，获得当地族群的尊重和认同，包容彼此的价值观，达到价值观共存的目的。

1. 以"一带一路"经济共同体带动社会主义核心价值观的传播

"一带一路"倡议提出以来，为全球经济增长提供新动能，给沿线国家的经济发展带来新机遇，沿线国家在经济方面与中国展开更为密切的合作，并以此促进社会主义核心价值观的传播。马来西亚是"一带一路"倡议的积极响应者，作为东盟国际贸易的重要枢纽，马来西亚积极吸引中国的投资，并成为其他国家投资者进入东盟国家的窗口。在"一带一路"国际合作共识下，马来西亚积极同中国共建许多基础设施项目，例如东海岸铁路项目等，这些建设项目涉及不同规模的投资，可以直接带动投资增长，同时还可以为马来西亚创造一些新的就业机会。不可否认的是，虽然"一带一路"给马来西亚带来了巨大的经济利益，但由于在马投资的华人企业大都经济实力雄厚，并积极与马来西亚政府展开密切合作，华人企业占据了一定的市场份额，给当地中小企业带来了巨大压力，导致其他族群对华人企业愈加不满，双方的经济利益冲突愈加明显①。这给华人社群传播社会主义核心价值观带来了一定的阻碍。因此，中国华人企业在马来西亚进行投资时，首先要了解清楚马来西亚的文化和习俗，尊重他国文化，从马来西亚本土的发展需求入手，主动承担更大的社会责任，展示大国形象。其次，我国协助华人社群在马来西亚举行经济活动交流会，既让马来西亚企业在"一带一路"建设中受惠，又促进

① 库萌萌：《马来西亚在"一带一路"建设中的机遇与挑战》，《中阿科技论坛（中英文）》2021年第2期，第10-12页。

双方的文化交流，通过文化相通将社会主义核心价值观融入当地生活，潜移默化地进行对外传播。最后，华人企业和华人社群要与当地媒体建立良好关系，并积极发展华文媒体，通过媒体对“一带一路”以及社会主义核心价值观进行宣传，消除当地群众对“一带一路”的成见，提高对中华文化的好感，使华人社群更好地进行社会主义核心价值观的对外传播。

2. 在“一带一路”建设中以扩大华人政治影响力推动社会主义核心价值观的传播

中国经济快速发展，国际地位也不断提高，随着“一带一路”建设的推动，各国之间的交流合作日趋紧密，华人华侨的国际地位和政治影响力也随之提升，因此华人社群可以更好推动社会主义核心价值观的传播。马来西亚华人在马来西亚总人口上占有较大优势，但马来西亚政府推行“马来人至上”的国族观念，使非马来族裔在政治、经济、文化等领域的活动受到制约，导致华人社群的政治话语权被削弱，也让华人社群在传播社会主义核心价值观时受到了阻碍。但经济基础决定上层建筑，随着“一带一路”建设的推进，由于中国与马来西亚的经贸合作不断深化，尤其是在马来西亚执行的“新经济政策”实施之后，马来人的生活水平不断提升，马来人与华人之间的贫富悬殊不断缩小，其关系也渐趋缓和①。这些都在一定程度上改善了华人华侨在马来西亚的政治环境，扩大了华人社群的政治影响力和话语权，而且华人华侨尊重当地文化，与当地民众建立了深厚的友谊，使华人社群能更好地弘扬社会主义核心价值观。因此，中国和华人社群可以通过各种渠道向马来西亚政府和主流社会传递友好合作的信号，加强彼此沟通了解，增进政治互信，为“一带一路”建设打造良好的政治环境，为传播社会主义核心价值观营造良好氛围。还有，华人社群要积极地参与居住国的政治生活，与马来人一起促进马来西亚的发展，才能扩大政治话语权，使华人社群更好地进行社会主义核心价值观的对外传播。

3. 借助节日庆典助力社会主义核心价值观的传播

“一带一路”沿线国家和地区有着不同的文化，各个民族的传统节日和风

---

① 蒋炳庆：《“一带一路”战略视阈下的马来西亚华人社会探析》，《学术探索》2015 年第 9 期，第 17-23 页。

俗习惯都大不相同，但彼此间都尊重其他民族的传统节日和习俗习惯，并主动体验不同民族传统节日的活动。“多元文化主义”表示，通过尊重认同多元文化的存在、价值与意义，很大程度上可以促进族群认同与国家认同的融合，这对于多民族国家的国家认同建构起着重要作用①。马来西亚是一个多元族群、多元宗教以及多元文化共存的国家，作为马来西亚官方语言的马来语更是融合了梵语、阿拉伯语、中文等多种词汇语言。海外华人华侨移民到马来西亚时，也把祖籍地的风俗习惯带到了居住国，并与当地多元文化的社会进行融合，给马来西亚当地节日文化带来了一定的影响。华人社群除了在日常生活中传播社会主义核心价值观之外，还会通过举办华人文化活动、恪守传统节日习俗等方式推动中华文化走向世界。例如，由马来西亚各州的华人社团举办的马来西亚全国华人文化节，就是利用华人文化节的影响力扩大中华传统文化的传播空间，吸引马来西亚其他种族了解并参与中华传统文化活动。此外，华人华侨也会积极参加马来西亚文化活动，参与人文交流，例如在马来西亚槟城举办的“槟城国际美食节”，淋漓尽致地展示了马来西亚的多元文化，马来人、华人和印度人等族裔的美食文化在这里相互交流。这些节日活动的举办既突出了各民族的文化特点，又让各民族人民在活动中增加对其他民族文化的认识，加深了对中华传统文化的印象，有利于社会主义核心价值观的传播。因此，中国和华人社群可以协同马来西亚其他民族，举办类似的节日活动，根据不同民族文化和习性进行主题设定，鼓励各族裔积极参与，让马来西亚各民族了解彼此文化，互相珍惜彼此文化，使文化传承不息，也使各族裔形成多元价值观共存的意识。

（三）加大社会主义核心价值观面向海外多族群的针对性普及和解读力度

社会主义核心价值观对外传播的过程是在不同文明、不同价值观中“讲述”中国价值观的过程，更是“讲好”社会主义核心价值观，展现良好中国形象的过程，在社会主义核心价值观对外传播的长期实践过程中，我国已形成较为系统且具有中国特色的传播体系，尤其是自“一带一路”倡议实施以

① 段佩佩、葛红亮：《马来西亚族群政治对华人身份认同的影响》，《八桂侨刊》2020年第1期，第57-64页。

来，我国“初步形成了对外宣传工作的立体化格局”①，为我国在国际舞台上展现真实立体全面的国家形象做出突出贡献。然而，疫情发生后，国际政治经济格局变化加剧，以美国为首的西方“文化帝国主义”国家持续对中国实行敌对政策，不断制造“中国威胁论”来打压中国，企图重新建构单极世界，维护其霸主地位，因此，创新社会主义核心价值观海外传播路径、优化传播效果已成为当下亟待解决的问题之一。但各国间存在政治、经济、制度、文化差异，具有巨大的价值观差异、思维逻辑差异以及文化审美差异，如何打破西方受众理解壁垒是社会主义核心价值观对外传播所面临的巨大挑战之一。同时，当下社会主义核心价值观对外传播依旧以国家宣传为主，在面向海外多族群传播时解读力度不够，忽略西方受众的信息接受“选择性”，存在简单的“送出去主义”，如何实现社会主义核心价值观与西方受众之间的强交互性，增强社会主义核心价值观在对外传播过程中的可理解性、可对话性，进而实现传播效果最优化已成为当下亟待解决的问题之一。

1. 转变“泛”传播方式，对非华裔族群进行“精准”传播

社会主义核心价值观对外传播是从“传者”传播到“受者”接受的闭环过程，两个行为主体缺一不可，“传者”是信息发出方，具有主动性，“受者”虽是信息的接受者，但仍具有不可忽视的主动性，其主动性主要表现在信息接受的主动选择性和接受媒介的主动选择性，受众对符合自己价值观、文化审美、思维逻辑的信息具有选择偏性，因此，如果一味重视“传者”，忽略受众，就无法使传播者与受众建立强联系，无法及时获得受众反馈。同时，值得注意的是，这里的“受者”并不是某一国人，也不是某一种人，而是人种有别、国籍不同的跨国受众，具有人数多、分布广、差异性大的特点，我国在进行社会主义核心价值观对外传播时往往忽略西方受众族群间的差异性，在不同国度、不同文明、不同种族间采用“无差别传播”，无法进入受众思维深处，无法如预期般产生共鸣，使传播效果大打折扣。对海外多族群进行有针对性的传播，“有助于辨别和掌握受众之间的差异”②，进而优化价值观的

① 李嘉莉：《社会主义核心价值观对外传播问题研究》，山西大学，2015年。
② 张翠艳：《社会主义核心价值观传播的问题与对策研究》，山东师范大学，2016年。

海外传播效果。因此，在社会主义核心价值观对外传播过程中应充分发挥非华裔族群这一受众群体的主体作用，以文化差异为切入点研究西方族群，结合受众具有主动性这一特点，对受众进行分析归类，增强价值观传播的针对性和传授双方的交互性，进行国国有别、族族有别的“差别性”传播。同时，海外华侨华人广布世界各地，且在其长期海外生活过程中形成自己独特的“社圈”。除此之外，海外华侨华人受到当地价值观影响，他们与非华裔族群思维方式、文化心理具有趋同性，同时大部分海外华人华侨对社会主义核心价值观具有强烈的认同感，是社会主义核心价值观“精准”传播强有力的“推手”。因此，应充分重视传播者的主体作用，与海外华人社团定期进行文化交流，加强对其价值观的培育，并依据“受众”分类精准匹配海外华人社群，对不同的华人社群采取不同的培育方式，助力海外华人华侨树立高度的文化自信和文化自觉，以不同华人群体自身的“独特性”推动社会主义核心价值观对外传播的“针对性”。

2. 把握华人群体差异，采用“针对性”传播方式

在传播过程中，传播者必须借助某种传播方式才能实现传播，因此，要想在社会主义核心价值观对外传播过程中实现“针对性”传播，除了要实现“主体”针对性还要实现“方式”针对性。以马来西亚为例，首先从传播媒介上进行“针对性传播”，引导华文媒体将传统传播载体和新型智能传播媒体相结合进行传播。在马来西亚经济较为落后、网络欠发达地区以华文报纸、人际的价值观交流为主，在经济较为发达、新兴智能媒体较为普及的地方，当地的华人群体通过大数据分析所在区域受众阅读习惯、喜好，并为其绘制相应的数字画像，为马来西亚地区受众精准推送“定制版”传播内容。其次，在传播政策上进行“针对性”传播。“一带一路”倡议为不同价值观之间的交流提供平台，但目前我国并未将其平台作用发挥至最大化，例如承载着中国优秀传统文化及价值观的孔子学院并未覆盖沿线所有国家，针对此类“空缺”情况，进行针对性的政策教育传播。除此之外，突破社会主义核心价值观精英传播模式，充分利用广大马来华人群体，根据马来地区不同华人分类实行不同传播政策。一是对于意识形态偏西方的华人群体实行引导政策，通过学术论坛、研讨、博览会等方式使其理解社会主义核心价值观深刻内涵，

助其树立文化自信，自觉承担起社会主义核心价值观对外传播的责任。二是对于不同地区的华人社团、华文媒体等给予不同的政策支持，通过举办体现社会主义核心价值观的文娱活动，如话剧、评书、舞台剧等，加大社会主义核心价值观宣传力度，讲好中国故事，扭转部分马来地区华人群体对社会主义核心价值观的认知偏见，充分发挥其在价值观海外传播中的主体作用。

3. 加大价值观海外传播解读力度，突破中西方理解壁垒

跨国受众与我国具有巨大的文化、价值观差异，因此，对社会主义核心价值观对外传播时的细致性和深入性提出更高要求。同时，西方政界及其媒体对中国进行持续性的污蔑，非华裔族群在这种意见环境中难免会对中国价值观产生抵触心理，社会主义核心价值观对外传播过程中简单的“送出去主义”显然起不到展现我国真实国家形象的作用，且极易被部分别有用心的西方媒体大做文章。由此可见，加大价值观海外传播解读力度迫在眉睫。加大价值观海外传播解读力度，首先需要不断对海外华人华侨培育正确传播理念，切忌“唯我独尊”霸权式传播，深刻理解社会主义核心价值观的丰富内涵，以中国“和”文化为自身精神营养，时刻以自身品质展现中国“和平、和睦、和谐”的处世之道。其次，价值观的传播不是一蹴而就的，而是一个循环往复，不断加深印象，消除误解的过程。因此，社会主义核心价值观对外传播不应贪多求快，要将传播内容细化分类，并辅之以符合当地宗教、文化习惯的图文、影像实例进行诠释，例如在对马来族进行价值观传播时依托以马来文为媒介语的新媒体，拉近社会主义核心价值观与马来受众之间的距离，使社会主义核心价值观的传播内容谨遵贴近受众实际生活的原则，方能优化传播效果，展示真实立体全面的中国形象。

（四）以符合本国国情的文化心理层面推进社会主义核心价值观传播的双向互动交流

不同国家之间的国情各不相同，文化心理层面也存在巨大差异，因此，社会主义核心价值观的传播不能忽视传播对象国的国情以及宗教文化特征，必须更接地气且能引起共鸣，更多面向海外国家多元种族的交流互动，尤其应加强和华人所在国主要族群的沟通。虽然目前不同国家的价值观呈现出差

异性，客观上造成了不同民族文化之间的不平等，但同时，越来越多的国家逐渐意识到不同价值观之间和谐共存的必要性，这为社会主义核心价值观的国际传播营造了良好的环境。在和华人所在国主要族群的交流过程中，不应仅局限于政治与社会精英，还要同公民社会组织、媒体、普通民众等进行正面交流，建立更多不同层面的双向互动关系网络。在与海外多元社会打交道，讲好中国故事，传播社会主义核心价值观，建立有效的沟通渠道的过程中，传播效果的大小很大程度上取决于我们如何妥善运用适合本国的文化心理、话语方式，去诠释、解读和传播社会主义核心价值观。

1. "和而不同"思维下寻求最佳契合点

每个国家都有其独特民族宗教文化和风俗习惯，进行社会主义核心价值观传播，必然存在不同文化和价值观之间的碰撞，需要深入细致了解相应国家的宗教文化习惯，在理解与尊重中找到不同文化之间融通的契合点。以马来西亚为例，马来族是马来西亚的最大族群，因此，马来文化很自然地成为国家建设的主干，也是国家文化政策的核心组合成分。在这方面，我们必须读懂马来族的文化，才能以适合马来族文化的心理和话语方式传播社会主义核心价值观。马来族的核心文化价值建立在"马来-穆斯林价值"上，主要受马来社会的习俗、行为和道德规范的影响。以"马来-穆斯林价值"为基础的马来文化直接影响着马来族之间，以及与其他非马来族群的交流。总的来说，马来人的文化价值主要体现在"妥协/谦让""尊重"和"非对抗性"①。简单来说，马来族大体上是一个和善且谦卑的族群，所以他们的本性更多体现出妥协与尊重的特质。中国提倡"和文化"，倡导"和而不同"理念，这与马来族的文化价值具有共通之处。

在"一带一路"推进过程中，需要在和平、共存、共赢的原则下，贯彻"己所不欲，勿施于人"及"和而不同"理念，以消除社会主义核心价值观的传播给沿线国家带来的不安全感，把社会主义核心价值观的国际传播工作建设成"一带一路"沿线国家多元文化和谐共存的"和平"平台，推动相互

① Norhasniah, Wan & Wan Husin, Wan Norhasniah & Ong, Jessica & Ong Hai Liaw, Jessica, The Malay-Islamic Values as the Foundation of Nation-Building in Malaysia: A Study on the National Cultural Policy. 2013.

理解和共赢。在社会主义核心价值观的传播过程中，可以秉持“和而不同”的思维，彼此包容、和谐友善对待，同时尊重各自文化的独特性，相互学习。这本身就是社会主义核心价值观融入沿线国家价值观生态系统的途径和目的。同时，也要在思想认识上对海外华人社群进行进一步宣传引导，既要强化华人社群对于中国文化的认同，又要让华人社群主动承担起宣传责任，还要让他们懂得传播的技巧和方法。华人社群作为居住地族群和母籍国的中间桥梁，要在尽力融入当地族群生活方式的同时，尊重彼此不同文化和价值观，争取追寻“和”的最大同心圆，找到双方交流融合的最佳契合点，加强双方的互动交流，让彼此的交流深入且长久，增进双方之间的信任，打破长久以来存在于当地族群观念中有关中国和华人社群的不实和刻板的对立面形象部分。

2. 建立持续长久跨族群交流机制

海外华人社群在传播社会主义核心价值观时遇到的问题，可以通过两个途径来缓和，一是通过华人会馆团体设立长期跨族群交流的机制，二是华人社群自身应主动学习和融合各族群价值观与文化，有利于寻找中国和本土之间的价值观。以设立长期跨族群交流机制为例，当下华人文教团体虽然不定期进行跨族群交流，但很多仍停留在表面和礼貌性质的交流，少有在更深层次研究如何推动交流走深走实，以及如何让传播效果更加持续有力。以马来西亚为例，如要达到有效且深入的跨族群交流，共同建立彼此认可的价值观，建议一是由中国与华人社团联合成立一个面向马来族群的推广委员会，通过专家提出建议后发展出短中长战略计划，以及投入相应资源在中国和本土文化与价值观的翻译、整理与研究上，以便能够通过这些实践建设与深化中国与本土主流族群之间的价值观共识。二是中国与华人社团设立马来语专项出版基金，在涉及社会主义核心价值观、讲好中国故事、“一带一路”等重要课题的宣传上，和当地华人社团、华人教育工作者、华人学者、中文媒体等进行深度合作，根据马来西亚的国情、各族文化和习性进行话语方式把控，并在马来西亚出版。三是遴选具备一定社会地位或杰出的马来精英负责推广委员会的领导工作，协调与监督这些针对当地主流族群举办的传播和宣传推广活动，确保社会主义核心价值观和“一带一路”等信息能精确地传播到当地社会。四是要高度重视传播过程跟进，对在传播过程中的内容、方式、效果进行精细化跟踪，运用科学方法进行短期、中期和长期评估，并根据传播情况进行策略动态分析调整，对相关实践经验进行及时有效总结，形成可供推广的经验举措，为长久可持续研究打下坚实基础。

3. 主动互访交流中深化价值观融合

华人社群包含政府和民间诸多层级的组织，在海外社会能够接触到不同层级和领域的非华人社群，形成巨大的社交网络。华人社群在知识结构上越来越成为所在国的重要智力资源，他们了解所在国的语言、文化、政治、民风、社会、法律和族群关系，知晓两国之间的差异和敏感所在，在如何融合中国文化与所在国文化方面具有诸多实践经验。因此要充分发挥该群体这种独具的身份优势，有意识地主动搭建中国和所在国的文化桥梁，通过科学规划和针对性的安排，进行许多符合他国族群接受习惯的内容设计，让更多非华人社群，尤其是当地主流族群到访中华文化母体的东亚地区，深入学习中华文化思想和价值观，在互访交流的过程中，澄清传统刻板印象中的误解，增进他们对中国的了解，强化对于中国文化的认同，引发情感上的共鸣。还要充分利用他们作为纽带的特殊优势，通过他们以当地文化所能接受和理解的方式讲中国故事，更好地做到社会主义核心价值观国际传播的“润物细无声”，实现与世界各国价值观的无缝对接。此外，社会主义核心价值观从内涵表达和话语表达方面，应当更具日常化、生活化、生动化、具体化等，多从接受者角度构建社会主义核心价值观的传播内容和方式，让这些价值观更容易被非华人群体理解和接受。

（五）在外交活动中增加所在国多族群协作活动助力华人社群开放与融合

华人社群同中国有着共同的文化、相连的血缘、密切的地缘以及某种程度的相关利益，在传承中华文化和构建中国良好形象方面不遗余力地贡献力量，是中国和华人居住国相互理解的重要载体和桥梁。但由于较大的文化差异、长期的分族群的生活环境以及华人经济、文化和教育上的“华人优越感”等因素，导致华人社会长期存在自成一格或排他性的问题，难以融入居住国族群，弱化了其在传播社会主义核心价值观时的能量。因此，我国在外交活动中应当增加华人和居住国族群之间的协作活动数量，助力华人社群开放与融合，扩大华人在其居住国主流社会影响力，为更好地展示中国大国形象搭建好坚实的桥梁。

1. 推进语言符号交流，化解华人和居住国族群间的语言隔阂

语言是族群文化符号的象征，也是不同族群相互交流的工具，想要打破文化隔阂首先要从语言交流入手。以马来西亚为例，马来西亚是多族群国家，也是多语言国家。马来语是马来西亚国语，华人从小强制学习马来语，因此能够在日常生活中同马来人进行交流。语言既能促进马来人和华人关系升温，但也能因为马来语和华语语义差异造成误会。因此，要减少马来人和华人之间因语言差异造成的误会隔阂，不仅华人要学习马来语，还要吸引马来人跨出语言舒适圈学习华语，提升多语言优势。首先，我国要继续支持马来西亚华文教育，吸引非华裔学生在华校就读，为华人和马来人化解族群间语义差异提供场地。鼓励我国优质企业联合马来西亚华人社团筹募资金，通过设立基金会等方式关注和帮助华校建设，以“一带一路”倡议提供的工作岗位和高额奖学金为优势，让非华裔学生更多地关注和重视华校教育。其次，弥补华校师资力量短缺问题，吸引马来族老师入驻华校传授华文。马来族群的老师更了解马来人在学习中文时面对的困难及其症结所在，以此特殊身份教授华语能够事半功倍。一方面，国侨办可联合国内各大高校分批次、大批量对马来西亚华文教师进行培训，也可派遣国内志愿者赴马来西亚支教。另一方面，联合国内各大高校积极开展对外学术和教育交流，为马来西亚华文教育提供海外交流机会，以吸引马来族老师入驻华校。最后，积极吸纳华校留学生，为华文教育提供保障。许多非华裔学生对华文教育产生的最大顾虑是马来西亚政府不承认华校文凭，导致华校学生不能在当地公立大学就读，更不能担任公务员。为了不让华校培养的人才浪费，我国可增加马来西亚非华裔学生来华留学的录取人数，吸引马来西亚非华裔学生来华深造。

2. 探索饮食文化交流，助力华人和居住国族群间的相互融合

美国外交学者洛克威尔总结“美食公共外交”时指出：“赢得人心的最简单方法是通过胃。”饮食是族群文化的图腾象征，不同族群有各自的饮食文化。在北京冬奥会上，世界各地的运动员被中国美食吸引，积极在推特等国外网站上分享自己的奥运之旅，成为中国美食推广大使，向全世界展示了真

实立体全面的中国形象。运动员们对中国的不吝赞美也激起了中国网友对他们的喜爱，纷纷打破国籍隔阂，主动了解运动员的内心世界。中国网友和外国运动员在美食中达成了文化谅解，冲击了西方世界长期敌视中国的戾气，让我们看到了中西方去政治化的民间交往的善意。美食外交，是助力华人和居住国族群间相互对话、相互欣赏的重要手段，是一种成本低、效果好的重要选择。首先，支持华人社群举办美食节，为其他族群了解华人美食文化搭建桥梁。美食节作为一场大型文娱活动，可以调动当地政府、企业、小商贩以及普通群众的兴趣，是促进不同族群之间相互了解、融合的重要契机。我国可助力华人社群联合当地政府作为主办机构，积极寻求华族和马来族以及其他族群的承办企业，将华族、马来族等其他族群的美食置于同一展销会，以吸引各族群民众的兴趣。其次，借助美食节为华族和马来西亚其他族群的特色文艺演出提供展示平台。以往华人举办活动的对象要么以华人为主，要么仅邀请其他族群的政治和商业精英，民间组织和民众的参与度不足。因此，中国海外交流协会可借用美食节的“东风”，联合华人社团以及马来西亚社团，在美食节上表演独具中国特色的歌舞、独唱、魔术、民乐独奏等节目，同时热情邀请马来族以及其他族群表演具有各自民族特色的节目，充分展示中华文化和马来西亚其他族群的文化，促进马来西亚各族群之间相互了解。最后，鼓励不同族群美食双向改良，促进华人和当地人的交流。改良美食是移民群体为了适应当地生活必须进行的文化适应行为，不仅如此，当地居民也在移民群体的影响下不自觉地进行了饮食改良。如马来人改良了华人传统美食——海南鸡扒，使其成为华人和马来人相互了解的桥梁。与此同时，华人也改良了马来人的“国民美食”——椰浆。这都代表了族群交往中对他族口味的迎合，也揭示了华族和马来族之间的互动关系。

3. 推进体育运动交流，增强华人和居住国族群间的相互理解

奥林匹克运动精神“团结友爱、公平竞争、相互理解”与推进华人社群和当地开放与融合的目标高度契合。体育运动是容易突破宗教、种族的限制，构建不同族群之间的国族认同感的手段。比如，适逢羽毛球球赛期间，经常看到华人和马来人在嘛嘛档同时为羽毛球运动员李宗伟加油，甚至会因为比赛失利出现两个不同族群的陌生人抱头痛哭的现象。因此，我国可借鉴 20 世

纪70年代“乒乓外交”的宝贵经验，开展“一带一路”体育交流工程，为“一带一路”沿线国家搭建各项体育交流平台，推动体育领域深入合作。具体就马来西亚而言，首先支持马来西亚华人社团联合当地政府开展丰富多彩的群众性体育活动，促进全民健身运动广泛深入地向前发展。可分区域举办“全民健身体育节”活动，发挥社会团体及行业体协的作用，鼓励多族群协作组队，促进多族群相互了解，在体育运动中消除族群隔阂。其次，鼓励华人学校与当地其他族群学校开展体育运动联赛。学校体育是体育工作的重点，各学校之间的体育联赛为各个族群未来高素质人才相互交流提供了契机。最后，推动体育运动族际交流走实、走深、走细，走进当地民心。鼓励不同族群的企业、媒体、智库、志愿者、社会团体、公众人物等社会力量积极参与体育交流活动，带动当地人力、物力、资金互联互通。同时鼓励华人及马来其他族群联合举办羽毛球等民间体育联合赛，在比赛中有效促进华人和当地族群合作，增进双方友谊，让体育运动成为华人社群和当地族群交流的纽带。

（六）在与所在国互动过程中谨慎妥善处置涉华社群的相关敏感议题

在社会主义核心价值观对外传播时应考虑所在国对华关系实际情况。当今世界，大多数国家是由多元种族和文化组成的复杂社会。以马来西亚为例，历史上马来西亚分别被葡萄牙、荷兰、日本等多个国家占领或殖民，本国马来族群对中国的印象受西方殖民国影响严重。在与所在国互动时应谨慎妥善处置涉华社群相关敏感议题。

同时，社会主义核心价值观对外传播时缺乏系统、正确的宣传。比如，缺乏以泰语、马来语、阿拉伯语等撰写的传播内容，是阻碍部分国家了解中国的因素之一。当前以阿拉伯语沟通交流的国家有20多个，阿拉伯语使用者占世界人口的6%，而且部分政府部门也是以阿拉伯语为官方语言。但是很多华人社群在讲中国故事时，多以中文和英文作为媒介语，对部分国家和社会引起的反响可能会大打折扣，传播程度和效果都受到较大限制。无论是因为现实政治环境的影响、种族政治和种族主义的推波助澜，还是出于语言掌握能力的因素，华人社群在面向部分国家宣讲或传播正确信息，甚至纠正被扭曲的敏感课题上，往往因为缺乏系统性、准备性的宣传而事倍功半。

1. 设立中国与华人社群联合智库

定期举办圆桌会议或交流会，将社群领袖、舆论领袖、学者、媒体等组织起来，针对社会主义核心价值观、讲好中国故事、“一带一路”等重要课题，以及如何应对特定敏感课题，根据本土国情、各族文化和风俗习惯进行话语方式把控，进行意见交流，提出解决方案或建议，活用理论功底，深刻把握问题，拓宽国际视野，顺应国际形势，主动将话语权掌握在自己手上。

2. 构建华人社群的本土关系网

与具有影响力的本土网络博主、网红或自媒体建立密切合作关系，联合制作课题，通过本地人常用的社交媒体进行传播，引领舆论趋势，将宣传效果最大化。客观上，网络博主、网红或自媒体这类职业内容生产者被视为“中立、独立与专业”，而且在对外传播上能更精准地以本土话语方式呈现内容，比中国或本土官方媒体，更容易让受众接受和认可。同时，本地网红具有社交分享性与红人效应。本地网红的社交分享性，是指本地网红自身所拥有的优质社交资源，其社交圈必然存在相互影响，强化了分享式传播的裂变，辐射更广、信任度更高；红人效应可以打通传播内容与本地民众的距离感，依托网红与民众的联结，传递的信息更为丰富。

3. 加强华人社群价值观教育的系统性培训

鼓励华人社群开展社会主义核心价值观对外传播的同时，也应当加强对其价值观教育的系统性培训，尤其是强化对外传播行为的应对能力、沟通对话能力，情绪管理以及理性论事，避免陷入过度情绪化的民族主义偏见、咄咄逼人的话语风格、“攻击性”的立场态度和传播姿态。尤其是在网络传播方面，应鼓励华人网民群体以理性、平和的风格进行网络表达，学习在聆听中强化交流、在交流中秉持“和而不同”的思维，彼此包容、和谐友善对待，同时尊重各自文化和价值观的独特性，相互学习。具体而言，可以活用示范作用与正反馈机制，我们在华人社群开展社会主义核心价值观对外传播应及时树立相关榜样，用突出事迹与突出人物结合的方法进行宣传，实现以点带线、以线带面的传播格局。同时，在华人社群开展社会主义核心价值观对外传播要注意反馈机制，在进行传播时应注意变通，不能盲目追求效率与盲从经验，不同人群不同时期所能接收的内容是不同的，要通过传播效果反馈传播手段是否得当，并在反馈中建立动态传播机制，提升社会主义核心价值观传播的效果。

4. 中国与华人社群携手构建多元主体的传播模式

中国与华人社群携手构建多元主体的传播模式，并以公众作为多元传播主体的核心成分，从而体现社会主义核心价值观传播形象上的丰富、多元、开放和包容。多元主体应由政府官方、媒体、企业、公民社会组织（包括华人社群）以及公众个体组成，借由海外社交媒体作为分享与沟通平台，鼓励来自不同国家、不同文化、不同族群、不同社会背景的“公众”，通过分享生活、发表意见，寻找共同的表达元素、话语、情感和兴趣内容，建立对社会主义核心价值观的多元主体共识。千人一面的公式化传播已经不能支撑社会主义核心价值观传播，只有真正做到人人皆是形象与风景，才能构建多元主体的传播模式。只要是与华人社群产生交往的外国人就都有可能为社会主义核心价值观的传播做出贡献，也许他们没有对于社会主义核心价值观的总体理性概念，但是随着与华人社群的接触，他们必然会被中国人所传递出的精神、行为等影响，在无形中默认社会主义核心价值观的共同体共识。只有通过不同国家、不同文化、不同族群、不同社会背景的公众沟通交流，才能使中国形象变得真实、立体、全面。同时，结合不同传播个体的“个性化展示属性”，借助公众个体的对外传播行为，更容易找到价值观和趣味上的可沟通性，在思维方式上也更为贴近不同体制和文化情境下受众的接受习惯。

（七）在求同存异的原则下构建和传播社会主义核心价值观的双边共同体意识

正如我们在之前章节所提到的调研结果，东盟国家对中国的最大担忧，来自中国迅速发展的经济和军事力量可能被利用，威胁本国的利益和主权。一方面，这凸显东盟国家普遍对中国的认知和信心不足；另一方面，东盟国家对主权、内政和族群课题高度敏感。不过，东盟国家普遍对中国有所期许，希望在不干涉彼此内政、主权和族群敏感课题的大前提下，中国能够在区域和国际舞台扮演领导者的角色，将庞大的经济资源和强大的政治意愿用在领导全球和区域合作上。不仅东盟国家，中国与世界上任何国家的合作机遇都远大于分歧。因此，我们看到在特定时代、特定体制、特定国情之下，客观认识不同社会制度下的价值观差异，更应该着眼于在世界经济一体化、文化多元化历史趋势中我国和其他国家之间的共同点，在社会主义核心价值观中，找出双方认同的共同价值观，寻求两国合作的最大“公约数”，画好中外合作“同心圆”，携手创造两国共同认可的国家、社会与公民价值观。

1. 以互利共赢为基础，积极提升“一带一路”和区域全面经济伙伴协定等平台建设，为华人社群搭建广阔平台.

这里所讲的“互利共赢”并非仅指中外经济往来层面的互利共赢，而是更加突出挖掘区域经济合作组织的文化交流传播功能。新时代背景下，中国更应以“一带一路”和区域全面经济伙伴协定等国际/区域平台作为桥梁，在互不干涉彼此内政、国家主权与宗教/族群敏感课题、相互尊重彼此国情和文化差异的共识下，从符合中国与其他国家双方的共同利益、共同价值观的出发点进行深度交流对话与合作，并以社会主义核心价值观作为基础，探索共同价值观，形成共同体意识，将社会主义核心价值观转化成彼此认同的价值观，更有利于华人社群所在国本土社会去理解、接受中国价值观的传播与推广。

截至目前，积极响应“一带一路”倡议的国家分布亚、非、欧三大洲。中国在沿线国家广泛开展各种文化交流活动，除孔子学院外，中国影视、中国民俗、中国非遗文化等承载着社会主义核心价值观的文化载体均逐渐走出国门，走向“一带一路”沿线国家。总体而言，在“一带一路”推进过程中，需要在和平、共存、共赢的原则下，贯彻“己所不欲，勿施于人”“和而不同”理念，以消除中国价值观的传播给沿线国家带来的不安全感，把社会主义核心价值观的国际传播工作建设成“一带一路”沿线国家多元文化和谐共存的“和平”平台，推动相互理解和共赢。在社会主义核心价值观的传播过程中，可以秉持“和而不同”的思维，彼此包容、和谐友善对待，同时尊重各自文化的独特性，相互学习。

2. 华人社群要有海纳百川，有容乃大的文化包容心态，在平等交流中传播社会主义核心价值观

以马来西亚为例，学者们提出的马来人核心价值观，如贤良、尊重他人感受的教养，举止有礼、孝顺、诚实、可信任、维护传统、谦让与尊重等，这些价值观与中国提倡的“善、孝、礼、勤、新”等传统价值观有许多相似之处，为建设共同价值观提供很好的基础。作为社会主义核心价值观和中华文化传播者的马来西亚华人社群，既认可与了解社会主义核心价值观，也熟悉和理解本土价值观，最适合充当共建中马共同价值观的桥梁。虽然马来西亚各族群之间对彼此的理解，都因过往殖民和现今族群政策而相互异化。但马来西亚华人社群不应就此画地自限，应该以“有容乃大”的开放心态，理解不断变动中的族群文化与价值观，并在彼此尊重与谦让的基础上，有效地向非华人社群传播社会主义核心价值观，同时也向中国输出本土主流族群的价值观。跨文化交流是一项非常有意义的事业，不要单方面地考虑我们如何“走出去”，要考虑到双方，双方的对话、双方的交流，而不是去耀武扬威①。因此，华人社群应将中华文化与社会主义核心价值观视为一片会持续成长的树林。

3. 华人社群要自觉主动融入当地社会，以润物细无声的方式身体力行传播社会主义核心价值观

在求同存异的原则下构建和传播社会主义核心价值观的双边共同体意识，本质上还是一种跨文化交流。自古以来，中华文化就以其特有的包容性深刻地影响了世界各地文化，尤其是在整个东亚文化圈内，中华文化显示出了非凡的影响力。但是，由于各国选择的政治制度道路不同，国与国之间形成了迥异的文化心理，特别是随着近年来文化主权意识的提升，各个主权国家都试图建立自己的文化体系。一方面，当地华人社群要主动寻求双方文化共同点，树立文化交流你中有我、我中有你的意识，让社会主义核心价值观超越

① 汤一介、乐黛云、胡娟、沈健、刘昊：《在平等交流中求同存异，在理解对话中追求创新——汤一介、乐黛云教授访谈录》，《中国人民大学学报》2012 年第 3 期，第 150-156 页。

意识形态和政治制度上的不同，将其介绍给所在国民众。另一方面，华人社群在传播社会主义核心价值观时更要注重运用合理、恰当的方式。社会主义核心价值观不是洪水猛兽，更不是意识形态的捆绑。因此，在传播过程中要坚决摒弃大水漫灌、恩威并重的方式。华人社群应该主动调研考察和积极参考所在国各族群的文化与经验，在深度交流的同时，加强针对性的研究跟进，从所在国的宗教文化和风俗习惯等实际出发，进行分析、整理与评述，借鉴其中的有利因素，找到所在国价值观和社会主义核心价值观融通的突破口。

总之，华人社群具有“边际人”的文化特性，因此要充分发挥该群体独具的这种纽带身份优势，以科学规划和针对性的安排，进行许多符合他国族群接受习惯的内容设计，澄清非华人群体对社会主义核心价值观的误解，更好地做到社会主义核心价值观国际传播的“润物细无声”，强化对于社会主义核心价值观的理解。

（八）多渠道并进助力华人社群从文化传播到社会主义核心价值观传播的角色转变

中国扛起大国角色与责任，通过推进“一带一路”及深度参与区域全面经济伙伴协定，引领全球化与区域合作，让中国在区域和国际舞台拥有更多话语权。相较于美国的个人主义价值观，社会主义核心价值观更符合和满足全球化、区域合作共赢的“刚需”。社会主义核心价值观是以集体主义为原则，主张个人利益服从社会、民族和国家的利益，眼前利益服从长远利益，局部利益服从整体利益的价值理念①。这基本上体现出“一带一路”和区域全面经济伙伴协定“合作共赢，共建人类命运共同体”的精髓。

社会主义核心价值观是中国传统价值观的时代化升级和转变，对传统价值观既一脉相承，又在中国当代的具体语境中被重新赋予了新的时代元素。与此对应，海外华人群体作为民间对外传播的主体之一，是社会主义核心价值观外宣的重要渠道，随着社会主义核心价值观的与时俱进，海外华人的传播角色也必须从传统的文化传播走向现代价值观传播。长期以来，华人社群

① 吴倩：《美国价值观教育的历史演进及其启示》，《社会主义核心价值观研究》2016 年第 2 期，第 90-95 页。

习惯以技艺、习俗、信仰以及传统价值观作为中国软实力传播载体，而面对社会主义核心价值观这一具有时代性的强名片，需要研究如何调整其内在角色认同。

1. 以优良传统为传送带，找准传播角色转变的承继点

多年来，华人华社在各海外国家传播中国文化的过程中发挥了重要作用，积累了重要的经验。因此，帮助华人实现从文化传播到社会主义核心价值观传播的角色转变，需要继续继承发展传统文化传播中的历史有利因素和方式方法，争取更好的传播条件，在稳固传统优势的同时，也要与时俱进，积极更新观念，紧跟世界变化趋势和时代发展潮流，不断从变化着的世界和发展着的中国理念中汲取养分，更新知识结构。同时，要在更新的知识结构和既存的民族主义障碍碰撞之中，找到传播社会主义核心价值观的突破口，从思想到行动上完成角色转变。

各个国家的国情不尽相同，这也决定了不同国家对待中国“一带一路”倡议的不同认知和对待社会主义核心价值观传播的不同态度，因此要对不同的国家制定区别性传播策略，深入分析研究总结相关国家华人社群在传播中国价值观的历史和现状信息，并从好的历史经验中汲取传播的能量。以马来西亚为例，历史上华人社群在传承和发扬中华文化方面取得了巨大的成就，马来西亚是拥有除中国以外最完整汉语教育体系的国家之一，将中国的高桩舞狮和二十四节令鼓等代表艺术扬名国际，华人文化与民间习俗深度融合等等，形成了深厚的历史传统积淀。我们应该充分认识到在马来西亚传播社会主义核心价值观的优势条件，在不断开阔华人华社认知眼界和深化现代知识结构的同时，让他们意识到既要珍视这种传统优势条件，找准传播承继点，又要与时俱进，不落入封闭思维的固化窠臼。一方面，更大限度争取政府层面的支持认同，从政府层面转变对社会主义核心价值观的认知，更新传统文化印象，进而实现华人华社和当地政府角色认同的同步影响、共同转化；另一方面，在民间社会，也要充分利用各阶层、各领域的社会关系网络，通过民间交流传播，加深对于真实、立体、全面中国形象的认识，在多元关系的交往过程中，在群体和个体精神层面都实现知识和理念的更新，有效实现传播角色转换。

2. 以差异认知为突破口，推动传播角色转变的针对性

应该看到，不同国家华人社群，甚至同一国家华人华社内部各群体对社会主义核心价值观的认同与认知，也存在一定的差异性。不同社会背景、不同教育背景、不同文化层次、不同的成长环境、不同政治立场、不同经济能力等因素，对社会主义核心价值观的认同程度、认知层面和传播能力，都将呈现不同程度的影响。以马来西亚为例，以下几个方面存在明显认知差异。一是第一代移民有着强烈的中国情结和对祖籍国的热爱，因此更容易认同社会主义核心价值观；在马来西亚出生的第二、三或四代后代则更贴近、更早融入和更容易认同所在国的价值观，反而视社会主义核心价值观为“舶来品”，较难融入和认同。二是受华文教育的华人，在思想上和意识形态上，更容易接受和认同社会主义核心价值观，并作为他们的文化身份认同；受英文、马来文或其他非中文教育的华人，普遍在思想上和意识形态上更亲近西方或本土主流文化的价值观。三是家庭成长环境充满浓厚中华传统的华人，包括坚持遵从传统华人文化/习俗/礼节、受中华文化与思想熏陶，习惯以华语或籍贯方言交流或接收信息等，更容易认同与接受社会主义核心价值观；家庭成长环境没有或只有很淡中华传统色彩的华人，对社会主义核心价值观的认同度相对偏低。四是政治立场和意识形态亲中的华人，更容易认同和接受社会主义核心价值观；政治立场和意识形态亲西方的华人，对社会主义核心价值观更多的是排斥和抗拒。五是活跃于华团、华教的华人，更趋向于认同与接受社会主义核心价值观；活跃于政治、商团的华人，没有固定的意识形态，对社会主义核心价值观的认同与取舍，取决于政治和商业利益考量。

因此，帮助海外华人实现从文化传播到社会主义核心价值观传播的角色转变，还需要在角色差异分类的基础上，进行针对性宣传引导，分类施策。比如对于当地第一代移民，他们对中国认同感强，但是由于年岁较长，认知相对陈旧固化，需要帮助他们更新知识结构，完成角色转变；而在居住国出生的第二、三或四代后代，他们善于接受事物，但是情感认同方面相对偏弱，需要通过其父辈或者祖辈，以及其他丰富渠道，增进其角色的情感认同，进而自动完成角色转变。

3. 以环境优化为关键点，增强传播角色转变的驱动力

海外华人社群在传播社会主义核心价值观的角色定位上，也受到许多内外部因素的影响。从外部因素来分析，中国的国力、经济力量和国际地位，所在国和中国之间的双边关系，所在国政府对本国价值观以外的非主流文化政策与价值观的包容程度，华人社群与当地主流社会和族群之间的交流和融洽程度，华社组织在当地社会的地位和影响力等，是决定华人社群能否有效传播社会主义核心价值观的关键因素。至于内部因素则相对比较个人化，主要是华人社群作为个体，本身的文化程度、个人及家庭的经济水平、个人社会地位和影响力、个人政治地位和立场等因素，将决定社会主义核心价值观的传播层次。

因此，帮助华人实现从文化传播到社会主义核心价值观传播的角色转变，还需要不断优化外部环境，为增强华人认同感提供更好的环境保障。中国在不断发展自身的同时，还要加强国际话语传播，展现大国责任担当，彰显大国自信，树立优化国际形象，巩固发展大国地位。要充分利用“一带一路”倡议的推进，提升中国作为大国的感召力，让可信可爱可敬的中国形象深入人心，让更多华人发自内心产生对于母籍国的认同，从而自发成为社会主义核心价值观在全球的积极传播者。另外，中国要在打造新型国际关系的基础理念上，进一步加强同其他国家之间的双边交流，增进双方互信互利，共同打造树立发展共同体意识。此外，在华人所在国，也需要营造华人族群和本地族群的更好氛围，深度融入当地的政治经济和社会文化传统习俗之中，加强民间交流，推动民间合作，共筑丰富立体全面的多元化社会关系网络。在外部环境的耳濡目染之下，将会无形中带动个体的身份认同和意识觉醒，紧跟时代变化，完成传播社会主义核心价值观的角色转变。

（九）以符合所在国文化习俗的话语方式推进社会主义核心价值观的传播与互动

海外华人华侨在与所在国的融入过程中身体力行地促进了中华文化和社会主义核心价值观的对外传播与互动。海外华人华侨对中华文化与社会主义核心价值观具有深厚的自信和丰富的感情联系，他们理解并支持社会主义核

心价值观和我国优秀的传统文化。在社会主义核心价值观的海外传播中，海外华人华侨是不可或缺的关键力量。同时，对社会主义核心价值观的海外宣传，也是提升文化自信与价值观自信、展现我国和平发展的国家形象、增强我国文化软实力的重要环节。海外华人华侨通过在所在国的一言一行，将社会主义核心价值观展示给所在国人民，他们所拥有的中华民族优良文化素养潜移默化地影响着所在国人民。

1. 建立融通中外的话语体系，用担当和坚守讲好中国故事

当前国际化大趋势势不可当，在国与国之间的文化交往中，一个民族、一个国家的价值观生产也必将受到其他民族、其他国家价值观的影响，这是无法避免和改变的客观事实。华人社群在所在国中经历的文化与价值观的交融与碰撞无所不在。习近平总书记指出，要以理服人，以文服人，以德服人，提高对外文化交流水平，完善人文交流机制，创新人文交流方式，综合运用大众传播、群体传播、人际传播等多种方式展示中华文化魅力①。因此，华人社群如果能通过讲好中国故事，起到润物细无声的作用，就能使所在国的人民更加信服和了解中国文化及精神。世界各国人民，最初就是通过和当地华人华侨进行文化交流才有了对中华民族精神和社会主义核心价值观的感性认识。例如，马来西亚作为一个华人华侨人数较多的国家，曾被多个国家占领或殖民，导致部分马来西亚民众受西方国家思想影响，只能接收中国片面和碎片化的负面信息现状，因此针对敏感问题，当地华人华侨要根据本土国情、各族文化和习性进行话语方式把控，如果遇到了他者对中国价值观的批评和怀疑，海外华人社群必须有能够正视并接纳对他者的批评和怀疑的信心②，要通过在所在国的日常生活经验，恰当地使用当地人民更容易接受的马来语与马来西亚人民乐于接受的叙述方法，将中国故事讲得更加娓娓动听，减少外界对中国价值观的误会与偏见，增进中国与其他国家的理解与信任，传递真正的中国故事。

---

① 《习近平在中共中央政治局第十二次集体学习时强调 建设社会主义文化强国 着力提高国家文化软实力》，《人民日报》2014年1月1日第1版。

② 茅根红：《海外华侨华人世界的新变化及其对中国未来发展的影响》，暨南大学，2006年。

2. 改进话语技巧，注重以所在国的话语方式传播社会主义核心价值观

海外华人社群传播社会主义核心价值观的语言风格必须是所在国听得懂、能接受的话语，要做到“内容通俗易懂，背景清晰明了”，要站在对方能够理解的层面上推进社会主义核心价值观传播。海外华人华侨传播社会主义核心价值观时，要知道所在国受众关注什么，只有知道他们真正的需要和想法，才能有针对性地传播他们真正感兴趣的具体内容。例如，关于中国的对外政策、价值观念，很多海外人士并不了解，海外华人社群要尝试用符合本土色彩与国情的话语方式，使社会主义核心价值观得到最大限度的精确的翻译，让世界人民更加了解我们的观点和立场。2013 年 6 月，由纪实频道和国家地理频道联合播出的纪录片《春晚》国际版在美国民间得到一致好评，因为该片真实体现了央视春晚在中国人内心的价值与影响力，满足了美国观众对社会主义核心价值观的了解，并使美国民众对这一现象背后所展现的强大的民族凝聚力而表示欣赏，这种能唤起所在国民众内心深处的民族情怀的传播形式是值得华人社群借鉴和参考的。例如，马来西亚在“一带一路”倡议中处于重要战略位置，马来语的情感价值在于通过中国与马来西亚两个国家之间相互学习彼此的语言文化来促进国家之间的和谐，马来西亚华人社群要充分利用当地语言资源，积极构建和发展马来语社区，真正融入马来西亚社会，使马来语真正成为中国和马来西亚互相交流的桥梁，拉近中国与马来西亚之间的距离。

3. 创建新型国际话语平台，促进中外价值观层面交流

海外华人华侨在社会主义核心价值观的全球传播中最理想的成果是什么？人们通常以为，就是实现价值认同感，让所在国民众认可当代的中国价值观，让社会主义核心价值观获得全球认可。其实，这是在短期内很难达成的，产生价值理念认同是指“在价值理念的交流过程中，人类有时会被交流对象的社会价值理念所同化，有意识地或非有意识地赞同和接纳对象所传授的价值理念”①。这意味着其中一方要认可交流对象的价值理念，并按照交流对象的

① 汪信砚：《价值共识与和谐世界》，《武汉大学学报（哲学社会科学版）》2017 年第 5 期，第 11-20 页。

价值理念思考和行动。而在当今全球，一切关于传递社会主义核心价值观的社会活动，都存在各种价值理念之间的撞击与矛盾。因此海外华人华侨要利用好网络论坛和媒体智库等新型国际话语平台，大力开发和运用数字化、网络化技术，深入研究全球广泛关心的重要问题，华人学者要积极参与、举办全球学术会议，用中国理论解读全球难题，通过讲述中国故事、展示中国形象、传播中国文化来争取全球话语权。例如，马来西亚是“一带一路”倡议中在东盟地区的重点建设国家，2019 年马来西亚主流英文报纸《新海峡时报》对第二届“一带一路”国际合作高峰论坛进行了跟踪报道①，报道明确真实地反映出马来西亚政府及民众对“一带一路”倡议的最新认知和态度。此次报道反映出媒体智库已逐渐成为中国人民与马来西亚人民友谊与合作的桥梁，它在传播国际时事的基础上逐渐增加了传承和推广社会主义核心价值观的任务，当地华人华侨要将传统媒体优势与新兴媒体的优势有机结合，加快推动中国对外媒体融合发展，与所在国进行和谐的文化交流，以此展示当代中国价值理念的魅力与风采。

4. 运用多种方式满足受众需求，增强社会主义核心价值观的亲和力

要使社会主义核心价值观真正迈出国门，要让中国文化为自己发声，并将它变成各国政府与地方人民和谐互动交流的重要媒介。海外华人社群在展示社会主义核心价值观风貌的同时，更主要的是为了表达中华民族和谐发展、和平发展的宗旨，并通过自身的言行举止表明“自古以来，中华民族精神就是积极开展海外交流与通商，而并非对外侵略与扩张；就是执着于保家卫国的爱国主义精神，而并非开疆拓土的殖民地主义。中国人对平等、安全、和谐的向往深深地植根于中华民族的精神世界当中，并深深地融合于我国民众的文化血脉当中”②，以此为社会主义核心价值观的海外传播营造良好的氛围。在社会主义核心价值观的宣传内容与手法方面，一是要从表现形式上更加强调宣传活动的实践性，更接地气，要考虑华侨华人以及所在国民众的信

---

① 史康，金山：《马来西亚媒体对“一带一路”的表征：基于及物性视角》，《外语研究》2021 年第 5 期，第 24-32 页。

② 徐文永：《华侨华人与社会主义核心价值观的对外传播》，《丽水学院学报》2017 年第 6 期，第 6-11 页。

息接收能力，用潜移默化、喜闻乐见的形式宣传社会主义核心价值观；二是要充分开发新媒介手段，重点关注华侨华人新生代以及所在国的年轻一代，以此提高对社会主义核心价值观宣传的实效性和针对性；三是要在传播内容上融合具有浓厚特色的所在国文化，并要加入不同地区华人华侨特点的文化精髓，例如，在2010年马来西亚福州华人社团联合总会举办的“福建乡亲新春大团拜”上，马来西亚副首相纳吉出席团拜会并向全体马来西亚华侨华人送出新年的祝福①，这说明当地华人华侨得到了马来政府的关注和认可，马来西亚华人社团通过庆祝中华传统节日向马来西亚民众宣传中华优秀传统文化的独特魅力，进一步加深了马来西亚民众对社会主义核心价值观的真正内涵的理解。

5. 要坚定树立话语自信，增强社会主义核心价值观对外传播的有效性

坚持中国道路，站稳中国立场，突出中国特色，发扬中国精神，讲好中国故事，传递好中国声音，这不仅是对自己立足点的明确，同时也是对所在国民众的关照。海外文化传播活动本来就是在对自身建立和他者的不断认同过程中进行的，是由自身走向他者的过程，海外华人华侨一方面要不断吸纳世界上所有国家和民族中的合理话语成分，另一方面要弘扬中华传统话语体系的精髓，以融会贯通的手段将社会主义核心价值观用新话语体系的形式表达出来。海外华人华侨长期处于海外，尽管近年来在所在国的社会地位有所提升，但由于长期处在国外价值观话语体系的强大包围中，对社会主义核心价值观难免会存在困惑，甚至缺乏自信。值得庆幸的是，马来西亚华人社团认识到了该问题的重要性。马来西亚独立以后，当地华人社团坚持将传承中华传统文化作为学校教育的主要内容，这种华文教育体制为中国和马来西亚培养了各方面优秀的华人人才，也进一步增强青年华人华侨对祖国的归属感。由此看来，海外华人社群必须坚持对中华民族文化和社会主义核心价值观的高度自信，牢牢把握话语权，才能够真正提高所在国对于社会主义核心价值观的认同感。

---

① 王雪玲：《当代马来西亚华人社团的社会功能研究》，华侨大学，2015年。

（十）构建社会主义核心价值观多元化载体和跨国新媒体平台

社会主义核心价值观具有丰富内涵与普遍意义，始终彰显着中华民族的时代精神与民族特征，因此它是新形势下最能代表中国国际身份的标志之一。当前国际形势险峻，西方的“文化霸权”始终影响着国与国之间的信任与友好往来，为打破这一直以来存在的“病态”局面，我们必须主动出击，紧密联系身在海外的华人社群，在国内力量与国外力量相结合的条件下提升中国国际话语权，推进社会主义核心价值观的国际传播。提升对外传播能力建设的基础是与华人社群合作，关键是利用多元化载体，方式是搭建跨国新媒体平台，这三者事关对外传播的深度与广度。

随着历史的发展，马克思主义的火种传入我国，中国结合本国国情加以运用，在不断改造与完善的过程中形成了中国特色社会主义制度，让中国拥有强大的生命力与创造力，在世界上绽放光彩。如今，国际传播和树立国家形象工作的日益紧迫，对构建社会主义核心价值观多元化载体和跨国新媒体平台的数量、质量以及其他各方力量系统整合的要求逐步提升，因此，在社会主义核心价值观对外传播过程中，我们可以与华人社群合作构建社会主义核心价值观多元化载体和跨国新媒体平台，突破以往局限于单一载体与传统媒介的单向传播模式，从“硬传播”向“软传播”过渡，从“暗示”传播向“明示”传播转变，实现我国核心价值观与中国观点、中国态度切实融合，从而切实推动社会主义核心价值观的对外传播。

1. 孔子学院和华文教育机构是传播社会主义核心价值观的主要载体

孔子学院是联结我国与其他国家和地区之间的文化交流桥梁，在推动社会主义核心价值观的传播中发挥着重要作用。近年来，在我国与华人社群积极合作构建下，全球已有100多个国家与地区建立了孔子学院，近年来孔子学院数量大幅增长。而华文教育在海外的“希望工程”身份一直以来对我国文化领域的延伸与拓展具有重要作用，是中华民族开展跨文化交流与传播的“留根工程”。随着“一带一路”建设的不断推进，我国国际地位得到显著提高，与其他国家之间的友好往来频率日益增加，国与国之间的交流也变得更加紧密，以至于孔子学院与华文教育等机构以往的单一语言教学内容已无法满足当地民众的需求，这就需要中国以华人社群为纽带，在各国人民日常往来中加强文化交流与人文互动、推进社会主义核心价值观传播、使中国优秀文化成果服务于新形势下的多样化需求。同时，传播也讲究方式方法，需要以符合当地国情与本土色彩的方式来获得受众群的好感与认同，所以需加强同马来西亚华校的联系和支持。大力支持国内学术机构、高校、智库等与华校开展形式多样的文化交流活动，在对华校留学生的奖学金资助上适度提高额度，以此增强他们的获得感、成就感，增强他们认识祖籍国的兴趣与动机，进一步加深对祖籍国的感情，形成浓厚的爱国情怀，从而自发自觉地成为助力马来西亚参与“一带一路”建设的坚定支持者、宣传者、维护者，以此淡化官方色彩和政治色彩，在无形中融入社会主义核心价值观理念，避免所在国人民产生抵触和疑虑心态。同时，要平衡海外传播的两条主渠道之间的分流，形成资源共享的局面。

2. 跨国新媒体平台是传播社会主义核心价值观的重要依托

随着互联网时代的到来以及人员流动频率的增加，人与人之间的交流渠道越发便捷，信息传播效率大幅度提升，而此时传统媒体所发挥的作用与地位急剧下降，这就要求我们在原来已有的传统媒体基础上创建跨国新媒体平台，并以此作为传播社会主义核心价值观的平台依托。华人华侨“可能成为呈现给世界舞台的最有力的民间大使”，在传播社会主义核心价值观上发挥不可或缺的作用，所以我们要积极开展与华人社群之间的合作，共同构建互联网时代下的跨国新媒体平台，利用华人社群在所在国的各方面优势，集中讲好中国故事，致力于打造具有国际话语权的外宣旗舰媒体，创造良好的国际舆论环境，为推动社会主义核心价值观的对外传播搭建稳定依托平台。

还有，构建跨国新媒体平台要加强顶层设计，大力发展网络媒体、移动媒体、流媒体等新兴媒体。只有占领新兴媒体传播机制的制高点，才能在国际媒体竞争中处于主动地位①。因此，我们要联合华人社群加强各种新媒体平台的研发和建设。注意推动主流媒体与新兴媒体的深层次融合发展，形成具

① 孙敬鑫：《新媒体环境下中国全球传播体系的构建刍议》，《中共石家庄市委党校学报》2014年第3期，第33-37页。

有健康良好格局的媒体态势，促进构建覆盖全球范围下的国际传播体系。综合利用多元化传媒载体，发挥不同跨国新媒体平台的协同效应，更新传统观念，扭转社会碎片化的媒体发展态势，调整和规范社会主义核心价值观传播模式；坚持以人为本的基本理念，吸引更多年轻力量融入华人社群，充分壮大华人社群的组织队伍进行统筹谋划，这样才能更灵活地利用不同形式的传播媒介和资源，不断完善广播、电视、报刊、网络等多元化传播媒介的协调合作机制，从而增强社会主义核心价值观传播的实际成效，形成多方联动的发展模式，构建多管齐下的宣传格局，真正实现社会主义核心价值观传播方式的现代化、整体化和协同化①。

3. 全方位构建多元化载体与跨国新媒体平台是传播社会主义核心价值观的必要途径

由于国内外媒体种类复杂多样，我们要积极占领对外传播媒体的制高点，全方位构建跨国新媒体平台，进一步打通国内外信息的交接渠道，从而畅通传播社会主义核心价值观。

一是结合中国出海互联网企业特色，开发创新视频产品和活动，打造以视频载体为主的跨国新媒体平台，让国外受众在纪录片、电视剧中学习中国传统文化知识，潜移默化地对中国文化产生兴趣，由内而外地接受社会主义核心价值观。同时，可以与《全民 K 歌》组织中国歌曲翻唱大赛，与视频平台合作推广中国动漫，与科大讯飞举行同声传译人机大赛。在娱乐之外，也可以通过视频载体开展《解码越南》《东盟青年说》《走读新加坡》等相关谈话或体验式节目，弥补我国对东南亚传播的内容缺陷，助力全方位推动社会主义核心价值观的传播。

二是积极借助推特、脸书等海外社交媒体平台与我国微信、微博和抖音等媒体平台融合发展，打造跨国新媒体平台。以华人社群为纽带与国外受众保持日常的交流与对话，同时利用社交媒体来传播中国声音，树立符合跨国社交媒体平台的外宣意识。中国官方媒体可以利用跨国新媒体平台所独有的

① 张铤：《社会主义核心价值观国际传播的价值与路径》，《中国广播电视学刊》2017 年第 11 期，第 38-40 页。

传播特性在海外社交媒体平台上更好地开展对外传播，自信展现包容开放的中国形象，形成推动社会主义核心价值观对外传播的发展式格局。

三是依托移动互联网的信息传播渠道，采用“互联网+”的方式来打造移动客户端，建立以智能化、万物互联概念为主的多元化跨国新媒体平台①，及时整合碎片化的国外受众信息，在反馈中适当调整我国对外传播方式与策略。如《中国日报》的自建移动客户端“中国日报”，我们可以针对此平台打造适合网络传播且具有中国传统文化内涵的碎片化内容。在内容形式和策划层面以年轻化、娱乐化方式呈现②，将社会主义核心价值观蕴含其中，这样既在体验感上增强了国外年轻一代受众的好感度，又拥有了构建与现代社会相适应的、符合社会主义核心价值观传播的综合优势。

因此，从传播发展的实际角度出发，中国需要与华人社群合作，共同构建符合本国国际地位的主流跨国新媒体平台。同时，对于发达国家在重要传媒方面的经验做到取其精华去其糟粕，并在此基础上结合中国自身的发展新优势，坚持全面推进技术设施和通讯内容的建设与完善，增强在国际传播媒体中的核心竞争力，从而提升我国国际话语权，更好地对外传播社会主义核心价值观。

---

① 邓秀军、刘梦琪：《媒体平台化背景下对外传播的场景转换与素养重塑》，《出版广角》2021 年第 7 期，第 21-25 页。

② 张腾之：《“传统文化+新媒体”的国际传播战略转型》，《西部广播电视》2018 年第 6 期，第 1-2 页，第 6 页。

参考文献

专著:

［1］中共中央宣传部编．习近平新时代中国特色社会主义思想学习纲要［M］．北京：学习出版社；人民出版社，2019.

［2］邓小平文选：第3卷［M］．北京：人民出版社，1993.

［3］中国社会科学院现代史研究室，中共革命博物馆党史研究室选编．“一大”前后（二）［M］．北京：人民出版社，1980：503.

［4］沙健孙编．中国共产党与抗日战争（下）［M］．北京：文献出版社．2005，590—591.

［5］于俊道，李捷编．毛泽东交往录［M］．北京：人民出版社，1991：38.

［6］国务院侨务办公室，中共中央文献研究室编．邓小平论侨务［M］．北京：中央文献出版社，2000：12.

［7］中央党校采访实录编辑室．习近平在厦门［M］．北京：中共中央党校出版社，2020：112—129.

［8］摩尔根．古代社会（上）［M］．北京：北京大学出版社，2004：29.

［9］哈里森．第三世界［M］．新华出版社，1984.

［10］Herbert Schiller. Mass Communication and American Empire［M］. Westview Press，1992.

［11］Ariel Dorfman，Armand Mattelart. How to Read Donald Duck［M］. International General，1984.

［12］Tomlinson J. Globalization and culture［M］. University of Chicago

Press, 1999.

[13] Nye JS. Bound to lead. The changing nature of American power [M]. Basic Books, 1990.

[14] Huntington S P. The clash of civilizations and the remaking of world order [M]. Penguin Books India, 1997.

[15] [德] 哈拉尔德·米勒. 文明的共存：对哈廷顿“文明冲突”的批判 [M], 郦红等译, 北京：新华出版社, 2002：3.

[16] [俄] 谢·卡拉穆尔扎. 论意识的操纵 [M], 徐昌翰等译, 北京：社会科学文献出版社, 2004：2.

[17] Sharma K , Kashyap A, Montes M F, et al. Realizing the Development Potential of Diasporas [M]. Universitetet, 2011.

[18] Peter Kwong&Dusanka Miscevic . Chinese America：The Untold Story of America's Oldest New Community [M]. New York：The New Press, 2005, pp. 363-375.

[19] [日] 朱慧玲. 日本华侨华人社会的变迁——以中日邦交正常化为中心 [M]. 日本侨报社, 2003：288.

[20] [美] 施坚雅 (G. William Skinner). 泰国华人社会：历史的分析, 许华等译 [M]. 厦门：厦门大学出版社, 2010：143.

[21] [马] 陈志明. 迁徙、家乡与认同——文化比较视野下的海外华人研究 [M]. 北京：商务印书馆, 2012.

[22] 云昌耀著, 丘炫元译. 当代印尼华人的认同：文化·政略与媒体 [M]. 台北：群学出版有限公司, 2012.

[23] [美] 蔡美儿著, 刘怀昭译：起火的世界：自由市场民主与种族仇恨、全球动荡 [M]. 北京：中国政法大学出版社, 2017：21.

[24] 周聿峨. 东南亚华文教育 [M]. 广州：暨南大学出版社. 1995

[25] 王家福. 国际战略学 [M]. 北京：高等教育出版社, 2005.

[26] 刘继南. 国际传播与国家形象：国际关系的新视角 [M]. 北京：中国传媒大学出版社, 2009.

[27] 李未醉. 中外文化交流与华侨华人研究 [M]. 华龄出版社, 2006.

[28] 何国忠．马来西亚华人：身份认同、文化与族群政治巨［M］．吉隆坡：华社研究中心，2002.

[29] Fuziah Shaffie, Ruslan Zainuddin, Sejarah Malaysia, Shah Alam. Penerbit Fajar Bakti Sdn [M]. Bhd. 2000, p. 269.

[30] Yee H , Storey I. The China threat : perceptions, myths and reality [M]. Routledge Curzon, 2002.

[31] 庄国土，刘文正．东亚华人社会的形成和发展华商网络、移民与一体化趋势［M］．厦门：厦门大学出版社，2009.

[32] Bruce Gale, Politics and Business: A Study of Multi-purpose Holdings Berhad [M]. Kuala Lumpur: Eastern Universities Press, 1985. P. 50.

[33] 郭梁．东南亚华侨华人经济简史［M］．北京：经济科学出版社，1998.

[34] 林其锬．五缘文化与海外华商经贸网络，集雨窖文丛——中国经济思想史学会成立 20 周年纪念文集［M］．北京：北京大学出版社，2000：636.

[35] 邓伟志．社会学辞典［M］．上海：上海辞书出版社，2009：267.

[36] 林其锬，吕良弼．五缘文化概论［M］．福州：福建人民出版社，2003：306.

[37] 马德邻等．宗教，一种文化现象［M］．上海：上海人民出版社，1987.

[38]［新］尼古拉斯·塔林．剑桥东南亚史（I）（Ⅱ）［M]，贺圣达、陈明华等译，云南人民出版社，2003.

[39] 马坚．古兰经［M］．北京：中国社会科学出版社，1981.

[40] 马戎．民族社会学［M］．北京：北京大学出版社，2004：436-437.

[41]［马］陈志明主编；公维军，孙凤娟译．东南亚的华人饮食与全球化［M］. 2017：125.

[42] 马哈蒂尔著，叶钟铃译．马来人的困境［M］．新加坡皇冠出版公司出版，1981：40.

[43] Gomez E T , Tham S Y , Li R , et al. China in Malaysia: State-Business Relations and the New Order of Investment Flows [M] . 2020.

[44] Taylor J. China and Southeast Asia: Peking's relations with revolutionary movements [M] . Praeger, 1974.

[45] Sammuel P Hunting- ton. The Clash of Civilization and the Remaking of World Order [M] . New York: Simon&Schuster, 1996.

[46] Monoz P M . Early kingdoms of the Indonesian archipelago and the Malay Peninsula [M] . Editions Didier Millet, 2006.

[47] Abdul Wahab M R , Ahmad Zakaria R M , Hadrawi M , et al. Selected Topics on Archaeology, History and Culture in the Malay World [M] . 2018.

[48] 王赓武 . China and the Chinese overseas [M] . Times Academic Press, 1991.

[49] Tu Wei-Ming. (ed.) . The living tree the changing meaning of being Chinese today [M] . Standford: Standford University Press.

[50] Yeoh K K. Emile Kok-Kheng Yeoh (2006), " Prolegomenon - China and Malaysia: Bilateral Relations, Global Linkages and Domestic Nexus", in Emile Kok-Kheng Yeoh and Hou Kok Chung (eds), China and Malaysia in a Globalizing World: Bilateral Relations, Regional Imperatives and Domestic Challenges, Kuala Lumpur: Institute of China Studies, University of Malaya, pp. 3 - 11. [M] . 2006.

[51] K. Mauzy, D. (2006) . From Malay Nationalism to Malaysian Nation? In L. W. Barrington (Ed.), After Independence: Making and Protecting the Nation in Postcolonial and Postcommunist States (pp. 45-70) . Michigan: The University of Michigan Press.

[52] Sukma R. Indonesia and China: The Politics of a Troubled Relationship [M] . 2003.

[53] 林开忠 . 建构中的" 华人文化" 族群属性，国家与华教运动 [M] . 华社研究中心出版，1999.

[54] 江畅 . 中国传统价值观及其现代转换 [M] . 社会科学文献出版

社，2020.

［55］中共中央宣传部编．习近平总书记系列重要讲话读本［M］．北京：人民出版社．2016.

期刊：

［1］戴木才．论坚定中国现代核心价值观自信［J］．马克思主义研究，2018（8）.

［2］高雁，尹亚冲．人类命运共同体视域下中国现代核心价值观的时代价值和传播路径［J］．学习论坛，2020（08）：80-85.

［3］高举中国特色社会主义伟大旗帜，为决胜全面小康社会实现中国梦而奋斗［J］．共产党员，2017（15）：4-6.

［4］陈力丹，刘逸希．中共旅欧支部机关刊物《赤光》［J］．新闻界，2015（07）：35-36.

［5］王素君．1950-1965年间的华侨回国观光旅行［J］．云南大学学报（社会科学版），2018，17（03）：75-84.

［6］林金枝．侨汇对中国经济发展与侨乡建设的作用［J］．南洋问题研究，1992（02）：21-34.

［7］赵可金，刘思如．中国侨务公共外交的兴起［J］．东北亚论坛，2013，22（05）：13-23+128.

［8］丁辉，周宇翔．“一带一路”民心相通建设成果评估及政策建议［J］．当代世界，2019（04）：58-61.

［9］郭鸿炜．“一带一路”民心相通的理论建构及路径选择［J］．科学决策，2021（08）：145-153.

［10］魏晖．“一带一路”与语言文化交流能力［J］．文化软实力研究，2020，5（01）：5-13+2.

［11］胡键．“一带一路”与中国软实力的提升［J］．社会科学，2020（01）：3-18.

［12］张伟玉，王丽，黄德海．海外华商参与“一带一路”建设问卷调查研究［J］．华侨华人历史研究，2021（01）：17-25.

［13］赵新力．“一带一路”是践行联合国宗旨和实现人类可持续发展的重要抓手［J］．东北亚经济研究，2022，6（01）：24-40.

［14］王文，刘英，郭方舟．后疫情时代的“一带一路”建设与展望［J］．扬州大学学报（人文社会科学版），2021，25（06）：56-69.

［15］刘恒．发挥华侨华人在推进“一带一路”建设中的作用研究［J］．中国经贸导刊（中），2021（03）：23-26.

［16］刘雨辰．海外华侨华人统战工作推动“一带一路”高质量发展研究［J］．东北亚经济研究，2021，5（06）：15-27.

［17］陈奕平．华侨华人与“一带一路”软实力建设［J］．统一战线学研究，2018，2（05）：104-112.

［18］Robernt O. Keohane and Joseph S. Nye. Power and Interdependence in the Information Age［J］. Foreign Affairs，1998（9）：2.

［19］廖赤阳．新华侨学者与日本华侨华人研究［J］．华侨华人历史研究，2006（1）.

［20］Rynhold J. Divide and Rule：Discursive Authority，Identity Dissonance，Ethnic Lobbies，and US Foreign Policy，or How President Obama Defeated AIPAC over the 2015 Iran Deal［J］. Foreign Policy Analysis，2021，17（2）：orab005.

［21］Wong，Bernard P. The Chinese in Silicon Valley：Globalization，Social Networks，and Ethnic Identity. Lanham：Rowman & Littlefield. 2006. pp. 219-221，pp. 223-227.

［22］［澳］王赓武．东南亚华人认同问题的研究［J］．南洋资料译丛，1986（4）.

［23］［马］陈志明．华裔族群：语言、国籍与认同［J］．广西民族学院学报，1999（4）；

［24］张铠．明清时代美洲华人述略——兼论中国古代文明在美洲的传播［J］．拉丁美洲丛刊，1983.

［25］李金铨．华人的传播学术视野在哪里？［J］．对外大传播，2004（01）：27-28.

［26］史伟明．中华文化传播的误读与贴近——论马克·吐温作品中的华

人形象意义［J］．东南传播，2009，01：192-194.

［27］林心淦．海外华侨华人传播中国文化的个案思考［J］．福建论坛（人文社会科学版），2012（12）：117-120.

［28］王颖．海外华侨华人在中华文化国际传播过程中的问题探析［J］．教育教学论坛，2014（45）：5-7.

［29］韩晓明．东南亚华人身份认同变化对汉语传播的影响及前瞻［J］．语言文字应用，2016，4.

［30］韩源．全球化背景下的中国国家形象战略框架［J］．当代世界与社会主义，2006（01）：99-104.

［31］郭学堂．中国软实力建设中的理论和对策新思考——兼论中国的公共外交［J］．社会科学，2009（02）：20-26+188.

［32］门洪华．中国软实力评估报告（上）［J］．国际观察，2007（02）：15-26.

［33］汤锋旺．华侨华人与中国软实力：概念、方法及理论［J］．东南亚研究，2013（01）：73-79.

［34］张云．华人华侨在中国国家软权力建构中的角色研究［J］．史学集刊，2015（02）：60-70.

［35］张赛群．华侨华人与新“海丝之路”：作用、机制及对策［J］．社会科学家，2016，04：46-49.

［36］杨慧．政治学领域“一带一路”研究综述［J］．中共济南市委党校学报，2016（04）：105-109.

［37］戴雪梅．中国梦视域中的“一带一路”建设与华侨华人的海外发展［J］．毛泽东邓小平理论研究，2016（12）：74-78+90.

［38］蔡惠福，刘大勇．建设社会主义文化强国须搞好核心价值观的对外传播［J］．红旗文稿，2012（05）：12-15.

［39］赵丽涛．全球化背景下中国现代核心价值观的对外传播［J］．中国特色社会主义研究，2014，03：95-95.

［40］苏海生．中国现代核心价值观话语体系建构的困境及路径探析［J］．中共云南省委党校学报，2015，16（06）：29-33.

［41］周耀宏．新常态视阈下马克思主义意识形态话语权的建构［J］．中共成都市委党校学报，2016（02）：10-14.

［42］柴尚金．“抓铁有痕”见实效，“踏石留印”谱新篇——十八大以来党的执政能力建设［J］．当代世界，2014（07）：21-24.

［43］朱霁．论中国现代核心价值观的对外传播及其实践路径［J］．马克思主义研究，2016，08：102-107.

［44］孙有中．国家形象的内涵及其功能［J］．国际论坛，2002，5.

［45］杨冬云．国家形象的构成要素与国家软实力［J］．湘潭大学学报（哲学社会科学版），2008（05）：96-101.

［46］金鑫，林永亮．以解读中国梦为契机再塑国家形象［J］．红旗文稿，2014（15）：15-17.

［47］程曼丽．大众传播与国家形象塑造［J］．国际新闻界，2007（3）：5-10.

［48］廖小健．华人政治地位与马来西亚的政治分层［J］．东南亚研究，2007（05）：46-51.

［49］王望波．东南亚华人社会政治地位的现状和发展趋势［J］．南洋问题研究，2000（04）：54-65.

［50］许国栋．论马来西亚华人政治［J］．华侨华人历史研究，1995（1）：10.

［51］Chin J．Malaysian Chinese politics in the 21st century：Fear，service and Marginalisation［J］．Asian Journal of Political Science，2001，9（2）：78-94.

［52］梅枚，许开轶．当代马来西亚华人的政治参与［J］．长江论坛，2014，（2）．

［53］曹云华，冯悦．东南亚华人政治参与的现状、特点与趋势［J］．东南亚研究，2020（06）：122-139+157-158.

［54］鲍文君．后苏哈托时代印尼华人政治地位的变迁［J］．西昌学院学报（社会科学版），2015，27（04）：37-40

［55］范宏伟．缅甸华人的政治地位及其前景［J］．国际关系学院学报，

2009 (02): 25-29.

[56] 庄国土. 菲律宾华人政治地位的变化 [J]. 当代亚太, 2004 (02): 12-17.

[57] 赵儒南. 新地区主义视角下的中国与新加坡合作模式研究 [J]. 世界经济与政治论坛, 2020 (03): 67-94.

[58] 陈戎轩, 傅聪聪. 马来西亚社会转型与马来族群政党分裂——基于社会分裂结构理论视角 [J]. 东南亚研究, 2021 (03): 1-28+154.

[59] 蒋炳庆. “一带一路” 战略视阈下的马来西亚华人社会探析 [J]. 学术探索, 2015 (09): 17-23.

[60] 廖小健. 马来西亚政局突变的混沌学解读 [J]. 东南亚研究, 2008 (05): 46-52.

[61] 梅玫, 许开轶. 当代马来西亚华人的政治参与 [J]. 长江论坛, 2014 (02): 77-81.

[62] 张英姣, 孙启军. 马来西亚和东盟存在合作与分歧之原因探析 [J]. 山东教育学院学报, 2010, 25 (03): 103-106.

[63] 鲍文君. 后苏哈托时代印尼华人政策调整与影响因素 [J]. 淮阴工学院学报, 2015, 24 (06): 31-34.

[64] 张弛. “一带一路” 背景下的东北亚区域合作——基于对复合地区主义的再思考 [J]. 东北亚论坛, 2020, 29 (02): 111-126+128.

[65] 曾少聪, 陈慧萍. 海外华人传播中国形象的理论探析与实践启示 [J]. 学术探索, 2021 (09): 118-127.

[66] 蒋炳庆. “一带一路” 战略视阈下的马来西亚华人社会探析 [J]. 学术探索, 2015 (09): 17-23.

[67] 原晶晶, 庄国土. 非洲华商概况分析 [J] 侨务工作研究, 2011 (2).

[68] 蔡新生. 浅谈海外华侨华人发展的新特点 [J]. 东南学, 1998 (06): 114-115.

[69] 谢康俊. 海外华人经济发展轨迹 [J]. 大众标准化, 2003 (04): 16-17.

［70］梁双陆，王壬玚，顾北辰．东南亚华人网络及其贸易创造效应［J］．云南社会科学，2020（06）：84-92+184.

［71］刘益梅．华人经济在海上丝绸之路建设中的助推作用探讨［J］．丽水学院学报，2017，39（01）：9-16.

［72］庄国土．21世纪前期海外华商经济实力评估［J］．南洋问题研究，2020（03）：95-110.

［73］黄英湖．地缘血缘观念与海外华侨华人［J］．亚太经济，2012（06）：123-125.

［74］沈玲．东南亚新生代华裔文化认同的国别比较研究［J］．民族教育研究，2017，28（06）：124-129.

［75］Mei，Jing. "Pengaliran Antara Bahasa Melayu danBahasa Tionghua（马来文 和中文 的交流）". Dewan B ahasa11963（December）：536 - 544

［76］Abdullah Hassan. Pertembungan Bahasa danKe - sannya Terhadap Bahasa Melayu（语言接触对马来语的影 响）". Dewan B ahasa. 1974（May）：216 -236.

［77］洪丽芬，黄曼凌．马来西亚华人语言混用原因——以华语与粤语为例［J］．八桂侨刊，2019（04）：18-27.

［78］Yeoh K K．Malaysia：perception of contemporary China and its economic，political and societal determinants［J］．Pacific Review，2018：1-24.

［79］Cheng-Chwee Kuik，Malaysia' s China Policy in the Post-Mahathir Era：A Neoclassical Realist Explanation，RSIS Working Paper No. 244，Rajaratnam School of International Studies，Singapore，July 2012.

［80］Zakaria Haji Ahmad，'Malaysia'，in Evelyn Goh，ed.，Betwixt and Between：Southeast Asian Strategic Relations with the U. S. and China，IDSS Monograph No. 7（Singapore：The Institute of Defence and Strategic Studies，2005），pp. 51-60.

［81］Kuik Cheng - Chwee，" The Essence of Hedging：Malaysia and Singapore's Response to a Rising China，" Contemporary Southeast Asia，Vol. 30，No. 2，2008，p. 165.

[82] Lye Liang Fook, “China -Malaysia Relations Back on Track?” Yusof Ishak Institute, Perspective, Issue 2019, No 38.

[83] Izzuddin M. Ethnic politics and Malaysia's China Policy: from Tun Abdul Razak to Abdullah Ahmad Badawi: a neoclassical realist interpretation. 2014.

[84] Othman M A . Ethnic identity in a Malay community in Malaysia. 1977.

[85] Mohd. Shuhaimi Bin Haji Ishak and Osman Chuah Abdullah (2012) . Islam and the Malay World: An Insight into the Assimilation of Islamic Values, World Journal of Islamic History and Civilization, 2 (2): 58-65 .

[86] Nagata J A . what is a Malay? situational selection of ethnic identity in a plural society [J] . American Ethnologist, 2010, 1 (2): 331-350.

[87] Reid, A. (2004) . Understanding Melayu (Malay) As a Source of Diverse Modern Identities. In Contesting Malayness: Malay Identity Across Boundaries. Singapore: Singapore University

[88] Ho P Y , Chew F P , Thock K P . Constructing chinese identity through the chinese language: A comparative study of two different secondary education systems in malaysia [J] . Asia - Pacific Social Science Review, 2018, 18 (3): 1-16.

[89] Wang Y , Reagan J . Media Sentiment Towards Chinese Investments in Malaysia: An Examination of the Forest City Project 1 [J] . Asian Journal for Public Opinion Research, 2020, 8 (3): 197-221.

[90] Moser S . Forest city, Malaysia, and Chinese expansionism [J] . Urban Geography, 2018, 39 (6): 935-943.

[91] Yusof N M . Patterns Of Social Interaction Between Different Ethnic Groups In Malaysian Secondary Schools [J] . jurnal pendidik dan pendidikan, 2006.

[92] Hashim A T , Bakar N I A , Mamat N , et al. Social Interactions among Multi-Ethnic Students [J] . Asian Social Science, 2016, 12 (7) .

[93] Munniksma A. , Juvonen J. Cross - ethnic friendships and sense of social-emotional safety in a multiethnic middle school: An exploratory study [J]

Merrill-Palmer quarterly，2012，58（4）

［94］Fee L Y . Kajian Tentang Identiti Orang Cina di Malaysia dari Segi Epistemologi ：Ulasan［J］. sari jurnal alam dan tamadun melayu，2009.

［95］庄国土．略论东南亚华族的族群认同及其发展趋势［J］．厦门大学学报，2002（03）.

［96］邱格屏．19世纪南洋华人会党与“猪仔”贸易的关系［J］．青海社会科学，1999（03）：82-85.

［97］Gungwu，Wang. 1991. ‘Among Non - Chinese’. Daedalus，120 Spring

［98］Gabriel，Patricia S. ‘After the break’：re-conceptualizing ethnicity，national identity and ‘Malaysian-Chinese’ identities［J］. Ethnic & Racial Studies，2014，37（7）：1211-1224.

［99］Lee Y F . Chinese education and Chinese identity in Malaysia［J］. Department of History Education，Indonesia University of Education，2009.

［100］Chan，X. Y.（2017）. China Malaysia Relations：The Three Dilemmas of Malaysian Chinese.（RSIS Commentaries，No. 152）. RSIS Commentaries. Singapore：Nanyang Technological University.

［101］廖文辉．试论马来西亚作为华人文化圈的内涵和特色［J］．华人研究国际学报，2017，9（2）.

［102］蒋姗姗．近代东南亚华侨华人对传统民俗文化的继承［J］．天府新论，2006（B06）：2.

［103］曾维龙．论隆雪华青的组织定位和转型：从传统华团到公民组织的迈进［J］．马来西亚人文与社会科学学报．2018，07（02）：11-24.

［104］吴倩．美国价值观教育的历史演进及其启示［J］．中国现代核心价值观研究．2016，02（02）：90-95.

［105］Hong Liu & Guanie Lim（2019）The Political Economy of a Rising China in Southeast Asia：Malaysia’s Response to the Belt and Road Initiative，Journal of Contemporary China，28：116，216-231.

［106］Hutchinson F E，Yean TS . THE BRI IN MALAYSIA'S PORT SECTOR：DRIVERS OF SUCCESS AND FAILURE［J］. Asian Affairs，2021.

[107] 骆立．马来西亚华社对中国“一带一路”倡议的回应：以《星洲日报》《南洋商报》《东方日报》的报道为研究 [J]．2019.

[108] Hassan N A, Ismail M M, Makdin H A, et al. Public Perceptions Towards Belt And Road Initiative (BRI) In Malaysia [J]. International Journal of Psychosocial Rehabilitation, 2020, 24 (8): 9201-9213.

[109] Daud H. Sejarah Melayu: satu kajian daripada aspek pensejarahan budaya [J]. Dewan Bahasa Dan Pustaka Kementerian Pendidikan Malaysia, 1989.

[110] Rajantheran M. Sejarah Melayu: kesan hubungan kebudayaan Melayu dan India [J]. Dewan Bahasa Dan Pustaka, 1999.

[111] 库萌萌．马来西亚在“一带一路”建设中的机遇与挑战 [J]．中阿科技论坛（中英文），2021 (02): 10-12.

[112] 蒋炳庆．“一带一路”战略视阈下的马来西亚华人社会探析 [J]．学术探索，2015 (09): 17-23.

[113] 段佩佩，葛红亮．马来西亚族群政治对华人身份认同的影响 [J]．八桂侨刊，2020 (01): 57-64.

[114] 汪信砚．价值共识与和谐世界 [J]．武汉大学学报（哲学社会科学版）．2017. (5).

[115] 史康，金山．马来西亚媒体对“一带一路”的表征：基于及物性视角 [J]．外语研究，2021, 38 (05): 24-32.

[116] 徐文永．华侨华人与中国现代核心价值观的对外传播 [J]．丽水学院学报．2017 (06): 6-11.

[117] 孙敬鑫．新媒体环境下中国全球传播体系的构建刍议 [J]．中共石家庄市委党校学报，2014, 16 (03): 33-37.

[118] 张铤．中国现代核心价值观国际传播的价值与路径 [J]．中国广播电视学刊，2017 (11): 38-40.

[119] 邓秀军，刘梦琪．媒体平台化背景下对外传播的场景转换与素养重塑 [J]．出版广角，2021 (07): 21-25.

[120] 张腾之．“传统文化+新媒体”的国际传播战略转型 [J]．西部广播电视，2018 (06): 1-2+6.

学位论文：

［1］郭霄．社会主义核心价值观政治话语与学术话语的疏离互动研究［D］．安徽大学，2016.

［2］王望波．改革开放以来东南亚华商在中国大陆的投资研究［D］．厦门大学，2004.

［3］曹云华．从文化适应的角度看东南亚华人与当地民族的关系［D］．暨南大学，2001.

［4］李嘉莉．社会主义核心价值观对外传播问题研究［D］．山西大学，2015.

［5］张翠艳．社会主义核心价值观传播的问题与对策研究［D］．山东师范大学，2017.

［6］茅根红．海外华侨华人世界的新变化及其对中国未来发展的影响［D］．暨南大学，2006.

［7］王雪玲．当代马来西亚华人社团的社会功能研究［D］．华侨大学，2015.

会议：

［1］Husin W N W, Liaw J O H. The Role of Culture in Strengthening Chinese Business Survival during Malaysian New Economic Policy［C］. International Proceedings of Economics Development and Research. 0.

［2］邵宝辉．呼唤学术精品——马来西亚华文报业研究现状综述［C］．2012 年第一届马来西亚华人研究双年会·马来西亚华人：从移民到公民，2012.

网站：

［1］环球网．汪巍：华人华侨资本流入与发展趋势［EB/OL］．［2013-06-26］．https：//opinion. huanqiu. com/article/9CaKrnJB3C7.

［2］桂林电子科技大学．我校智库赴马签署《马来西亚华社“一带一路”宣言》及合作备忘录［EB/OL］．［2016-12-27］．https：//www.

guet. edu. cn/info/1151/17874. htm.

［3］“国际侨民接触联盟”网站介绍，http：//www. diasporaalliance. org/index. Cfm.

［4］Maria Otero，“Remarks at Secretary’s Global Diaspo－ra Forum”，http：//www. state. gov/g/163583. htm

［5］Ibrahim Abu Bakar，Malaysian Perceptions of China，http ：//www. google，corn/ url？ sa = t&rct = j&q = malaysia% 20perception% 20china&source = web&cd = 1 &ved = OCCIQFjAA&url = http% 3A% 2F% 2Fkmsl. isn. ethz. ch% 2Fserviceengine% 2 FFiles% 2FISN% 2F109955 % 2 Fichaptersection_ singledocument% 2F37810808 － 64f6 － 4d3c － bdb7 － 47563c85fe44% 2Fen% 2Fvl i7c9. pdf&ei = 220FT4CSNKyUiAfF － NjbBA&usg = AFQjC － NFjR － wux _ AVGrb2 sl 80KxsJD－tpGg&cad＝rjt.

［6］福布斯富豪榜，https：//www. forbeschina. com/lists.

［7］观察者网．美国华裔人口近 500 万家庭平均收入 7 万美元［EB/OL］．［2017－04－28］．https：//www. guancha. cn/america/2017_ 04_ 28_ 405856. shtml.

［8］中国新闻网．阿根廷近八成自助超市为华人超市已超过万余家［EB/OL］．［2013－05－27］．https：//www. chinanews. com. cn/hr/2013/05－27/4858 760. shtml.

［9］胡润研究院 2015 年 8 月 19 日公布 2015 瀚亚资本·胡润全球华人富豪榜［EB/OL］．［2015－08－19］．https：//wiki. mbalib. com/wiki/2015% E8%83% A1% E6% B6% A6% E5% 85% A8% E7% 90% 83% E5% 8D% 8E% E4% BA%BA%E5%AF%8C%E8%B1%AA%E6%A6%9C.

［10］马来西亚统计局，https：//www. dosm. gov. my/v1/index. php？ r = column/ cthemeByCat&cat = 155&bul_ id = aWJZRkJ4UEdKcUZpT2tVT090Snpydz 09&menu_ id＝L0p heU43NWJwRWVSZklWdzQ4TlhUUT09

［11］马来西亚华校教师会总会．2010－2021 年华小数目和学生人数演变概况［EB/OL］．［2021－03－23］．https：//jiaozong. org. my/v3/index. php/% E6%95%99%E 6%80%BB%E8%B0%83%E6%9F%A5%E6%8A%A5%E5%91%

8A/7773-2010-2021%E5%B9%B4%E5%8D%8E%E5%B0%8F%E6%95%B0%E7%9B%AE%E5%92%8C%E5%AD%A6%E7%94%9F%E4%BA%BA%E6%95%B0%E6%BC%94%E5%8F%98%E6%A6%82%E5%86%B5

[12] ISEAS-Yusof Ishak Institute. The State of Southeast Asia: 2019 Survey Report [EB/OL]. [2020-4-23]. https://www.iseas.edu.sg/wp-c

[13] 东方日报. 黄大志：华人本土化与身份认同 [EB/OL]. [2020-06-15]. https://www.orientaldaily.com.my/news/lunjian/2020/06/15/346254

[14] 人民网. 中国传统道德价值观的核心理念 [EB/OL]. [2015-05-23]. http://opinion.people.com.cn/n/2015/0523/c1003-27045165.html

[15] 李尧庆：马来西亚华人社团概况，http://jiayinghuiguan.blogspot.com/ 2008/05/blog-post.html

[16] 中国新闻网. 陈悦：马来西亚"光盘"倡导者：以餐桌新规范"修身"弘扬中华传统文化 [EB/OL]. [2020-12-15]. https://xq.rednet.cn/content/2020/ 12/15/87031 42.html

[17] 董教总华文独中工委会简介，https://www.dongzong.my/v3/about-us/micss/micss.html

[18] 东方日报.《学霸2》1220首播防疫标准下对垒争"学霸"之位! [EB/OL]. [2020-11-21]. https://www.orientaldaily.com.my/news/entertainment/2020 /11/21/376531

[19] 马华公会官网. 马华公会党史 [EB/OL]. [2015-02-10]. http://www.mca.org. my/1/Content/SinglePage? _ param1=22-022019-87-02-201922&_ param2=M

[20] 中国共产党新闻网. 李源："'一带一路'中国——马来西亚工商界对话"在北京举行 [EB/OL]. [2015-07-15]. http://cpc.People.com.cn/n/2015/0715/c1 64113-27308947-3.html

[21] 蓝天网. 一带一路，马华带路 善用大马优势，掌握中国商机 [EB/OL]. [2016-09-22]. https://www.mcalantian.org/single-post/2016/09/22/%E4%B8%80%E5%B8%A6%E4%B8%80%E8%B7%AF%EF%BC%8C%E9%A9%AC%E5%8D%8E%E5%B8%A6%E8%B7%AF-%E5%96%84%E7%

94%A8%E5%A4%A7%E9%A9%AC%E4%BC%98%E5%8A%BF%EF%BC%8C%E6%8E%8C%E6%8F%A1%E4%B8%AD%E5%9B%BD%E5%95%86%E6%9C%BA

[22] 马华公会官网．“一带一路与文明对话”研讨会5日举行，马中跨越性对话［EB/OL］．［2015-12-02］．http：//www.mca.org.my/1/Content/SinglePage? _ par am1=02-122018-105144-12-201802&_ param2=TS

[23] 星洲日报．何国忠：共享平台潜力大，INSAP加盟“一带一路”智库”［EB/OL］．［2017-09-02］．https：//www.sinchew.com.my/20170902/%E4%BD%95%E5% 9B%BD%E5%BF%A0%EF%BC%9A%E5%85%B1%E4%BA%AB%E5%B9%B3%E5%8F%B0%E6%BD%9C%E5%8A%9B%E5%A4%A7%E2%80%A7insap%E5%8A%A0%E7%9B%9F%E4%B8%80%E5%B8%A6%E4%B8%80%E8%B7%AF%E6%99%BA/

[24] 东方日报．马华拜会中联部，廖中莱：成果令人鼓舞［EB/OL］．［2017-05-13］．https：//www.orientaldaily.com.my/news/nation/2017/05/13/196380

[25] 新华网．赵胜玉：马华社签署“一带一路”宣言［EB/OL］．［2016-12-13］．http：//my.xinhuanet.com/2016-12/13/c_ 129401961.htm

[26] 马华公会官网．首创全球第一辆以一带一路为主题企业义诊流动中心［EB/OL］．［2017-05-11］．http：//www.mca.org.my/1/Content/SinglePage? _ para m1=17-052020-133522-05-202017&_ param2=TS

[27] 东方日报．马华中国牌牵动情意结［EB/OL］．［2018-05-04］．https：//www.orientaldaily.com.my/news/nation/2018/05/04/241734

[28] 星洲网．“首相：马中1440亿商业交易惠民，我没出卖国家［EB/OL］．［2016-11-05］．https：//www.sinchew.com.my/20161105/%E9%A6%96%E7%9B%B8%EF%BC%9 A%E9%A9%AC%E4%B8%AD1440%E4%BA%BF%E5%95%86%E4%B8%9A%E4%BA%A4%E6%98%93%E6%83%A0%E6%B0%91%EF%BC%8E%E6%88%91%E6%B2%A1%E5%87%BA%E5%8D%96%E5%9B%BD%E5%AE%B6-2/

[29] 南洋商报．廖中莱吞吐量将倍增-中远可助巴生港口跻十大，ht-

tps：//www. enanyang. my/%E8%B4%A2%E7%BB%8F/%E5%BB%96%E4%B8%AD%E8%8E%B1%E5%90%9E%E5%90%90%E9%87%8F%E5%B0%86%E5%80%8D%E5%A2%9E-%E4%B8%AD%E8%BF%9C%E5%8F%AF%E5%8A%A9%E5%B7%B4%E7%94%9F%E6%B8%AF%E5%8F%A3%E8%B7%BB%E5%8D%81%E5%A4%A7

[30] 星洲网．廖中莱：提升竞争力·马中港口联盟增至21成员［EB/OL］．［2017-09-04］．https：//www. sinchew. com. my/20170904/%E5%BB%96%E4%B8%AD%E8%8E%B1%EF%BC%9A%E6%8F%90%E5%8D%87%E7%AB%9E%E4%BA%89%E5%8A%9B%C2%B7%E9%A9%AC%E4%B8%AD%E6%B8%AF%E5%8F%A3%E8%81%94%E7%9B%9F%E5%A2%9E%E8%87%B321%E6%88%90%E5%91%98/

[31] 当今大马．马哈迪抵达北京官访5天，将赴“一带一路”论坛”，https：// www. malaysiakini. com/news/473578

[32] 联合早报．苏俊翔：马来西亚首相马哈迪：将“尽可能”使用华为技术［EB/OL］．［2019－05－30］．https：//www. zaobao. com. sg/realtime/world/story20 190530-960782

[33] 新华网．朱炜：中国抗疫医疗专家组抵马来西亚［EB/OL］．［2020－04－18］．http：//www. xinhuanet. com/politics/2020－04/18/c_1125875027. htm

[34] 马来西亚中华总商会官网．2021年中马企业跨境合作线上对接会［EB/OL］．［2021-08-20］．https：//www. acccim. org. my/2021-msia-china-busine ss-matching/

[35] 马来西亚中华总商会官网．中总及中银携手合作，打造马中企业家对接平台［EB/OL］．［2015-04-09］．https：//www. acccim. org. my/acccim-and-bank-of-china-work-together-to-create-platform-for-closer-collaboration-between-malaysian/

[36] 马来西亚中华总商会官网．第九届世界华侨华人社团联谊大会，中总唯一马来西亚华团获颁“华社之光”荣誉［EB/OL］．［2019-05-29］．https：//www. acccim. org. my/press-release-29052019/

[37] 马来西亚中华大会堂总会官网．国际华人合唱赛5日响锣·30国内外队伍参赛［EB/OL］．［2018-08-05］．https：//www. huazong. my/%e5%9b%bd%e9%99%85%e5%8 d%8e%e4%ba%ba%e5%90%88%e5%94%b1%e8%b5%9b5%e6%97%a5%e5%93%8d%e9%94%a3%c2%b730%e5%9b%bd%e5%86%85%e5%a4%96%e9%98%9f%e4%bc%8d%e5%8f%82%e8%b5%9b/

[38] 中国侨网．陈悦：马中商务理事会主席：积极推动马中贸易投资合作［EB/OL］．［2021-07-19］．http：//www. chinaqw. com/hqhr/2021/07-19/302242. shtml

[39] 东方日报．黄瑞泰：我们都面对一样的焦虑［EB/OL］．［2021-01-02］．https：//www. orientaldaily. com. my/index. php/news/longmen/2021/01/02/384169

[40] 求是网．周平，陈朋亲：“一带一路”让世界多边主义更强大［EB/OL］．［2019-05-05］．http：//www. qstheory. cn/wp/2019-05/05/c_1124452042. htm.

调查报告：

[1] The State of Southeast Asia：2019 Survey［R］．新加坡尤索夫伊萨东南亚研究院亚细安研究中心，2019.

[2] 2012年国家青年调研报告（The National Youth Survey 2012）［R］．The Asia Foundation 与 Taylor Nelson Sofres Malaysia（TNS），2012.

报纸：

[1] 在中法建交50周年纪念大会上的讲话［N］．人民日报，2014-03-29.

[3] 胡键．加强文化塑造提升国家品格［N］．解放日报，2014-05-21.

[2] 在第十二届全国人民代表大会第一次会议上的讲话［N］．人民日报，2013-03-18.

[4] 高举中国特色社会主义伟大旗帜　为决胜全面小康社会实现中国梦而奋斗［N］．人民日报，2017-07-28.

[5] 十一、推动社会主义文化繁荣兴盛——关于新时代中国特色社会主义文化建设［N］. 人民日报，2019-08-06.

[6] “广泛凝聚中华民族一切智慧和力量”——以习近平同志为核心的党中央关心统一战线工作纪实［N］. 人民日报，2022-07-29.

[7] 广纳万川入海　画好同心大圆——习近平同志在福建工作期间关于统战工作的探索与实践［N］. 人民日报海外版，2022-07-30.

[8] 柴如瑾. 适应国际中文教育事业发展：教育部设立中外语言交流合作中心［N］. 光明日报，2020-07-06.

[9] 何启良. 中华美德现代转化与传承——北京东方道德研究所成立二十周年座谈纪要［N］. 光明日报，2015-01-05.

[10] 在庆祝中国共产党成立100周年大会上的讲话［N］. 人民日报，2021-07-02.

[11] 习近平在中共中央政治局第十二次集体学习时强调　建设社会主义文化强国　着力提高国家文化软实力［N］. 人民日报，2014-01-01.